The Boundary of the Institution

制度边界分析

崔 兵 著

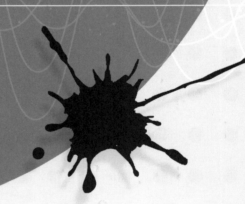

中国财经出版传媒集团

经济科学出版社

Economic Science Press

图书在版编目（CIP）数据

制度边界分析/崔兵著. -- 北京：经济科学出版
社，2021.11
ISBN 978 - 7 - 5218 - 3132 - 0

Ⅰ.①制… Ⅱ.①崔… Ⅲ.①新制度经济学 Ⅳ.
①F019.8

中国版本图书馆 CIP 数据核字（2021）第 247595 号

责任编辑：杨 洋 赵 岩
责任校对：王苗苗
责任印制：王世伟

制度边界分析

崔 兵 著

经济科学出版社出版、发行 新华书店经销

社址：北京市海淀区阜成路甲 28 号 邮编：100142

总编部电话：010 - 88191217 发行部电话：010 - 88191522

网址：www. esp. com. cn

电子邮箱：esp@ esp. com. cn

天猫网店：经济科学出版社旗舰店

网址：http://jjkxcbs. tmall. com

北京季蜂印刷有限公司印装

710×1000 16 开 18 印张 250000 字

2022 年 2 月第 1 版 2022 年 2 月第 1 次印刷

ISBN 978 - 7 - 5218 - 3132 - 0 定价：70.00 元

（图书出现印装问题，本社负责调换。电话：010 - 88191510）

（版权所有 侵权必究 打击盗版 举报热线：010 - 88191661

QQ：2242791300 营销中心电话：010 - 88191537

电子邮箱：dbts@ esp. com. cn）

序言

　　"制度非常重要"是制度分析范式秉承的共识，制度边界是决定制度选择的关键变量。这本书汇集了作者多年来围绕制度的本质、制度边界及制度变迁等主题的学术探索成果，内容主要涉及新制度经济学范式的企业边界、金融制度边界理论及行为经济学视域下的制度本质与制度变迁理论，以及运用上述理论对真实世界的企业边界及中国金融分权和地方政府债务治理的理论解释。全书以新制度经济学的企业边界理论为开篇，融合"治理"和"测度"两个新制度经济学的内部分支，构建统一的交易费用经济学企业边界理论。在此基础上，引入企业的"生产"属性，探寻体现"生产"和"交易"双重属性的扩展的企业边界理论分析框架。完成微观层面对企业边界的理论分析后，进一步研究制度环境对企业边界的影响机理。随后，将制度分析视角聚焦金融制度，分析金融制度边界与金融分权，透视中央政府—地方政府分权模式与地方政府债务治理。认知因素在制度分析的重要性近年来日益得到理论界的认同，本书结尾部分也反映了作者追随这一学术研究态势的努力。

目 录

第一章
新制度经济学的企业边界分析

　　科斯（Coase，1988）的梦想是建立一种能够让我们对生产制度结构的决定因素进行分析的理论，然而他坦言在其经典论文《企业的性质》中这项工作只完成了一半——说明了为什么会存在企业，但没有说明企业所担当的功能是如何在他们中间进行分割的。20 世纪 70 年代以来，理论界围绕科斯（Coase，1937）在其经典论文中提出的"企业本质和企业边界"① 这两个问题开展了一系列卓有成效的研究，努力将"科斯梦想"向现实推进，但目前即使在经济学内部对上述问题的解答也并未达成共识。由于相对于"企业本质"这个规范性命题而言，"企业边界"的命题更加具有实证性内涵，从而也更有利于在企业理论的研究上形成"一致意见"，因而，近期理论界出现尝试从"企业边界"问题入手完善、统一企业理论，实现"科斯梦想"的研究倾向，力图为建立成熟的企业理论开辟新的路径。许多企业理论权威（Holmstrom，Hart，Acemoglu，Zingales et al.）参与"企业边界"问题的研究，使这一主题再次成为企业理论研

---

　　① 若无特别说明，本书的"企业边界"主要指企业"纵向边界"。

究的热点，而威廉姆森（Williamson，2009）因为对"经济治理尤其是企业边界问题的分析"而荣膺 2009 年度的诺贝尔经济学奖无疑有力地证明了经济学界对企业边界理论研究及其应用价值的认可，再一次诱发对企业边界的关注和持续的研究热情。

与理论界对"企业边界"问题高度关注相呼应的是管理实践对"企业边界"理论的迫切需要。在美国，企业内部交易产生的增加值与市场交易产生的增加值几乎相等（Francine Lafontaine & Margarnt Slade，2007）。近 10 年来，一方面，全球范围内再次涌现大规模的企业并购浪潮，很多企业从本土企业成长为全球性企业；另一方面，与大规模并购并存的是企业的业务外包，包括核心业务外包现象。在经济全球化进入"并购时代"时，虽然多数的中国企业仍然在经营多元化还是专业化、范围经济还是规模经济的选择方向上摸索，但是优秀的本土企业已经探索出在全球范围内配置资源的治理机制，中国企业的并购行为也开始从国内市场延展到国际市场。成功的并购和外包源于企业家对"企业边界"的正确决策，因而，探寻企业边界的决定机制不仅有利于构建成熟的企业理论，而且能推动企业理论更多直面"真实世界"，为企业管理决策提供切实可行的指导。不仅如此，百年罕见的席卷全球的金融海啸再一次唤醒人们对经济治理的重视。由于在本书的研究中企业是作为一种与市场和诸多中间组织并行的治理结构而存在的，对企业边界的成功的理论研究可以顺利延伸为对市场治理、政府治理的边界研究，极大地丰富和深化了我们对传统市场经济体制的认识。

交易费用经济学是目前企业边界理论的主流分析范式，也是着力实现"科斯梦想"最典型的理论代表。但即使作为主流范式，交易费用经济学内部仍然存在不同的分支，进而形成对企业边界的不同认识。由于在面对"真实世界"企业边界问题时，任何单一的理论分支都不能提供完全有说服力的解释，因而将具有"互补性"的理论分支融合，建立更具解释力的综合的交易费用经济学企业边界理论便具有重要的理论和现实意义。本章第一节以"治理与企业边界"为题，研究作为交易费用经济学分支之一的治理经济学（威廉姆森交易费用经济学）的企业边界理论；第二节引入测度成本概念，从测度角度分析企业边界；第三节在对"治理"和"测度"两个交易费用经济学分支进行比较的基础上，提出融合两大分支的理论路径并在此基础上提出综合的交易费用经济学企业边界理论，对该理论进行总结性评价。

第一节　治理与企业边界

否定新古典经济学企业"黑箱"（black box）论，深入分析企业存在、企业边界和企业内部组织，意味着需要对企业进行较传统微观经济学更加微观化的分析，为此必须寻求适合的经济分析单位（unit of analysis）。根据作为经济学、法学和伦理学的基本分析单位必须包含"冲突、秩序和依存"（conflict, order and mutuality）三项原则（康芒斯，1962）的康芒斯传统（"康芒斯三角"），威廉姆森（Williamson，1985）同样选择"交易"作为经济分析的基本单位，并将交易界定为"产品或服务在技术可分界面之间的转移"。但是，"除非能将影响交易费用的各种因素确定下来，否则仍将难以说明为什么不同交易采取不同组织方式的原因"，威廉姆森进而将交易维度化，分析了交易属性与离散的治理结构之间的关系。基于对"企业"和"市场"两种极端（polar）的治理结构生产成本和治理成本差异的模型分析，以及不同治理结构属性的考察，威廉姆森阐释了作为一种治理结构的企业（firm as a governance）的边界。

一、交易属性与治理

将交易费用经济学推向可操作层面的关键在于对交易的不同类型进行区分，并在交易类型和相应有效的治理结构之间建立一致性，为此，威廉姆森从资产专用性（asset specificity）、不确定性（uncertainty）和交易频率（frequency）三个维度界定了交易属性。

资产专用性是交易三维度中最为重要的维度，是指在不牺牲生产价值的条件下，资产可重新用于不同用途和不同使用者使用的程度。资产专用性会导致交易前后发生根本性转变（fundamental transformation），即由交易前的大数目交易转变为交易后的小数目交易，从而导致双边依赖。资产专用性具体表现为地点专用性、物质资产专用性、人力资本专用性、满足特定需要的专用性（dedicated specificity）、商标专用性及临时专用性（temporal specificity）①。

不确定性（威廉姆森借用奈特的概念）意味着缺乏明确的概率分布。交易中的不确定性可能源于交易者有限的认知能力，也可能是交易双方缺乏有效的信息沟通或机会主义的交易者有意为之的结果。不确定性具体包括环境不确定性（外部不确定性），是指由于外部环境的随机改变导致的不可预见性；行为不确定性是指由于交易方歪曲信息、故意伪装等机会主义行为导致的对行为的不可预测性；组织不确定性是指组织内部不能进行及时有效的信息交流和沟通导致的无效决策和错判。

交易的频率也就是交易的次数。

---

① 早期威廉姆森主要分析前四种资产专用性（Williamson，1985）后来拓展了后两种资产专用性（1998）。

　　资产专用性、交易不确定性及交易频率可以将交易划分为不同类型。威廉姆森认为不同类型的交易应该采取不同的治理结构，在不考虑不确定性的情况下①，威廉姆森根据交易频率及资产专用性两个维度区分了四种类型的治理结构②（见表1－1）。

表 1－1 　　　　　　　　　　　交易属性与治理结构

		资产专用性		
		非专用	混合	独特
交易频率	偶然	市场治理	三方治理	
	经常		双方治理	统一治理

　　根据表1－1，我们可以厘清交易属性和治理机制之间内在的一致性。非专用资产（通用资产），无论是经常交易还是偶然交易，都可以采取市场治理的方式。因为资产通用性意味着资产用途和交易对象改变并不会导致资产价值损失，从而交易双方没有维持持久交易的愿望。如果是混合或资产专用性程度较高的资产，而且交易的次数较少，则采用三方治理的方式。因为交易资产具有一定程度的专用性，交易双方存在维持交易关系的意愿，但由于交易频率较低，无法弥补建立专门治理机构的成本（setup cost），只能转而寻求第三方私下解决的方式。如果资产专用性较高，而且交易也频繁，则适于采用双方治理模式。在双方治理的情况下，交易双

_____

　　①　关于不确定性对治理结构的影响，威廉姆森认为只要是标准化（通用资产）的交易，无论不确定性大小，都可以采用市场治理。

　　②　三方治理和双方治理本质上属于处于市场和企业（科层）之间的混合治理（hybrid）。

方仍然是平等的市场关系，只是基于资产专用性的考虑①，双方具有维持长期交易关系的愿望。典型的双方治理包括长期契约、特许经营、战略联盟等。如果交易资产具有独特的专用性，而且交易次数频繁，则需要采用统一治理模式，将交易方的关系由企业间关系转变为具有统一所有权的企业内部关系。因为独特的资产专用性意味着初始交易关系的提前结束，伴随的资产用途和资产使用者的改变将带来资产价值的极大损失。为避免资产价值减损的风险，需要交易双方通过建立专门的治理机构维持特定的交易关系。而频繁的交易因为有利于摊薄建立治理机构的成本，也为实施以科层（hierarchies，等级制）为特征的统一治理创造了条件。

二、治理与企业边界

治理作为一种"注入秩序，缓解冲突，实现共赢"（infuse order, mitigate conflict, realize mutual gains）的手段，其主要功能在于节约交易费用（Williamson，2002a）。由于不同治理结构（市场、混合、科层）在成本—能力（cost-competence）方面具有不同的比较优势，因而适合不同交易关系的治理。此外，治理结构的离散性（discrete）蕴含了不同治理结构属性的显著性差异，也预示着不同治理结构之间存在明显的分界线。

（一）治理结构属性

治理经济学从契约角度对不同治理结构进行比较制度分析。基于对交

---

① 可能还基于规模经济和范围经济的考量。

易者有限理性的人性假设，真实世界的交易契约均是不完全契约（incomplete contract）①。契约不完全为具有机会主义倾向的交易者攫取私利预留了空间，而资产专用性的存在会进一步恶化不完全契约的风险。由于难以通过事前（ex ante）签订完美契约防范交易风险，因而维持交易关系的关键在于及时适应契约执行中的各种意外干扰（disturbances）。在此意义上，适应（包括自发适应和协调适应）② 成为治理结构或经济组织的中心目标。因而描述治理结构属性，首先要对不同治理结构的适应能力进行比较分析。此外，不同治理结构的差异还在于它们采用不同的治理工具对交易进行治理，以及依赖不同的契约法（contract laws）③。威廉姆森采用"离散结构选择分析"方法，将治理结构划分为市场治理、混合治理、科层三种类型，并从自发适应、协调适应、激励强度、行政控制、契约法五个方面刻画了上述治理结构的不同属性（见表 1－2）。

由表 1－2 可见，混合治理具备的所有属性都是中等强度的，而处于治理结构两端的市场治理和科层治理的治理属性强度则存在显著差别，在能力和成本上的相对优势也较为明显。市场治理在协调适应和行政控制上处于劣势，但是具有很强的自发适应能力和高能激励的优势（high-powered

---

① 根据梯若尔（1988），契约的不完全性通常会被归于某种交易成本，而交易成本的产生可能源于以下几种因素：其一，双方不可能在签约前预见未来所有可能的偶然因素，即存在不可预见的意外事件（unforeseen contingencies）；其二，即使交易方能够预见所有事件，高额的签约成本也会阻止交易双方签订完全（完美）契约；其三，对契约的监督（即对另一方遵守契约情况的检查）的成本会很高；其四，执行契约可能面临较高的法律成本。

② 自发适应（autonomous adaptation）意指经济主体根据相对价格信号对随机干扰做出反应，而协调适应（cooperative adaptation）则是科层或官僚组织通过管理应对随机干扰。

③ 威廉姆森意义上的契约法（law 是复数，不是单数），不是"合同法"，而是不同交易适用于不同的法律规则。

表1–2   治理结构属性

治理属性	治理结构		
	市场治理	混合治理	科层治理
自发适应	+ +	+	0
协调适应	0	+	+ +
激励强度	+ +	+	0
行政控制	0	+	+ +
契约法	+ +	+	0

注：＋＋表示强，＋表示中强，0表示弱。

incentive)①。同时市场治理完全尊重法律条款，而且仅仅依赖法院解决交易冲突。与市场治理相反，科层治理由于采用了诸多行政控制手段，因而在通过管理进行的协调适应上具有优势。相应的，科层治理丧失了自发适应能力，激励也转为低能激励（low-powered incentive）。在科层内部，科层成为自己的"终审法院"，用私人秩序（private ordering）代替法院秩序（court ordering），通过"家法"（forbearance law）解决交易方的利益冲突。

（二）企业边界

基于对上述不同治理结构属性的分析，治理经济学将企业定义为交易的科层治理结构，回答了"企业是什么？"，即企业的本质问题，从而为进一步探询企业边界这个"由来已久的困惑"（chronic puzzle）准备了条件。由于假定企业作为一种科层治理结构的主要功能在于节约交易

---

① 高能激励就是指拥有剩余索取权，从而完全支配要素产生的净收益。

费用①，因而我们可以运用比较制度分析方法，深入分析治理结构的不同属性如何影响企业的能力——成本优势，从而确定企业边界。

依据比较制度分析的两个重要结论：制度非常重要，制度的功能在于节约交易费用；企业作为一种制度安排，在治理特定交易时由企业的能力和成本决定的相对交易费用的高低决定了企业的边界。如果企业治理一项交易的交易费用相对低于其他的治理方式（如市场），则该项交易应该纳入企业治理。伴随企业内部交易数量增加，企业边界得以扩张，同时企业的能力和成本优势逐渐发生转换，限制了企业边界的无限扩张。在暂不考虑规模经济和范围经济（给定生产成本）的前提下，决定企业边界不能无限扩张的主要原因，在于科层激励扭曲和官僚主义成本导致不断上升的组织成本及企业协调适应能力的弱化。

具体而言，科层激励扭曲主要表现为资产滥用和会计造假（accounting contrivances）。资产滥用是由于兼并前后被兼并方激励机制发生改变导致的。兼并前，被兼并方拥有物质资产的剩余索取权，并完全支配资产产生的净收益，因而会权衡资产的使用和保养。被兼并后，被兼并方仅仅享有自身人力资产所有权，为使净收益最大化，会尽量节约人力成本，从而过度使用物质资产，导致物质资产高负荷运转。会计造假则是被兼并方为防止兼并后净收益被攫取而可能采取的预防措施。因为，一旦被兼并，资产所有权和确定会计原则的权力便落入兼并方手中。此时，兼并方可能采取压低资产转让价格或虚增成本的方法挤压被兼并方的资产净收益。为防范此类风险，被兼并方在签约时就可能不断讨价还价，尽量确定对方能够接受的资产价格上限，为兼并后可能的攫取预留

---

① 威廉姆森强调交易费用，并没有完全忽视生产成本，下述的企业边界模型可以佐证。

空间。官僚主义成本是企业实行强行政控制的副产品，在强行政控制下，企业内部的资源配置更多受制于"人治"，更多取决于企业家的政治博弈和政治偏好（Williamson，1985）。于是，企业家可能利用企业资源去实现次要的战略目标，甚至牟取私利。另外，由于企业内部资源配置权控制在企业家手中，为争取有利于自己的资源配置方式，企业其他成员会将自己的资源用于"游说"企业家（企业内寻租），造成组织内耗。决定企业边界不能无限扩张的另一原因在于有限理性决定的企业有限的协调适应能力，而企业协调适应能力又取决于企业能否根据相关信息实施有效的选择性干预。有限理性决定了企业内部的管理层级，因为一个人直接管理下级的人数是有限的，企业边界扩张势必增加企业管理层级，而管理层级增加会导致信息传递效率损失。当这种损失超过企业边界扩张带来的收益时，企业选择性干预失效，企业便达到其协调适应能力所及的最大效率边界。

（三）治理经济学企业边界模型

治理经济学对治理结构属性和企业边界的上述论述，可以部分体现在瑞尔丹和威廉姆森（Riordan & Wiliamson，1985）构建的新古典综合模型中。本书无意构造更为复杂的企业边界模型，只是通过对"启发式"模型进行数学表述，以进一步厘清治理经济学企业边界理论的逻辑思路。"启发式"模型采用比较制度分析方法，以资产专用性（A）解释变量，通过比较企业和市场两种治理结构生产成本和治理成本的差异确定不同治理结构的边界。

假定企业和市场具有不同的生产函数，而且由于市场相对于企业在生产上具有规模经济和范围经济优势，因此生产既定产量 Q，企业生产成本总是高于市场生产成本。我们用 C^M、C^F 分别代表市场和企业的生产函数，则有：

$$C^M = C(Q, A) \qquad (1-1)$$

$$C^F = C(Q, A) + H(Q, A)Q \qquad (1-2)$$

其中，$H(Q, A)Q$ 反映企业和市场的生产成本差异。由于随着产量增加，企业可以实现和市场相同的规模经济和范围经济，因此，假设 $H_Q < 0$ 是合理的；同时，资产专用性程度提高会削弱规模经济和范围经济，因此，可以假设 $H_A < 0$ 成立。"启发式"模型中的 ΔC 即为方程式（1-2）-（1-1）：

$$\Delta C = C^F - C^M = H(Q, A)Q \qquad (1-3)$$

命题 1 资产专用性程度越高，企业和市场生产既定产出的生产成本差异越小，而产量对生产成本差异的影响趋势并不确定。

证明：分别对式（1-3）中的 Q，A 求一阶偏导，可得：

$$\Delta C_A = H_A Q < 0$$

$$\Delta C_Q = H_Q Q + H(Q, A)$$

容易证明 $\Delta C_A < 0$，而 ΔC_Q 的符号不确定，命题得证。

假定企业和市场具有不同的治理成本函数，而且治理成本都会随资产专用性提高而增加。由于企业作为一种科层治理结构，还包含与资产专用性无关的激励成本（激励扭曲）和官僚主义成本，即 H_0，因此即使资产专用性为零，企业仍然存在治理成本。我们用 G^M、G^F 分别代表市场和企业的生产函数，则：

$$G^M = W(A) \qquad (1-4)$$

$$G^F = H_0 + V(A) \qquad (1-5)$$

由于面对资产专用性的改变，企业具有更强的适应能力，因此，当 A 值相等时，假设 $W_A > V_A$ 是合理的。"启发式"模型中的 ΔG 即为方程式（1-5）-式（1-4）：

$$\Delta G = G^F - G^M = H_0 + V(A) - W(A) \qquad (1-6)$$

命题 2 资产专用性程度越高，企业和市场治理成本差异越小，而激励和官僚主义成本的存在会削弱企业治理优势。

证明：对式（1-6）求一阶导，可得：

$$\Delta G_A = V_A - W_A < 0$$

容易证明 $\Delta G_A < 0$，同时 $H_0 > 0$，命题得证。

由于治理结构的选择要综合考虑生产成本和治理成本，因而将式（1-3）和式（1-6）相加可得：

$$\Delta TC = \Delta G + \Delta C = (G^F - G^M) + (C^F - C^M)$$
$$= H_0 + V(A) - W(A) + H(Q, A)Q \qquad (1-7)$$

命题 3 资产专用性程度越高，企业的治理结构优势越是明显，而产量对治理结构的影响并不明确。

证明：对式（1-7）求一阶偏导，可得：

$$\Delta TC_A = V_A - W_A + H_A Q$$
$$\Delta TC_Q = H_Q Q + H(Q, A)$$

由于 $W_A > V_A$，且 $H_A < 0$，因此，$\Delta TC_A = V_A - W_A + H_A Q < 0$；而由于 $H_Q < 0$，$H(Q, A) > 0$，因此 $\Delta TC_Q = H_Q Q + H(Q, A)$ 的符号不确定，命题得证。

在全面考察生产成本和治理成本后，我们可以进一步分析激励和官僚主义成本对企业边界的影响。由图 1-1 可知，激励和官僚主义成本上升会导致 ΔG 曲线向右上方移动，进而引致 $\Delta G + \Delta C$ 曲线向右移动，这意味着更多的交易将采用市场治理而不是企业治理，即企业不能无限制扩张。

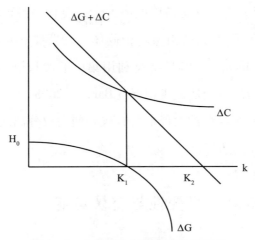

图1-1　生产成本与治理成本的比较

第二节　测度与企业边界

从"测度"① 角度研究企业问题的经济学家仍然坚持将"交易②"作为经济分析的基本单位（Alchian，1972；North，1981；Barzel，1982；1995；1997；2000；2001；2002；2004；2006），他们中间突出的代表是巴泽尔（Barzel）③。测度理论突破新古典经济学瓦尔拉斯世界信息完全的假设，认为真实世界信息不完全性要求基于互惠交易的交易者，必须对交易对象的属性（attributes）进行测度。而信息不完全和高昂的测度成本导致所有交易的测度均是不完全测度，不完全测度引发交易的"可变性"（varia-

---

　　①　measurement，译为"测度"而不是"计量"更符合原意。
　　②　威廉姆森沿用了康芒斯的"交易"概念（不同于"交换"），而巴泽尔时常将"交易"等同于"交换"（exchange）。
　　③　例外的是阿尔钦的团队生产理论并非以"交易"作为经济分析单位。

bility）。而交易双方为实现交易价值最大化，会利用各种"协议"（agreements）对交易的可变性提供担保。企业作为配置交易可变性的协议的联结（nexus of agreements），其特征是利用集中的股权资本（和声誉资本）为产品及员工行为的可变性提供担保（Barzel，2006）。因而，担保资本的规模经济与伴随资本规模扩大资本所有权和使用权分离的控制损失之间的均衡便确定了企业的边界。

一、测度成本、可变性与交易实施

测度成本理论（measurement cost theory）将资产理解为一系列不同属性的集合（Barzel，2002；2006），交易的实质是资产属性在交易者之间的转让。这里的资产属性是非常广义的概念，既包括资产本身具有的用途（马克思术语中的使用价值），又包括用途被发现和利用的时间性。为实现交易价值最大化，交易者必须充分了解交易商品或服务的属性。由于有关商品属性的信息并不是免费获得的，获取信息，即测度商品属性，需要耗费交易者的资源，巴泽尔将上述资源耗费称为交易的测度成本①。

信息固有的不完全性和高昂的测度成本导致交易者不可能对商品的所有属性进行测度，即测度是不完全的。测度不完全意味着相对容易测度的资产属性将在交易中被明确规定（specified attributes），而那些测度困难的属性则未被明确规定（unspecified attributes），成为"剩余属性"（residual attributes）。"剩余属性"导致交易者在交易同一资产时，实际获得的资产属性可能并不相同，巴泽尔将这一现象定义为资产属性的可

① 根据巴泽尔的逻辑，测度成本实际等同于信息成本，只是"测度"概念相对更具可操作性（Barzel，2001）。

变性（variability）①。由于资产的"剩余属性"事实上并不存在明确的归属，因此，交易者会不惜耗费资源去攫取落入"公共领域"（public domain）的这部分资产价值，为防止攫取行为导致资产价值损失，交易者会通过不同的交易实施（enforcement）方式对资产属性的可变性进行配置。

基于效率的考量，交易可变性的配置应该遵循下述基本原则：在管理资产属性方面具有比较优势的交易者获得对于这些属性的权利。换言之，从事交易的一方对交易结果的影响越大，就应当承担更多的可变性，从而成为交易关系中更大的剩余索取者（巴泽尔，1997）。测度成本理论将所有的交易实施方式还原为协议（agreements）②，并将协议区分为自我实施的协议和第三方实施协议，其中第三方实施包括暴力第三方实施（国家实施）和非暴力第三方实施。由国家实施的"协议"称为"契约"，具体表现为国家通过法律对交易进行规制，利用法院的司法审判解决交易纠纷（威廉姆森意义上的法院秩序）。非暴力第三方实施通常以"组织"形式，通过将交易关系内部化，运用组织内部规则（威廉姆森意义上的"家法"或私人秩序）解决交易纠纷。

二、企业与企业边界

界定测度成本、可变性和交易实施方式的概念及相互关系，为全面分析企业本质及边界奠定了不可或缺的理论基础。测度成本理论认为确定一

---

① 可变性可以理解为交易资产属性的不确定性，其反义词为可靠性。从产权角度看，可变性是指经济权利和法律权利的不一致性。

② 巴泽尔严格区分了"协议"（agreements）和"契约"（contract），并将契约定义为由国家（法院）担保实施的协议。

个可操作性的"企业"的定义，是提高企业理论解释力的前提。为此，巴泽尔（2006）将企业定义为"由集中的股权资本和声誉资本为协议的可变性提供担保的协议的联结（nexus of agreements）"。为准确理解上述企业定义，我们必须进一步深入分析对交易可变性提供担保的必要性及可能的担保方式。前文已经提及，交易可变性意味着交易方不可能对交易商品的所有属性进行测度，即便对有价值属性的测度也是不完全的。测度不完全蕴含了攫取（capture）交易商品价值的机会，为防止攫取导致的交易损失，即使是风险中性的交易方也会要求对这种可能的损失提供担保。由于并非所有的交易者都有足够的财富（资本）为自身从事的交易提供担保，因而资本贫乏的交易者不得不寻求外部担保手段。在保险市场发达的情况下，交易者可以通过市场向保险公司购买担保，但保险公司提供的担保资本并不能满足所有交易对担保的需求，因为并不是交易资产的所有属性都能够为担保公司证实，从而获得担保公司的担保（第三方无法证实）。为此，资本贫乏的交易者和资本富余的交易者会通过签订雇佣协议相互合作，前者通过合作获得了交易担保，后者则凭借剩余索取权获取交易的收益。由此可见，在巴泽尔的视域内，是由于测度成本导致的为交易可变性提供担保的必要性，催生了以雇佣关系为特征的企业这种交易实施方式的产生。

从方法论角度看，测度成本理论中的企业定义是功能主义（functionalist）的，定义的目的在于对企业边界做出推测性（predictive）的解释（Barzel，2001）。对照上述交易实施方式的分类，企业显然属于对交易可变性进行配置的非暴力"组织"实施方式（无须国家协助的实施）①。与

---

① 巴泽尔（Barzel，2001）曾经将企业定义为由集中的股权资本担保，且无须国家协助实施的协议的联结。

依赖国家权力实施的交易不同，企业内部交易通过企业家、商标或其他非国家方式实施①。测度成本理论用企业担保资本担保的活动范围和数量定义企业边界，并应用测度成本、规模经济和公共物品三个变量系统分析企业纵向边界及横向边界。

（一）测度成本与企业边界

交易实施方式的本质是对交易可变性进行配置的手段。多样而非单一的交易实施方式的存在，表明不同交易实施方式在可变性配置上具有不同的比较优势。测度成本理论认为，不同交易实施方式的相对优势在于节约测度成本，进而通过对企业和市场测度成本的比较，研究企业边界问题。由于纵向一体化是研究企业边界的范式问题（paradigm problem，Williamson，2004），因而测度成本理论对企业边界的研究同样选择这一主题作为出发点。纵向一体化的本质是将企业之间的交易转化为企业内部交易，交易的这种转化反映了企业节约测度成本的相对优势，意即随着市场测度商品属性的成本上升，更多的交易将转为企业内部测度。

如图 1 - 2 所示，$MC = MC^*$ 是选择企业和市场交易方式的临界点，测度成本低于 MC^* 的交易将通过市场实施，测度成本高于 MC^* 的交易将通过企业实施。企业之所以具备节约测度成本相对优势的原因在于一是避免重复测度，二是采用不同于市场的测度方法。具体而言，由于通过企业实施交易时，交易结果的剩余索取权已明确赋予了担保资本的提供者。相应地，担保资本的提供者必然耗费资源对交易商品的属性进行测度，而交易另一方由于无须承担交易可变性带来的损失，因而也无须

① 由于资产属性的复杂性及不同资产属性测度成本差异，不同资产可能对应不同的交易实施方式。比如，在典型的雇佣契约中（劳动力买卖），强制性医疗保险、养老保险就是国家实施，而工作职位、工作地点安排则属于企业实施。

耗费测度成本（这一实施机制的本质是将交易外部性内部化）。企业避免重复测度的另一机理在于将要素或中间产品所有者之间的多边交易转变为双边交易。即科斯意义上的"中心签约人"负责了对所有交易的测度，从而避免了交易方重复测度。除此之外，企业内部的测度方法也不同于市场，企业是利用对雇员劳动努力程度的测度（多数以劳动时间为指标）代替了对中间产品的直接测度。测度方法的改变意味着雇员无须像独立契约方（independent contractor）那样测度产品属性。企业的另一优势在于可以通过对雇员工作职位的安排和工作设计使雇员处于更易"观察"的位置，从而方便更多获取雇员努力程度的信息，以降低绩效测度成本。

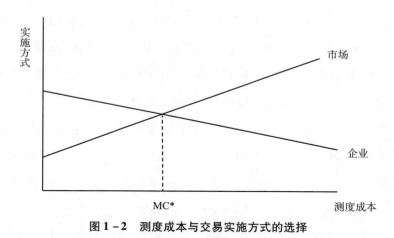

图 1－2　测度成本与交易实施方式的选择

资料来源：Barzel，2001，"The Measurement cost based theory of the firm"，*Washington University Workingpaper*.

综上所述，企业和市场的选择源于这两类交易实施方式测度成本的差异。当中间产品越复杂，属性测度成本越高时，企业越有可能实施纵向一体化；相反，如果对雇员绩效考核成本降低，企业也愿意将更多的生产活动纳入企业内部进行，企业纵向一体化程度将随着雇员监管成本的降低而提高。

（二）规模经济与企业边界

单一的测度成本变量只能说明具有较高测度成本的交易（或活动）[①]应该采用企业这类交易方式，并不能说明有多少这样的交易或活动应该由企业实施。简言之，单纯的测度成本并不能解释为什么并非所有具有高测度成本特征的交易不是由一个企业组织实施的现象。能够解答上述问题就意味着我们可以进一步解释企业边界不能无限扩张的原因，而这只能借助测度成本以外的其他解释变量来实现。为此，测度成本理论选择规模经济作为解释变量，通过分析担保资本的规模经济解释企业边界。

新古典经济学中的规模经济表现为长期平均成本曲线向右下倾斜，即随着厂商生产规模扩大，单位产量耗费的资源数量趋于下降。与此类似，担保资本的规模经济则表现为随着资本担保的交易的数量增加，在担保标准不变的情况下，单宗交易所需的担保资本额会下降[②]。由于规模经济作用，集中的担保资本相比分散的单个担保资本更具效率优势，因而容易促成分散的单个担保资本提供者之间的合作。而股权合约是单个资本相互合作，管理资本集合（capital pool）的相对有效的契约形式，因为此类合约较好避免了资本提供者之间滥用资本的"搭便车"行为。但同时，由于股权合约形成资本"所有权和控制权"事实上的相互分离，随着资本规

[①]　巴泽尔并没有严格区分交易（transaction）和活动（activities），而后来的经济学家进行了严格区分，并认为企业边界应该用企业包含的"活动"数量来反映（Holmstrom，1998；Roberts，1994）。

[②]　担保资本规模经济依据的基本数学原理为大数定律，即无论个别随机现象的结果如何，或者它们在进行中的个别特征如何，大量随机现象的平均结果实际上与每一个别随机现象的特征无关，并且几乎不再是随机的，大量随机现象的结果呈现稳定性。

模扩大，容易引发由于"代理"问题产生的控制权损失[①]。测度成本理论认为正是担保资本的规模经济和控制权损失之间的权衡（trade-off）决定了企业的边界。

（三）公共物品、声誉资本与企业边界

企业进行生产和交换所需的有关市场条件及产品创新的信息具有公共物品的性质，这些信息能够为同行业内所有企业带来收益，却不会增加信息生产者的成本。为获取这些信息，企业同样会在"make-or-buy"之间进行选择，即企业可以通过独立专业化的信息提供商或政府、行业协会等组织满足信息需求，或者通过内部生产（in-house production）自己提供公共物品。给定其他条件不变，当企业通过"购买"方式获取相关信息服务时，企业规模相对较小。若"购买"方式难以满足企业对信息的需求，商品生产企业将不得已通过内部供给。测度成本理论认为企业自身所提供的公共物品的生产水平决定企业的横向边界（Barzel，2006）。

由于公共物品的复杂性，任何单一的组织形式都难以满足企业对所有公共物品的需求，"混合供给"是企业获取公共物品常见的方式。比如农产品生产者通过政府的天气预报获取天气信息，通过行业协会了解产品生产标准和市场需求信息，甚至通过期货市场获取产品定价信息。但同时生产者自身可能会从事市场调研，创新管理模式和组织形式，进行会计方法改革等活动。企业公共物品最优生产规模取决于"购买"和"生产"公共物品的成本比较。当从市场"购买"公共物品更具成本优势时，公共物品生产"外包"将导致企业规模缩减。给定公共物品的生产规模，便

---

① 控制权损失实际上类似于委托代理理论分析的代理成本（Jesen & Meckling，1976）、威廉姆森（Williamson，1985）分析的激励和官僚主义成本、米尔格罗姆和罗伯茨的"影响成本"（influence cost，Milgrom & Roberts，1998）。

确定了公共物品的成本耗费①，企业会通过增加产品产量或开发同类产品降低单位产品的公共成本耗费。为充分利用公共产品的规模经济而进行的横向扩张，便确定了企业的"宽度"（width of the firm），即企业的横向边界。此外，企业声誉资本（reputation capital）担保功能也会影响企业边界。当企业因为专业化生产的产品或服务形成良好的市场声誉后，企业较容易通过已经建立的声誉（商标），从事相近商品或服务的生产，从而拓展企业横向边界。

第三节　治理、测度企业边界理论的比较与融合

以"交易"作为基本的经济分析单位，治理经济学和测度成本理论分别从不同的视角研究了交易的治理（实施）机制，各自形成了对企业边界的不同认识。这些认识本身兼具科学性和片面性，同时在解释现实企业边界问题时又具有互补性，因而本章节将在对治理和测度两个分支的企业边界理论进行总体比较的基础上，论述融合两个分支的必要性及融合的理论路径。

一、治理、测度企业边界理论的比较

根据威廉姆森（1985）对契约的分类，治理和测度均是从交易费用角度考察各种契约安排的效率含义（见图1-3），只是两者研究的侧重各有不同。威廉姆森认为治理经济学主要关心"怎样按照提高有效适应性的

---

① 在一定范围内，为生产和交换进行的公共产品投入属于固定成本。

要求组织交易的问题，"而测度成本理论则主要关心"借助什么方式才能确保行为与回报（价值和价格）更密切关联的问题"。虽然两大分支都或明或暗地选择"交易"作为基本的经济分析单位，研究了交易及其治理问题，但由于观察、研究视角、理论可操作性不同，两者在交易者行为假设、逻辑思路及理论正式化等方面仍然存在一定差异。

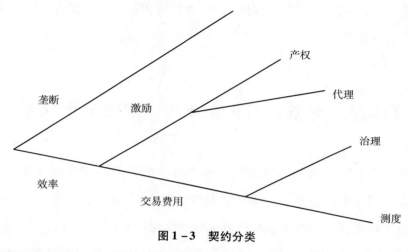

图 1 - 3　契约分类

资料来源：Williamson, Oliver E., 1985, *The Economic Institute of Capitalism*, New York: Free Press.

（一）行为假设

治理和测度作为交易费用经济学的分支对组织（企业）的研究，都是对新古典范式厂商理论的突破。交易费用经济学研究的是不同于新古典范式瓦尔拉斯世界的真实世界，因而必然对瓦尔拉斯世界赖以存在的理论假设进行修正，即对完全理性、完全信息和完全竞争的假设进行修正。虽然治理和测度两个分支都坚持科斯"对人类行为的研究应该从现实中的人出发"的理念，但是对于"现实中的人"的具体理解却不尽相同，由此导致两者在对行为人的行为假定上存在差异。

　　威廉姆森（1985）认识到，在研究经济组织问题时，各种研究方法的很多差别都源于其行为假定上的不同，为此，它毅然抛开新古典范式"经济人"假设和最优化模型①，将科斯倡导的"现实中的人"理解为"契约人"（contract man）。"契约人"不具备"经济人"的理性行为，而是表现为有限理性和机会主义。有限理性是关于行为人认知能力的假设，属于中等理性②，预示着行为人意图实现完全理性，但有限的认知能力会阻碍这种意图的完全实现。另外，虽然"契约人"和"经济人"都是自利的（self-interested），但前者的机会主义假设意味着行为人是损人利己获取自身利益。与威廉姆森不同的是，测度成本理论没有明确给定行为人的行为假定，而是隐含在其具体的逻辑分析过程中。巴泽尔仍然坚持新古典范式"经济人最大化"的行为假设，并认为个人最大化意味着，不论何时个人觉察到某种行动能够增加他们权利的价值，他们就会采取行动。不论个人是在市场、企业、家庭、部落、政府，还是在其他组织中活动，这个道理总是普遍适用的。因此，个人最大化的假设不仅直接对个人分析有用，而且可以间接地作为分析组织功能基础的假设（Barzel，2002）。与新古典范式不同的是，测度成本理论更强调行为人在真实世界面临的"约束条件"，并认为阻碍"帕累托效率"实现的关键因素，在于真实世界中信息并非免费的。综合治理和测度两个分支对真实世界行为人的行为假定，我们有理由认为治理经济学是对新古典范式"硬核"的突破，而测

---

　　①　威廉姆森（1985）批驳了"有限理性只不过是信息成本高昂的一种繁杂晦涩的说法"的观点，认为大多数关于最大化选择的复杂模型，没有认真处理有限理性的问题。有限信息模型只能在比喻的意义上被看成是具有有限的认知能力的决策模型。因此，虽然最大化分析可以处理很多情况，但无法处理有限理性涉及的全部内容。

　　②　排除非理性和无理性以后，威廉姆森将理性区分为三个层次：强理性，即新古典范式收益最大化的假设；中等理性，即有限理性（治理经济学的假设）；弱理性，即有机理性（organic rationality），演化经济学的理性假设。

度成本理论则只是对其"保护带"的修订①。

（二）逻辑思路

"制度非常重要"是所有新制度经济学（包括交易费用经济学）家的共识，正是基于这一理念，经济家开始研究包括市场制度在内的多样性的制度环境和制度安排。由于真实世界中的市场并非如在瓦尔拉斯世界一样，能够解决所有资源配置问题，因而市场失灵似乎必然成为多样性制度研究的逻辑起点。治理经济学和测度成本理论虽然都选择"交易"作为基本经济分析单位，但却沿着不同的理论路径寻找企业边界问题的答案。

威廉姆森治理经济学的基本逻辑思路为以交易作为经济分析的基本单位，并将每次交易视为契约。由于人的有限理性，交易者不可能预测到未来交易的所有偶然事件并以第三方能够证实的方式签订契约，因而契约天然是不完全的。在交易者机会主义动机的驱使下，契约签订后可能会出现违约、成本高昂的讨价还价和再谈判等危害契约关系的行为。因此为保证交易的顺利实施，交易者需要根据交易的不同类型确定不同的治理结构以减少交易效率损失。由于治理结构的不同属性决定不同治理结构在应对不同交易属性的决定的不同类型交易时具有比较优势（比较优势具体表现为节约治理成本），因而治理经济学的核心问题是研究如何在交易类型和治理结构之间实现有效匹配。企业作为一种科层治理结构具备的治理结构属性特征，决定其在治理交易频率高的专用性资产交易中具有比较优势。

---

① 根据拉卡托斯的科学纲领，完全理性是新古典范式的硬核部分，修改这个假定意味着对新古典范式硬核的冲击。而完全信息只是新古典范式的保护带，因而假设信息不完全，并不会动摇新古典范式的硬核。正是由于治理经济学动摇了新古典范式的硬核，使其不得不抛弃新古典范式惯用的边际替代分析，而改用离散结构分析。相反，测度理论由于仍然坚持理性人最大化行为假定，因而可以更多沿用应用价格理论的分析框架。

由于企业的这种比较优势会被随着企业内部交易数量的增加产生的激励扭曲和选择性干预的不可能性逐渐削弱，因而企业边界不能无限扩张。

测度成本理论将企业定义为由集中的股权资本和声誉资本为协议的可变性提供担保的协议的联结（nexus of agreements，Barzel，2006）[①]。巴泽尔同样以交易作为经济分析的基本单位，但却通过不同于治理经济学的理论路径推导企业边界的决定机制，其基本逻辑思路为任何交易所涉及的资产都是具有复杂属性的资产，由于界定资产的属性需要耗费成本，因而并不是资产的所有属性都会在交易中界定，正是在这个意义上交易契约都是不完全契约。为防止交易者的自利行为可能对交易造成的损失，就需要对交易关系提供担保解决签约后可能出现的冲突和纠纷。资产的不同属性由于测度成本的差异需要采用不同的担保方式，企业作为一种以雇佣关系为特征的担保方式，由于用对劳动力的测度代替对产品的直接测度，因而适合为测度成本高的资产属性提供担保。但由于企业降低测度成本和维持担保资本规模经济的优势，会被随着担保范围的扩大产生的递增的代理成本逐渐抵消，因而企业边界取决于这两者之间的权衡（trade-off）。

（三）　理论正式化

治理经济学和测度成本理论都是在突破新古典范式的基础上建立起来的，但是在新古典经济学仍然占据经济学主流地位的背景下，理论的正式化（formal）仍然是这两大交易费用经济学的分支亟须解决的重要课题。

---

① 巴泽尔（Bazel，1997）对企业定义的表述前后并非完全一致，从现有文献看，其企业定义至少有三种表述：企业是由共同的股权资本为契约的可变性提供担保的契约联结，此时巴泽尔并未严格区分契约和协议；企业是协议的联结，其中部分协议由集中的股权资本提供担保，且协议的实施无须国家协助（Bazel，2001）；企业是由集中的股权资本和声誉资本为其可变性提供担保的协议的联结（Bazel，2006）。上述企业定义的共同点在于强调股权资本的担保作用。

威廉姆森（1985）深知正式化和可操作性对交易费用经济学的重要性（"将文字变成模型，偶尔也能发现文字表述中发现不了的缺陷或表述不清的问题"）。为此，威廉姆森（2004）将理论正式化的过程分为四个阶段：非正式化（informal）、预正式化（pre-formal）、准正式化（semi-formal）、完全正式化（full），并认为"如果将科斯1937年的经典论文《企业的性质》解释为对交易费用经济学研究计划的非正式化表述，则可以将《市场与科层》视为实施这一计划的预正式化努力，而将《资本主义经济制度》视为准正式化努力。至于这一学派的完全正式化的工作则出现在正在演进的不完全契约理论中"（威廉姆森，2001）。事实上，治理经济学正式化的最大障碍在于有限理性的模型化①。20世纪80年代以来博弈论领域演化博弈的发展为扫清这种障碍做了些许铺垫，这似乎也预示着与博弈论结合是未来治理经济学完全正式化可供选择的路径。与治理经济学相比，测度成本理论由于坚持"经济人最大化"的行为假定，认为不会遭遇有限理性的困境。但是由于测度成本概念本身的模糊性及如威廉姆森所言，测度理论缺乏对不同交易进行区分的具体维度，测度成本理论正式化的工作依然艰辛。但近年来多任务委托代理模型的发展，为测度成本理论正式化带来新的希望（巴泽尔认为该模型适用于测度成本分析框架）。

二、治理、测度企业边界理论的融合

对治理经济学和测度成本理论的企业边界理论进行比较的目的，在于

---

① 从有限理性的模型化考察，威廉姆森将交易费用经济学完全正式化的工作归结为不完全契约理论（GHM模型），实在是一种误判。因为GHM模型不但基于完全理性的行为假设，而且不像治理经济学关注交易后的治理，只着重分析交易前专用性投资激励。

对两者进行有机综合①，以期形成新的理论元素或理论架构，进而提供对"真实世界"更有说服力的解释。查阅现有的企业边界理论研究文献，我们发现理论界并不缺乏对整合治理和测度两个交易费用经济学分支的共识，缺乏的是将这种共识付诸研究形成的统一的交易费用经济学企业边界理论。下文尝试挖掘治理、测度两个理论分支内在的逻辑联系，将"共识"推向可操作的层面。

（一）治理、测度企业边界理论融合的理论共识

基于防范"敲竹杠"风险和"准租"保护的"治理"分支，虽然凭借大量经验研究的支持占据了交易费用经济学研究的主流地位，但围绕其理论研究和经验研究引发的理论纷争表明，单一的治理经济学分析框架并不能对企业边界提供全面的解释。而测度成本理论由于理论正式化的滞后，也迫切需要建立更具可操作性的分析范式。基于这种认识，在交易费用经济学发展过程中，分别作为治理经济学和测度成本理论领军人物的威廉姆森和巴泽尔已经逐渐认识到整合两大理论分支的必要性。早期，威廉姆森（1985）认为治理学派主要关心"怎样按照提高有效适应性的要求组织交易的问题，"而测度学派主要关心"借助什么方式才能确保行为与回报（价值和价格）更密切关联的问题尽管两个问题并不是互不相干，但由于强调重点不同，确有必要分别研究"。"治理学派，其着眼点在于进行连续适应性决策；测度学派关注的问题主要与信息阻塞有关。当然，这两个条件通常是结合在一起的。我对中间产品市场组合的讨论主要关注治理方面。如果测度问题存在，也假设它会随资产专用性的变化直接发生

---

① "综合"可能意味着"折衷主义"，但综观"综合"在各次经济理论革命中的重要意义，我们甘愿冒险进行这样的尝试。

变化"（Williamson，1985）。但后来，威廉姆森（1996）认为"终归需要整体考虑治理和测度问题"。巴泽尔（1995）认为测度成本理论和资产专用性理论并不是互相排斥的，在某种程度上两者都是有效的，而且都有利于企业理论的构建。在论述其测度成本企业理论时，巴泽尔（2005）也坦诚自己并不是不同意现存的交易费用企业模型，只是认为它们并不完全①。

（二）治理、测度企业边界理论融合的理论路径

既然治理经济学和测度成本理论都属于交易费用经济学阵营，因而必然认可将交易费用节约作为判断、选择交易治理结构的效率标准，而且两者都从不完全契约的角度研究交易。两个分支在行为假设和理论逻辑思路方面的差异并没有掩盖其内在的逻辑联系，因而融合的关键是选择科学的切入点，并用合理的理论路径沟通已存在的这种联系。

首先我们可以明确单个企业边界的变化表现为在企业内部完成的交易活动数量的增减，引起这种增减变化的原因既可能是适合企业治理的交易活动总量的改变，也可能仅仅是交易活动在不同企业之间的重新分配（即科斯所言"企业所担当的功能是如何在他们中间进行分割的"）。假定整个社会的交易活动数量为 T，基于相应的交易维度，我们将交易区分为 A、B 两种类型，每种类型包含的交易活动数量为 T_A、T_B，显然 $T = T_A + T_B$。再假定 A 类交易适合市场治理，B 类交易适合企业治理，且总量为

---

①　这中间，巴泽尔的观点有所反复，2003 年时，他个人认为资产专用性既不是纵向一体化的充分条件（资产专用性通过横向一体化同样可以解决），也不是必要条件（大量非专用性资产的交易仍然在企业内部进行）。从而推断，在解释纵向一体化问题时，测度成本理论相对资产专用性理论更具一般性和可操作性。本书认为，至少在现阶段，测度成本分析仍然难以替代治理分析，而只能是治理经济学的有益补充。

T_B 的交易由企业 I 和企业 II 共同完成，各自完成的交易量分别为 T_{BI} 和 T_{BII}，显然 $T_B = T_{BI} + T_{BII}$。根据企业边界的定义，企业 I 的边界大小与 T_{BI} 正相关，而导致 T_{BI} 变化的原因既可能是 T_B 的改变，也可能是 T_B 不变时，T_{BII} 的变化。由于治理和测度两个分支事实上都借助科层的代理成本解释 T_B 不变时企业边界变化①，因而对两个分支进行融合的重点应该置于对 T_B 的解释上（见图 1-4）。

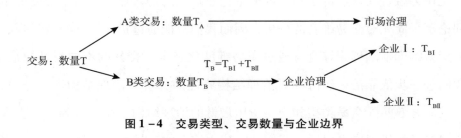

图 1-4　交易类型、交易数量与企业边界

　　由于认可将交易费用经济学推向可操作层面的关键在于对交易进行维度化，并通过在不同类型交易和不同类型交易治理模式（实施方式）之间的有效匹配，来研究"交易"的理论研究取向，因而本书选择威廉姆森治理经济学企业边界理论作为融合治理、测度两个理论分支的基本框架，消除表面的理论分歧，达成理论共识。具体而言，我们首先对两者在理论行为假设上的分歧进行调和。治理经济学假设有限理性的行为人存在机会主义动机，而测度成本理论只是给定自利的行为人追求约束条件下极大化的假设。我们认为综合的交易费用经济学企业边界理论应该选择测度成本理论的行为假设，这一行为假设不仅与占主流地位的新古典经济学的

① 治理经济学用激励扭曲和选择性干预的不可能性解释科层的代理成本；测度成本理论则用担保资本规模扩大以后，资本所有者和管理者的两权分离来解释代理成本，两者所涉及代理成本的根本原因都是科层内部的道德风险。

行为假设一致①，而且可以包含治理经济学的行为假设，因为有限理性本身就构成"目标极大化"的约束条件，而机会主义也不过是一种"损人利己"的自利表现而已（张五常，2002）。此外，交易维度化是将交易费用经济学推向可操作层面的关键，因为交易维度化的实质是界定影响交易费用大小的因素，只有科学界定交易费用的影响因素，才可能选择能够行之有效的节约交易费用的治理模式。正是基于上述原因，我们选择交易维度化作为融合治理经济学和测度成本企业理论的切入点。而由于测度成本理论至今尚无对交易维度的分析，因而我们只能通过扩展治理经济学现有的交易维度推动理论综合。通过交易维度化确定了交易的不同属性以后，我们进一步依靠治理经济学对治理结构属性的分析对治理结构进行分类，并进而有效匹配交易类型和交易费用最低的治理结构。在此基础上，引入科层失灵的代理成本以后，我们就能建立综合的交易费用经济学企业边界模型。

三、综合的交易费用经济学企业边界理论及评价

基于融合治理、测度两个分支企业边界理论的理论路径，我们在厘清交易维度、治理结构与交易实施方式、治理成本、测度成本等基本理论要素的基础上，构建综合的交易费用经济学企业边界理论，并对该理论进行评价和总结。

---

① 新制度经济学正是因为继承了新古典经济学的边际替代分析方法，放松新古典经济学的理论假设并将理论逐步模型化，才避免了旧制度经济学只留下"一大堆需要用理论来概括的描述性材料"的尴尬结局。威廉姆森（Williamson，2002a）对新制度经济学和新古典经济学的"温和"处理，也足以表明新古典经济学研究方法在目前难以撼动的稳固地位。

（一）综合的交易费用经济学企业边界理论

1. 交易维度

"要得出一种预测经济组织发展趋势的理论，就必须找出是什么原因使得各种交易彼此不同，并且要作出详细的解释才行"（威廉姆森，1985）。由于治理经济学所确定的资产专用性、交易频率和交易不确定性三个维度，特别是资产专用性维度获得了一定程度经验研究的支持，因而综合的交易费用经济学企业边界理论涉及的交易维度化问题，将通过对威廉姆森确定的交易维度的扩充来实现。

鉴于融合治理经济学和测度成本理论的需要，我们将交易资产的复杂性（complexity）作为交易的第四维度与原有的资产专用性、交易频率和交易不确定性三个维度共同刻画交易属性。做出这种看似简单的选择并不是随意的：一方面，因为在理论逻辑上，在暂不考虑交易频率和交易不确定性的前提下，企业边界决策不仅需要考虑资产专用性可能带来的"准租"的攫取问题，还要考虑专用性资产的复杂程度与测度成本之间的关系。因为资产的复杂性程度直接影响测度成本高低，资产越复杂相应测度成本越高。另一方面，现有学者的研究中已经隐含了本书扩充交易维度的思想。如菲吕伯顿和瑞切特（Furuboton & Richter，1998）认为交易费用产生的经济问题与两个因素有关：一是非对称信息；二是交易专用性投资（Furuboton & Richter，1998）；阿尔钦（Alchian，1984）也认为可以从交易的可分割性（即可测度性）和相互依赖的专用性资产的准租占有两个方面界定企业特征。显然，两者的论述中已经包含了测度问题和资产专用性问题。甚至威廉姆森（1991a）也曾经考虑将是否容易测度作为交易（easiness to measure）的第四属性，只是未将这一理念付诸实施。另外，有关企业边界的经验研究成果已经证实交易资产的复杂性与企业边界存在密切关联（Bajari，Patrick & Steven Tadelis，2000；Steven Tadelis，2002；Laura Poppo & Todd Zenger，1998）。

2. 治理结构与交易实施方式

治理结构和交易实施方式本质上都是交易组织形式的代名词，在治理经济学中治理结构被区分为市场治理、三方治理、双边治理和统一治理四种形式，而在测度成本理论中，交易实施方式包括"一经售出，概不负责"（caveat emptor）和拍卖、长期关系、契约实施（国家实施）、组织内交易等具体形式（Barzel，2002）。与治理经济学不同的是，测度成本理论主要从信息结构角度区分不同的交易实施方式，并认为商品属性的测度成本、形成长期关系的成本、国家实施契约的质量及信息传导链条的长度是区分不同交易实施方式的具体因素。

从本质上而言，"一经售出，概不负责"和拍卖、契约实施都属于第三方实施，区别在于契约实施的纠纷由法院进行协调，国家能够以较低的测度成本对契约条款涉及的商品属性进行测度。而在另两种方式中，交易方事前就能以较低的测度成本对交易资产属性进行测度，而且事前的测度误差（measurement error）不会对交易的事后价值产生很大影响。采取此类交易实施方式时，第三方的作用仅仅在于阻止欺骗和盗窃（Barzel，2002）。利用长期关系实施交易同样基于测度成本的考量。由于经验型商品①在选购时的测度成本远远高于使用过程中的测度成本，为避免交易价值损失，交易方可能构建长期交易关系，利用声誉为交易提供担保。卖方的声誉担保免除了买方对交易资产属性的测度，从而降低了交易的测度成

---

① 纳尔逊（Nelson，1970）首次区分了搜寻型商品和经验型商品。按纳尔逊的定义，人们在选购商品之前可通过检验而获得商品的质量，这叫搜寻型商品；而纯粹经验型商品只有通过人们使用后才可度量出其品质。

本，保障了交易的自我实施。组织内交易属于非暴力的第三方实施方式，其典型特征是将独立签约方之间的关系转化为基于权威的雇佣关系。组织内交易有利于克服独立交易主体之间信息传递困难，降低交易资产属性的测度成本。

通过对交易实施方式的上述分析，并结合前文对治理结构的描述，我们可以对两者的关系做如下归纳：测度成本理论中的"一经售出，概不负责"和拍卖、契约实施等同于治理经济学中的市场治理，它反映法院秩序（court ordering）支持下的独立签约方之间的交易关系。统一治理实际上等价于组织内治理，是通过科层内部权威或行政命令组织交易实施。双边治理和三方治理则类似于长期关系，是介于市场和科层治理的中间形式（混合形式）。因而在综合的交易费用经济学企业边界模型中，我们仍然将治理模式区分为市场治理、混合治理和科层治理。只是在治理结构属性中需要加入测度能力一项，而且由于科层治理相对于另外两种治理模式拥有更多的测度方法，故测度能力的强度在科层、混合治理和市场之间呈逐渐递减的趋势（见表1–3）。

表1–3　　　　　　　　治理结构与交易实施方式的比较

治理结构		交易实施方式
市场治理		"一经售出，概不负责"和拍卖、契约实施
混合治理	三方治理	长期关系
	双边治理	
统一治理（科层治理）		组织内交易

3. 治理成本、测度成本与企业边界

"几乎每一位关心交易问题的经济学家都会对交易费用给出一个独特的、但经常是隐含的概念"（Barzel，2005）。治理成本和测度成本实际上分别是治理经济学和测度成本理论中交易费用的代名词，治理成本与资产专用性、交易频率、交易不确定性三个交易属性有关，而测度成本则主要取决于交易资产的复杂程度。由于已经将交易维度扩充为包含上述四个属性在内的四维度，因此在综合的交易费用经济学企业边界理论中，我们将交易费用定义为治理成本和测度成本之和。为此，治理模式的选择将不仅与治理成本有关，也会受到测度成本的影响。

我们在暂不考虑交易不确定性和交易频率的情况下，分析资产专用性和资产复杂性两个维度共同决定的交易费用与治理模式之间的有效匹配（见表 1 - 4）。分别用 $TC_{(G)}$、$MC_{(G)}$、$GC_{(G)}$ 代表某种治理结构对应的交易费用、测度成本和治理成本，则满足 $TC_{(G)} = MC_{(G)} + GC_{(G)}$。对于资产专用性和资产复杂性程度都很高的交易，科层治理的治理成本和测度成本都是最低的，科层对应的 $TC_{(G)}$ 最小，显然应该选择科层治理；相反，对于资产专用性和资产复杂性程度都很低的交易，市场治理的治理成本和测度成本都是最低的，市场对应的 $TC_{(G)}$ 最小，显然应该选择市场治理；资产专用性程度高、复杂性程度低的交易，选择市场治理虽然可以节约测度成本，但却导致较高的治理成本；相反，选择科层治理虽然可以节约治理成本，但却招致较高的测度成本。对于资产专用性程度低、复杂性程度高的交易亦会遇到类似的"两难抉择"，因此，这两种类型交易的治理结构选择需要权衡治理成本和测度成本的相对大小来定夺。综合以上论述，能够节约包括治理成本和测度成本在内的交易费用的治理结构将是最有效率的

治理结构，即最优的治理结构应该满足[1]：$\underset{G}{\text{Min}}TC_{(G)} = MC_{(G)} + GC_{(G)}$。

表 1-4 资产专用性、资产复杂性与治理结构

		资产专用性		
		非专用	混合	独特
资产复杂性	简单	市场治理	—	—
	中等	—	混合治理	—
	复杂	—	—	科层治理

（二）综合的交易费用经济学企业边界理论小结

本章在系统分析治理经济学和测度成本理论这两个交易费用经济学分支的基础上，基于对二者在行为假设、逻辑思路和理论正式化三个方面的比较，认为治理和测度两个分支存在内在的逻辑联系。因为企业的特征包括资产属性的可测度性和相互依赖的专业性资产的"准租"攫取两个方面，因而我们可以建立整合治理和测度两个分支的综合的交易费用经济学企业边界理论。由于认识到将交易费用经济学推向可操作层面的关键是将交易维度化，因而本章选择交易维度化作为整合两个分支的切入点。将资产专用性、交易不确定性、交易频率和资产复杂性作为交易的四维度，将

---

① 此处论述治理结构选择的原则暂时未考虑生产成本差异，我们本可以采用威廉姆森同样的方法，假定由于市场存在的规模经济和范围经济，因而市场相对于企业在生产成本上总是具有相对优势，再利用生产成本和交易费用总和最小化确定企业边界选择。但是，由于企业只是作为一种资源配置方式而存在时才会与市场之间存在替代关系，因而我们认为生产成本的差异只会体现在企业与企业之间，不会反映在企业与市场之间（威廉姆森实际上将市场等同于企业的总和），因而只适合用于解释在交易活动总量不变的前提下，由于交易活动在不同企业之间的重新配置所导致的企业边界变化。

包括治理成本和测度成本在内的交易费用节约作为治理结构选择的标准，并在交易类型与市场治理、混合治理和科层治理的治理结构之间建立一一对应的联系。通过上述综合，我们可以成功解释图 $1-4$ 中 T_A、T_B 数量大小的决定因素，进而解释由于 T_B 的改变导致 T_{BI} 或 T_{BII} 的改变引起的企业边界变化。然后再借助科层内部的代理成本解释 T_B 不变时，T_{BI} 和 T_{BII} 的相对变化对企业边界的影响，从而建立起全面分析企业边界决定因素的综合的交易费用经济学企业边界模型。

当然，即使是整合的交易费用分析框架仍然难以对企业边界提供完全有说服力的解释。如前所述，单个企业边界的变化既可能是适合企业治理的交易类型的总量变化所致，也有可能是在交易活动总量不变的前提下，交易活动在不同企业之间的重新配置所致。由于治理经济学和测度成本理论对于后一原因导致的企业边界变化的解释并不存在实质性的分歧（因为两者实际上都借助科层内部的道德风险来解释，只是威廉姆森的用语是激励扭曲和选择性干预不可能性，巴泽尔的用语是担保资本所有权和使用权分离的代理成本），因而综合的交易费用经济学企业边界理论主要通过整合治理和测度两个分支，解释前一因素导致的企业边界变化。正是这种理论融合方式和切入点的选择使得综合的交易费用经济学企业边界理论相对单一的治理经济学和测度成本理论，能够更好地解释由于适合企业治理的交易类型的总量变化导致的企业边界变化，但同时也存在与治理经济学和测度成本理论一样的理论缺陷，即难以成功解释在交易活动总量不变的前提下，由于交易活动在不同企业之间的重新配置所导致的企业边界变化。

我们认为综合的交易费用经济学企业边界理论存在上述缺陷的根本原因并不在于理论融合方式和切入点选择的错误，而是源于交易费用经济学本身理论假设和分析范式的缺陷。无论治理经济学还是测度成本理论都秉承科斯将企业作为市场替代物的思想，仅仅从资源配置角度考察企业与市场的相互替代及交易组织形式的选择。将企业仅仅抽象为一种以权威为特征的资源配置方式，就必然抹杀不同企业之间的异质性，导致交易费用范式只能从总体上研究由于适合企业治理的交易类型的总量变化导致的企业边界变化。虽然综合的交易费用经济学企业边界理论，同样可以通过诉诸科层的代理成本解释交易活动在不同企业之间的重新配置导致的企业边界变化，但我们仍然不能解释为什么不同企业会从事不同的交易活动以及不同企业组织相同的交易活动具有不同的代理成本[1]，导致这种理论困境的终极原因在于交易费用范式将企业仅仅作为一种资源配置方式的高度抽象假设。将企业抽象为一种资源配置方式，必然忽视企业的异质性，不能解释为什么不同企业会从事不同的交易活动。此外，由于企业仅仅只能在作为一种资源配置方式的意义上才能与市场相互替代，因而先验性地假设两者之间的替代关系，必然忽视企业不同于市场的"生产"功能。因为，从生产角度考察，企业作为生产实体的生产功能与市场的交换功能之间并不存在替代关系。另外，虽然交易费用经济学认为"协调"是经济组织的中心问题，但仅仅将"协调"作为解决有限理性当事人之间利益冲突的工具，似乎没有机会主义和利益冲突存在"协调"就没有用武之地。实际上，有限理性意味着当事人有限的认知能力，在此意义上，即使没有利益冲突，合作性生产活动的开展同样离不开"协调"。交易费用经济学将重点放在如何利用契约防止无效的机会主义问题上，而忽视了企业对生

---

　　① 科斯认识到《企业的性质》一文只是强调了交易费用与组织费用的对比，而没有调查促使组织成本在一些企业比其他企业低的因素。而且认为要从总体上说明经济体系中生产的制度结构，就有必要解释为什么组织特定活动的成本在企业中存在区别的理由（Coase，1988）。笔者认为融合威廉姆森、巴泽尔思想的综合的交易费用经济学企业边界理论有效解决了交易费用和组织费用的对比问题，但对组织成本不同企业之间的差异仍然没能有效解决，这也正是下文引入企业能力理论的原因。

产知识的生产和协调问题。虽然这种处理深化了我们对企业内部的"黑箱"的认识，但并不能全面解释企业边界问题。

交易费用经济学以"交易"作为基本分析单位，导致将单项交易与治理结构一一对应，忽视了不同"交易"之间的相互影响。实际上，由于"有限理性"，治理结构的选择并不是事先完全确定的。对治理结构的考察必须从"一般均衡"和"历史"角度分析，未来的治理结构选择受到历史和现实因素的影响。简言之，治理结构的选择存在"路径依赖"。其中原因在于"治理不可分性"，治理结构的存在是多重因素作用的结果，现存的交易会对治理结构的选择形成"进入壁垒"（entry barriers），比如选择治理结构变迁就要打破原有的"合同承诺"，会受到企业内部成员既得利益的影响（打破与员工的法律契约和心理契约），会受到市场条件的限制（缺乏相应的市场或市场不完善）。诚如威廉姆森所言，治理经济学在本质上是"离散的结构分析"，因而在企业边界分析中只是静态或比较静态，缺乏对"变迁过程"的考察。而实际上，现实世界企业边界的选择，是面临具体约束条件的决策，变迁的路径至关重要。

由于综合的交易费用经济学企业边界理论存在上述理论缺陷的根本原因在于仅从"交易"角度对企业进行的同质性假设。因而进一步理论综合的方向应该是透视企业的"生产"属性本质，通过分析企业的异质性解释企业边界的决定及变化，同时引入动态分析方法，考察交易活动之间的相互联系对企业边界的影响。

第二章
企业边界理论的扩展分析

"只有通过探讨企业生产商品和服务的过程，才能对交易费用经济学的核心问题……企业的自制—购买决策提供满意的答案"（Claude Menard，1994）。因为只有探讨企业生产商品和服务的过程，我们才会发现企业之间的个体性差异，才能弥补交易费用经济学基于同质性假设仅从抽象的交易角度对企业边界进行研究的理论缺陷。在综合的交易费用经济学企业边界理论基础上进一步整合企业能力理论，能让我们从"交易"和"生产"两个视角更全面地考察异质性企业边界的决定机制，从而对交易活动数量在不同企业之间的配置导致的企业边界变化提供更有说服力的解释，"说明企业所担当的功能是如何在他们中间进行分割的"，从而将"科斯梦想"进一步推向现实。本章在阐述能力、惯例、动态能力的概念及功能、特征的基础上，从企业能力角度全面分析企业边界的决定机制；通过对比交易费用经济学企业边界理论和企业能力理论的企业边界理论，提出融合两种研究范式的必要性和融合的理论路径；分析基于企业能力差别的企业异质性与企业边界之间的逻辑联系，探讨企业边界动态演化过程，并利用整合交易费用和企业能力的企业边界理论重新解读通用——费雪购并案，对理论进行经验检验。

第一节　企业能力与企业边界

企业能力理论本身是一个庞杂的理论体系，现存演化理论（evolutionary economics）、企业资源论（RBV）、企业核心能力论（core-competence）、企业动态能力论（dynamic capabilities）、知识论（knowledge-based perspectives）及企业战略管理研究的大量文献中均涉及对企业能力的描述。下文在总结现有理论有关"能力"概念认识的基础上，通过分析能力、惯例及动态能力关系，力图描述企业动态能力特征及功能，并从企业动态能力角度论述企业边界决策机制。

一、企业能力、惯例与动态能力

"能力是保证企业执行制造、研发及市场营销等活动的知识、经验和技能"（Richardson，1972）[①]。能力意味着"意向性"（intentionality），能够弥补由有限理性的个体构成的组织的组织意图与实际结果（outcome）之间的差距（Dosi，2000）。普拉哈拉德和哈梅尔（Prahalad & Hamel，1990）将企业的核心能力定义为"组织中的积累性知识，特别是关于如何协调不同的生产技能和有机结合多种技能的知识"，是由蕴藏在组织和

---

① 理查德森（Richardson，1972）有关产业组织的论文开创了用能力观念分析企业和产业变迁问题的先河，因而该文献的地位相当于科斯在交易费用经济学领域的地位。令人遗憾的是在能力理论范式中并未出现交易费用经济学中威廉姆森式的人物，能够将能力维度化，推向可操作性的层面。

个人中的知识特别是意会知识（tacit knowledge）构成的。由于能力理论几乎都或明或暗地以有限理性的行为假设作为分析前提，因而相比较交易费用经济学更加注重从认知（cognitive）角度考察经济主体的行为后果。基于此，我们可以将能力定义为缩小认知差距（cognitive distance，Nooteboom，1999）的知识、经验和技能。能力定义的根本出发点在于强调个体及组织主观认知的异质性，即并非所有个体和组织都能对同一现象形成共同认知。

（一）惯例

能力是由惯例构成的[①]（Dosi，2000），惯例则是可重复遵循的一种行为模式（pattern of behavior），这种行为模式会随条件的变化发生渐进改变，从而保证组织在面临选择压力时能够做出灵活的决策，又能使组织在相同的环境背景下获得重复绩效（repeated performance）（Nelson & Winter，1964、1982；Cohen，1996）。惯例是组织能力的载体，也是组织变迁的基本分析单位。惯例在组织中的作用类似于基因在生物体内的作用，并具有基因的类似特征。纳尔逊认为惯例是组织层面的，具有集体主义特征，是组织与环境及组织成员之间长期相互作用形成的组织行为习惯，是异质性个体行为习惯融合的产物。惯例具有典型的情景依赖（context-dependence）、嵌入性（embeddedness）及专用性（specificity）特征，前两者具体表现在惯例和环境背景之间具有高度的互补性，惯例可能只能在一定的环境条件下帮助组织克服认知障碍。惯例的专用性源于历

---

① 纳尔逊和温特（Nelson & Winter，1982）认为能力是惯例的上层概念（higher-level），而与多斯（Dosi，Nelson & Winter，2000b）的合作研究中，三者认为惯例和能力是具有很强重叠性的概念，一些组织惯例同样可以称为能力。

史专用性[①]（Barney，1991；Reynaud，1996；Hodgson，2001），局部专用性（local specificity，Simon，1976）（局部专用性源于学习过程的局部性、文化差异等导致的将惯例一般化的困难），及关系专用性（relation specificity，Dyer & Singh，1998）[②]。惯例的情景依赖和嵌入性导致惯例的演化具有路径依赖的特征，组织在历史上形成的惯例会产生"组织烙印效应"（organizational imprinting effect），先前的思维方式和行为经验会影响组织在新环境下的决策。

（二）企业动态能力：特征及功能

企业动态能力是在组织变迁成为企业竞争力重要来源的背景下提出的，在学者们（Teece，Pisano & Shuen，1997）的开创性论文中，他们强调组织变迁要求组织具有相关的专有能力，为此，他们将企业动态能力定义为：企业整合、构建、重构内外部能力以适应快速变化环境的能力。兹奥罗与温特（Zollo & Winter，2002）从组织知识的演化角度详细地分析了企业的动态能力，并将其定义为"一种集体的学习方式，通过动态能力，企业能够系统地产生和修改其操作性惯例（operational routines），从而提高企业的效率"。动态能力是通过组织学习，人为构造的（man-made），并且具有持续性，可以认为"在应付一系列的危机中，组织采用创造性的、但并不连续（disjointed）的方法并不是动态能力的实践"。

企业动态能力是以企业惯例为载体的，因而动态能力和惯例具有很多

---

① 个人认为历史专用性的含义类似于背景依赖和嵌入，说明某一历史时点具体的环境和认知形成的惯例，难以在不同历史背景下完全复制。

② 关系专用性是指组织（企业）由于进行旨在组织间建立关系的特殊投资而形成的专用性，组织之间的特殊关系可能就有关知识分享、互补性资产利用等问题形成惯例，这种惯例只在具有特殊关系的组织之间存在。

相似的特征，或者说企业动态能力的很多特征通过惯例表现出来。具体而言，企业动态能力作为企业异质性的体现和维持企业竞争优势的基础，具有价值性、专有性（specialty）、整体性、开放性的特征。企业动态能力与普通能力一样只有具有价值性，才能成为企业竞争优势的源泉。动态能力的价值在于企业能够突破现有能力惯性，重新整合企业内外部资源，不断获取新的竞争优势。动态能力的专有性强调能力的独特性和难以模仿性，企业难以通过市场交易购买动态能力，只能借助于组织内部积累。从这个意义上讲，技术和可编码传递的知识（codifiable knowledge）都不能成为企业的动态能力，只有意会性的知识、经验会成为动态能力的主要元素。动态能力的整体性意味着动态能力是企业拥有的专有能力，不可能成为任何组织成员个体的能力，组织成员的去留并不影响动态能力优势。另一方面，整体性意味着企业技术、生产和组织的不完全分割性，"技能、组织和技术在功能惯例中紧密地相互联系，很难说一个方面终止，而另一方面开始"（Nelson & Winter，1982）①。开放性是企业动态能力的本质属性，面临选择压力时，企业能主动吸收外部知识，突破路径依赖的局限，才能在多变的环境中保持持续的竞争优势。

基于动态能力概念和特征的上述分析，我们认为企业动态能力的核心功能在于通过维持组织的整体性和持续性以增强组织黏性，这种核心功能具体通过能力载体——惯例表现为对组织的协调和控制、和解（truce）、节约认知资源（economizing cognitive resources）及减少不确定性。

企业动态能力通过惯例实现对组织的协调和控制。惯例作为一种可复制的行为模式，为参与者在面临与"历史"类似的事件时的行动提供了统一的行为准则。此时，"惯例"发挥"中央计划者"的作用，自发

① 实际上，我们也可以将嵌入性、路径依赖视为整体性的具体表现。

地将分散的个体行动转化为有组织的集体行动。由于惯例已经内化为组织成员的行为习惯，因而在组织协调中相对"显性契约"可能更具效率优势。惯例化的行为为组织成员之间的行为比较提供了某种标准，因而更加便利对组织成员的监督，监督成本的下降无疑会增强组织的控制力。

企业动态能力通过惯例实现组织和解。组织成员能够在"惯例"的"暗示"下形成相对一致的行动，并不否认组织成员之间存在利益分歧和矛盾冲突。但是，组织惯例的存在可以帮助在组织正常运行的要求和所有组织成员的动机（motivation）之间产生某种稳定的和解。惯例所造成的这种折中不是通过服从自上而下的命令，而是通过组织的平滑功能（smooth functioning）实现，即组织成员对彼此行为的相互认同实现的（Nelson & Winter，1982）。组织都存在某种控制机制，在惯例化的运行中，惯例的协调机制与其他激励因素相结合，使组织成员"满足于"他们在组织惯例中扮演的角色，从而将组织冲突控制在组织能够承受的范围内，实现组织和解。

企业动态能力通过惯例节约认知资源。认知资源是稀缺资源（Simon，1947；1955），惯例对认知资源的节约主要表现为节约组织成员的信息处理和决策制定能力，防止由于关注目标分散导致的认知资源浪费。具体而言，惯例作为一种组织记忆（organizational memory）会将特定背景下的行为方式内化为组织成员的惯常反应。这种惯常反应是无意识的活动，无须耗费认知资源，因而个体可以将稀缺的认知资源配置于更加复杂的决策活动（Hodgson，1997）。另外，惯例可以实现认知聚焦（cognitive focus），通过减少组织成员需要关注的事件范围，将其有限的认知资源集中于特定的组织目标，提高认知资源的利用效率。

企业动态能力通过惯例减少不确定性。由于惯例是组织成员在长期合作和交往中形成的共同的行为方式，反映了所有组织成员的共有信念，因而会对特定背景下所有参与人的行为选择提供共同预期，如此，惯例通过在组织内部建立一个成员间相互作用的稳定的预期结构减少了不确定性。另外，企业动态能力对认知资源的节约，也使个体可以释放更多的认知资源用于应付复杂性和不确定性，从而弱化不确定性对组织目标的影响。

二、企业动态能力与企业边界

虽然企业理论的各个分支并未形成统一的企业定义，但是对企业边界进行的任何研究，都不可避免要对企业的本质作出回答。但由于能力理论缺乏像交易费用经济学那样比较规范的经济学分析①，因而我们仅在界定企业本质的基础上，通过描述企业动态能力与企业边界的互动关系考察企业边界的决定机制。

（一）能力视野中的企业本质

众所周知，新古典范式将企业简单抽象为将投入转化为产出的生产函数只是为了满足价格理论的需要，对现实的企业行为并没有充分的解释力。企业能力理论和交易费用经济学企业理论的出现都是为了突破新古典厂商理论的局限，但两者选择了不同的路径进行突破。交易费用经济学通过所有企业拥有相同技术，生产上不存在差别，企业天然具有完成复杂任务所需的所有生产知识，而且最优知识结构与组织结构无关等一系列隐性

---

① 按照威廉姆森对理论正式化四个阶段的划分，能力理论基本处于非正式化阶段（informal）。

假设，将企业抽象为以权威为特征的资源配置方式，侧重从"交易"角度分析同质性企业的本质、边界及企业内部结构。企业能力理论同样是在突破新古典范式基础上建立起来的，与交易费用经济学不同的是，企业能力理论更加关注异质性企业的"生产"本质。

在新古典经济学中，厂商作为将投入转化为产出的生产函数，总是能够实现在现有生产技术水平（技术是公共物品）下的最优产出。给定"完全理性"的严格假设，厂商在新古典经济学中变为仅仅进行价格和产量调整的同质性生产单位。新古典厂商理论虽然从市场供给角度分析了企业的生产属性，但根本没有考察企业之间生产能力的差别。因此，从这个意义上讲，新古典厂商理论对企业"生产属性"的研究是不完全的，也必然无法解释现实企业的生产行为。企业能力理论突破新古典范式完全理性的假设，引入有限理性，认为人类个体不仅存在认知局限，而且个体之间认知能力也存在差异。基于有限理性假设，企业能力理论进一步从认知角度深化对企业的"生产属性"的认识，认为企业要完成将投入转化为产出的生产过程，必须具备与生产相关的知识、能力，企业只有在确定"生产什么？"的基础上才会决定"生产多少？"。突破"无限认知"的假设，就必然承认现实企业在生产能力上的异质性，因而在能力理论的视域内，企业的本质是"能力的集合"。正是在投入产出认知知识占有上的差距，导致企业选择生产不同的产品（服务），并具有不同的投入产出效率。

（二）企业动态能力与企业边界

兹奥罗与温特（Zollo & Winter，2002）将动态能力的概念定义在惯例的基础上，有效结合了企业能力概念和惯例概念。如果认为组织内部存在能力等级的划分，则动态能力是相对"普通能力"（ordinary capabilities/

operational capabilities) 更为高阶的能力。普通能力是处于操作层面的能力，是企业在静态环境中借助合理的生产规模和相对固定的消费群体维持生存的能力 (Winter, 2002)。而动态能力则涉及新产品开发、生产规模调整及生产流程重组等多个动态维度，反映调整和更新普通能力的速度。由于惯例仍然是企业动态能力的载体，因而企业动态能力与普通能力一样依赖于组织累积性的学习，动态能力调整同样受制于互补性资产的制约。由于动态能力更加偏重对能力惯性 (inertia) 的突破，因而更适宜作为基础性概念用以分析企业能力对企业边界的影响。

"决定什么通过企业完成，什么通过市场进行的重要因素是企业专用的能力和技能，而不是内部治理相对于市场治理的激励成本" (Chandler, 1992)。根据理查德森 (Richardson) 对企业边界的界定，在能力理论中企业边界变化通过企业包含的生产性活动的数量来反映，企业包含的生产性活动的数量增加，则企业边界扩张，反之企业边界收缩。对生产性活动在企业边界内外的决策取决于企业生产成本与市场（其他企业）生产成本的比较①。当企业生产成本低于市场生产成本时，企业会采用内部生产 (make)；相反，当企业不具备生产成本优势时，企业会采用市场购买 (buy) 方式，甚至通过外包将企业内部生产活动转向市场。如图 2-1 所示，ΔC = 企业生产成本 - 市场生产成本，ΔC 为零时，企业生产和市场生产没有差异，相应的 A^* (activities 为活动数量) 为企业包含的最优活动范围。当企业包含的活动范围在 A^* 以内时，企业相对市场具有成本优势，活动数量超过 A^* 以后，企业内部生产处于成本劣势，因而 A^* 代表企业最优边界。

---

① 与威廉姆森假设市场相对企业总是具备节约生产成本优势不同的是，能力理论认为市场是由具有异质性生产能力的不同企业构成的，企业之间存在由生产能力差别决定的生产成本差异，因而在节约生产成本方面，市场并不总是处于优势。

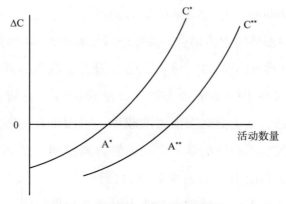

图 2 – 1　生产成本与企业边界

　　企业动态能力的演化导致企业边界的扩张或收缩，在企业面临相对稳定的外部环境时，企业动态能力存量（C*代表）决定企业能够从事的潜在生产活动范围。在 A* 以内的活动（相同活动）均可以由现有能力支撑，企业为实现能力利用的规模经济，会将企业边界确定在 A*，动态能力的专有性保证企业在现有的活动范围内具有竞争优势。但是，在动荡多变的外部条件下，外部冲击会对企业现有能力存量造成威胁，企业为维持现有的生产活动范围，可能需要创建新的能力或对现有能力进行调整。企业动态能力的开放性使企业具备较强的"吸收能力"（absorbability），从而有效避免企业进入"能力陷阱"，保持企业在动态环境中从事现有生产活动的成本优势。突破"能力陷阱"后的企业动态能力具有"正反馈效应"，对新能力或调整后能力的充分利用将使企业在从事更多的生产活动时具有成本优势，进而导致企业边界扩张到 A**。当然，上述调节过程完全可能是逆转的。如果面对外部冲击时，企业不具备相应的动态能力，则市场的成本优势将"挤压"企业的活动范围，导致企业边界收缩。极端的情况是，当企业从事任何生产活动都不具备成本优势时，企业边界将收缩到图 2 – 1 中的原点，意味着企业消亡。上述论述表明，企业动态能力和企业边界之间存在互动机制：一方面，企业能力的拓展将导致企业边界的扩张；另一方面，企业边界涵盖的活动范围会形成与此范围相一致的企业惯例，通过配置认知资源，以路径依赖的方式影响动态能力的发展。

第二节 能力、交易费用企业边界理论的 比较与融合

治理经济学和测度成本理论的差异仅仅是同一经济学分析范式内部不同派别（分支）的意见分歧，而企业能力理论和交易费用经济学则是两种不同范式之间的较量。"虽然两种范式之间既存在竞争性也存在互补性，但是后者多于前者，因为事实证明两者的更多分歧是表面的而不是实质性的（more apparent than real）"（Williamson，1999）。全面比较两种不同的研究范式将使我们更好地理解其理论互补性，进而寻找科学的切入点，整合企业能力理论，进一步完善综合的交易费用经济学企业边界理论。

一、能力、交易费用企业边界理论的比较

撇开方法论上集体主义和个体主义的争论，我们主要从行为假设、基本经济分析单位及逻辑思路三个方面对企业能力理论和交易费用经济学的企业边界理论进行比较。

（一）行为假设

所有社会科学的理论都隐含地或明确地建立在对人类行为的假定基础之上，经济学也一样。经济学对人的行为假定，在很长时间内被很多经济

学家认为是一个"怎么方便怎么处理"（as a matter of convenience）的问题。除了不认可交易费用经济学中的治理经济学分支对行为人的机会主义假设以外，企业能力理论（尤其是演化经济学）和治理经济学都坚持有限理性的行为假设。两者区别在于前者的有限理性属于中等程度的理性，即行为人虽然不能实现完全理性，但并不是短视的，而是有远见的（正是对有限理性的这一界定，威廉姆森被认为没有彻底坚持有限理性假设）；后者则是有机理性（organic rationality），属于弱理性，即行为人只能通过不断试错而不是事前的"精心策划"获得某种具体结果。有机理性实际上将理性降低到只"依靠社会与历史环境进行自然选择"的程度（Alchian，1950；威廉姆森，1985）。

（二）基本经济分析单位

与交易费用经济学选择"交易"作为基本的经济分析单位不同，企业能力理论选择"惯例"作为其基本的经济分析单位，但二者都满足基本经济分析单位选择的"康芒斯三角"原则，即"注入秩序、解决冲突、实现共赢"。企业能力理论认为企业能力表现为由个体能力构成但是大于个体能力简单加总的组织能力。由于不同个体认知能力及学习能力的异质性，因而在组成组织时需要某种协调机制调解当事人的认知差距或解决可能存在的利益冲突。具备这种作用的机制就是组织在长期演化过程中形成的行为规则和"共同知识"，并具体体现为不同企业的"惯例"。由此可见，交易费用经济学和企业能力理论对基本经济分析单位的选择都是基于自身范式研究目的的需要。不同的是在企业能力理论中，"惯例"维度化的研究迟迟未能获得进展，这也极大阻碍了企业能力理论正式化的进程。

（三）逻辑思路

企业能力理论和交易费用经济学中的治理分支都是基于行为人有限理性的假设描述企业及边界决定问题，但由于研究侧重点不同，两者的逻辑思路存在明显分歧。企业能力理论认为有限理性意味着行为人存在认知差距，从而将能力定义为缩小认知差距的知识、经验和技能。与新古典经济学一样，企业能力理论将企业视为将投入转化为产出的生产单位，但与之不同的是，后者认为企业投入产出的效率关键取决于企业作为一种组织对具有不同认知能力的组织成员进行协调的能力。企业作为一种能力集合，其生产可能性边界不仅取决于组织成员个体所拥有的知识和能力，而且取决于企业作为一个整体所拥有的知识和能力，即企业核心知识和能力（组织能力）。市场对具有意会性和不可分割性知识协调的失效，导致作为一种生产产品和服务的制度安排的企业的出现，因为企业创造了能使多个个体集中使用各自拥有专业知识的环境和条件（威廉姆森所言的组织氛围，即atmosphere of organization）。企业协调以权威和行政命令为特征，能极大幅度降低专业人士和非专业人士、不同专业领域人士的沟通成本，有助于意会知识转化为显性知识。因为企业是"由致力于生产产品和服务的个体构成的具有整体性和持续性的组织（an integrated and durable organization）"（Hodgson，1998）。企业的"持续性"意味着企业不仅是组织核心成员之间暂时签订的契约的联结①，而且植入了具有长久预期的组织结构和惯例②。"企业相对市场能够更有效协调集体学习的过程。"（Foss，1996）市场虽然

---

① 虽然企业契约（特别是劳动契约）相对市场契约是长期契约，但由于企业并不因组织成员的契约终止而消亡。因而相对于企业的存续期，任何与企业成员的契约都是暂时的。

② 霍奇逊关于企业本质的认识并未完全否定交易费用经济学的观点，只是更加强调企业的"实体"层面，而不是"契约"层面。

也是重要的学习过程，但作为自发、分散的协调机制，市场只适合协调可分解、可编码的显性知识，而企业作为整体性和持久性组织具有整合个体认知、偏好、能力和行动的能力，由此形成的组织黏性（cohesiveness）[①]更加便利个体之间的信息传递和意会性知识的交流。企业营造的组织氛围和文化有利于员工在企业内部维持较为长久的人际关系，实现法律契约无法具体规定的经验分享，增进组织集体学习的效率。正是由于企业在协调认知差距和知识沟通上的相对优势划定了企业和市场的边界。另外，由于作为企业能力承载体的惯例是不同企业在应对环境不断变化中积累的历史经验的产物，不同企业具有不同的惯例或不同的形成路径导致企业能力分布的异质性，决定不同企业能够从事的生产活动范围，即企业的生产效率边界。

　　企业能力理论和交易费用经济学都是基于有限理性的行为假设，并且将企业视为一种协调机制。不同之处在于，前者给定企业是生产单位，并认为协调的动因在于缩小不同个体的认知能力差距；后者则将企业视为一种交易的治理结构，并认为协调的动因在于解决具有机会主义倾向的个体在追求私利中产生的利益冲突。由于企业能力理论并不像交易费用经济学仅将企业简单视为利益的协调机制，而是认为企业的本质在于其生产能力，因而该理论虽然认可企业和市场作为一种协调机制存在替代关系，但仍然否定两者之间的完全替代。

二、能力、交易费用企业边界理论的融合

　　如果说交易费用经济学内部治理和测度两个分支的融合主要停留在

　　[①] 蒂斯（Teece，1994）最早提出"公司黏性"的概念，用于分析企业进行多元化经营的协同能力，福斯（1996）利用"公司黏性"研究组织知识演化过程中利用旧知识和开发新知识的平衡能力。

"理论共识"的层面，则能力和交易费用范式的融合则已经处于可操作的层面①。现有文献认为研究能力起源和能力形成过程必然涉及交易费用因素（下文另述），而交易费用范式对企业异质性和治理结构动态性的忽视正好通过能力理论得以弥补。

（一）能力、交易费用企业边界理论融合的必要性

总体而言，能力理论和交易费用经济学企业边界理论融合的必要性在于两者在理论要素上的互补性。由于本章节以交易费用经济学作为融合的基本理论框架，因而在基本框架中融入能力理论的主要原因，在于后者能够部分弥补综合的交易费用经济学企业边界理论的理论缺陷。

因而在这个意义上，能力、交易费用企业边界理论融合的必要性主要体现为：第一，由于企业能力理论以企业异质性假设为前提，因而更适合研究单个企业边界决定问题，即研究由于适合企业的交易活动数量在不同企业之间的配置导致的企业边界变化问题，而这一问题正是交易费用范式的短板②。如果我们将研究企业边界问题类比于研究热带雨林植物生长边界问题，则交易费用范式解释的是热带雨林与温带落叶林的边界问题，而企业能力理论则侧重解释热带雨林中某类植物的生长边界问题；第二，企业能力理论以企业"生产属性"为出发点，考察了体现在企业生产成本差别上的企业能力差别，弥补了交易费用范式对生产成本的粗略处理；第三，企业能力理论在考察能力形成过程中，引入了过程分析和动态分析，

---

① 罗格罗伊斯和福斯（Langlois & Foss，1999）认为企业理论未来的研究中心是用统一的模型将激励和能力模型化，解释交易费用和生产成本与企业边界选择之间的关联。

② 威廉姆森（1999）承认交易费用范式适于研究某类（generic）治理模式选择的问题，而对某类治理模式中，如企业治理模式中某个特定（paticular）企业边界选择的解释则要求助于能力理论。

注意到了在特定时间、特定种类生产活动治理的成本在很大程度上受现已存在的生产活动的影响。对生产过程的动态分析启发我们需要在交易费用经济学中引入动态分析方法，因为新增交易的治理同样受到企业现有交易活动的影响。

（二）能力、交易费用企业边界理论融合的理论路径

鉴于本书将能力理论和交易费用经济学进行融合的根本目的，在于借助能力理论的视角完善现有的综合的交易费用分析框架。而且通过对二者融合必要性的论述，我们已经认识到两者之间在理论要素上存在的强烈互补性，因而选择合理的融合路径的关键在于调解两者在行为假设、基本经济分析单位及逻辑思路上的分歧。

由于企业能力理论和交易费用经济学中的治理经济学分支都给定行为人有限理性的假设，只是在有限理性的具体程度上存在分歧。而前文已经说明有限理性本身构成行为人的约束条件，有限理性和机会主义的行为假设可以包含在"理性人追求约束条件下最大化"的行为假设中，因而企业能力理论和综合的交易费用经济学的这一表面分歧便可迎刃而解。鉴于"惯例"作为基本经济分析单位本身概念的模糊性及维度化的困难，而且我们是运用企业完成的交易活动数量衡量企业边界，因而我们仍然可以选择交易作为基本的经济分析单位。两者在逻辑思路上的分歧突出表现在研究视角不同，即分别从企业的"交易属性"和"生产属性"两个方面进行研究。但我们认为两者并不矛盾，正如科斯（1988）所言，"考察企业为什么会存在时，我们无须关注同样的活动在不同企业组织时存在的成本差异，但是要解释生产的制度结构，我们必须考察这种差异"。即在考察什么类型交易适于企业，什么类型交易适合于市场时，我们只需研究企业的"交易属性"，而在具体分析单个企业的企业边界时，则必须考虑企业的"生

产"本质。由于将企业的功能仅仅定义为资源配置,交易费用经济学企业边界理论中的企业并不是作为"个体"而存在,而是作为类聚意义上的"整体"而存在。这样的理论假设必然抽象掉企业的生产功能,或者像威廉姆森一样对生产成本进行简单化处理,进而忽视不同企业由于生产成本差异导致的企业边界差异。企业能力理论对"生产属性"的考察,预示着我们需要综合考虑包括治理成本和测度成本在内的交易费用和生产成本才能完整说明单个具体企业的边界决定问题。

第三节 能力、交易费用与企业边界的决定及动态变化

"当我们试图通过构建组织科学来理解复杂的经济现象时,交易费用分析和能力分析都是需要的"(Williamson,1999)。前文已经述及,单个企业边界的变化既可能是适合企业治理的交易类型的总量变化所致,也有可能是在交易活动总量不变的前提下,交易活动在不同企业之间的重新配置所致。对后一问题的回答需要弄清为什么不同企业会从事不同的交易活动,以及为什么不将所有相同的活动都组织在一个企业内部进行。由于企业能力理论更擅长分析某个特定企业的边界决定问题,因而能对上述问题给出相对交易费用经济学更具说服力的答案,进而完善综合的交易费用经济学企业边界理论。

一、企业能力、企业异质性与企业边界

如果交易费用范式阐述了企业边界调整的必要性,则企业能力理论进

一步分析了企业边界变化的可能性。企业边界调整固然是出于节约交易费用的需要，但调整的前提是企业具备以低成本优势从事相关生产、交易活动的能力。正是不同企业在组织生产、交易活动中的能力差异使企业呈现异质性特征，而企业异质性在个体层面上决定了不同企业的边界抉择。

（一）企业能力与企业异质性

作为将投入转化为产出的生产单位，不同企业的能力差异最终都体现为生产能力差异，即企业能否以最低的生产成本提供商品和服务。行为人有限理性的假设预示着不同行为人对客观世界的认知存在差距，这一方面说明不同行为人认知能力存在高下之分，另一方面，由于企业生产是不同要素所有者之间的协作生产，高效生产要求对具有不同认知能力的行为人进行协调，在企业内部企业家充当了协调者的角色。由此可见，企业能否以最低的生产成本提供商品和服务，不仅与企业家协调不同行为人的能力有关，而且与企业家自身的认知能力有关。

为减轻由于认知不一致可能导致的效率损失，具有提出和实现"创新理念"认知能力的企业家成为企业内部的协调者。正是企业家具有的创新能力使之能够发现市场潜在的盈利机会，从而组织相应的资源生产商品和服务满足潜在的市场需求。由于不同企业的企业家对捕捉市场机会的认知能力存在差距，导致不同企业选择不同的生产和交易活动，这无疑是企业异质性的表现之一。另外，即使生产相同产品和服务的企业包含的活动数量亦存在差异，这是企业异质性的另一表现。从能力角度考量，这源于企业家协调不同行为人的能力存在差距。有限理性会限制企业家的能力，而不同企业家拥有的能力上限决定了其能够有效协调的交易和生产活动数量。企业生产成本的高低不仅取决于商品和服务的数量，更重要的是与企业选择什么样的商品和服务进行生产有关，而这两项选择很显然都与企业能力，尤其是作为协调者的企业家能力有关。正是企业能力差异导致企业选择多样性的生产和交易活动，在现实世界呈现异质性特征。

（二）企业异质性与企业边界

企业异质性表明不同企业会选择与自身能力相匹配的生产和交易活动，并决定活动的数量。如前所述，交易费用经济学企业边界理论只是阐明具有资产专用性和复杂性的交易应该采用企业治理，而对具体企业边界的回答则只能求助于企业内部的代理成本。我们认为即使代理成本能够解释"为什么不将所有的生产都组织在一个大企业进行"，但仍然存在两个主要的缺陷：一是代理成本分析不能解释为什么不同企业从事相同的生产具有不同的代理成本；二是代理成本分析不能解释为什么不同企业会选择不同的资产专用性和复杂性的交易进行组织。由企业能力理论导出的企业异质性假设正好弥补了交易费用范式的上述缺陷。

具有资产专用性和复杂性特征的这一类交易适合企业治理，而这类交易在不同企业之间的分配直接决定企业边界范围。企业异质性反映企业能力差别，而企业能力决定企业能够从事的生产和交易活动种类及相应活动的数量，企业能力差别导致不同企业会选择具有资产专用性和复杂性特征的不同种类的交易活动，或即使选择了同类的交易活动，也会由于能力差异导致其能够有效组织的活动数量存在差别，而正是企业对交易活动种类和交易活动数量的选择决定了企业边界。用基于企业能力差异的企业异质性假设代替交易费用范式的代理成本分析，不仅能够解释为什么不同企业从事相同的生产具有不同的代理成本，而且能够解释为什么不同企业会选择不同种类的资产专用性和复杂性的交易进行组织。因为从企业能力的视角考察，上述两个问题显而易见的答案都在于企业能力差异。

二、企业能力、交易费用的共生演化与企业边界

前文述及企业能力理论与交易费用理论融合的必要性时，只是借助两者在理论要素上的互补性。然而，当我们在阐述企业能力、企业异质性与企业边界决定时，进一步追问企业能力的来源和形成过程，就会发现企业能力理论与交易费用理论的融合绝不仅仅源于其理论要素的互补性，更重要的是企业能力与交易费用之间本身就存在固有的内在联系，正是企业能力和交易费用的共生演化决定了企业边界。

既然能力是保证企业执行制造、研发及市场营销等活动的知识、经验和技能，而作为能力载体的惯例是组织成员之间长期相互作用形成的组织行为习惯，是异质性个体行为习惯融合的产物，因而企业能力并不是天生的，而是通过完成一系列活动得以累积形成的。假定在时点 1，给定企业的现有能力，企业力图进入需要进行高度资产专用性的投资的某项交易活动。根据交易费用理论，由于高额的签约和执行成本，没有独立的供应商愿意提供该项投资，因而企业只能自投资。自投资完成以后，企业具备了从事新交易活动的企业能力，在时点 2 我们观察到企业从事交易活动的范围（企业边界），很容易从静态角度将企业边界的决定归于企业能力。然而，这一偏颇的结论显然忽视了"历史"因素，抽象掉了企业能力形成的过程，进而必然忽略交易费用在决定企业边界中扮演的重要角色。

交易费用影响企业能力的形成，但企业能力一旦形成以后，企业能力在不同企业之间的分布也影响企业之间的交易费用。由于有限理性，任何企业的企业能力都是有限的，单个企业不可能从事所有的交易或生产活动，因而企业之间必然发生相互联系。从交易费用经济学角度考察，异质性企业之间的这种相互联系可以抽象为包括市场契约、混合契

约和一体化契约在内的不同契约关系。契约关系的建立和维持需要耗费事前和事后的交易费用，而这项交易费用的大小明显受到企业能力占有不均衡和企业能力差异大小的影响。给定不变的外部条件，会形成与之相对应的企业能力分布，在此分布下，企业根据自身能力的相对优势从事一定范围的生产和交易活动，并产生均衡的交易费用。现假定企业"群落"（firm population）的某个企业（focal firm）通过创新提高了自身的能力水平，扩大了与其他企业之间的能力差距，改变了原有的能力分布，譬如，福特公司在所有汽车生产商中率先实现流水线生产。能力差距的扩大导致短时间内创新企业难以劝说或说服原有的合作伙伴，比如福特公司难以要求其合作伙伴提供与流水线生产相匹配的零部件或服务。意即，能力差距扩大导致与原有契约关系相关的交易或生产活动的交易费用增加，创新企业不能从"市场"获得与创新行为相关的产品或服务，只能通过"内部化"满足自身需求，进而导致企业边界扩张。由此可见，交易费用大小与企业能力分布相关，不同企业之间能力差距扩大会引致较高的交易费用，导致企业边界改变。

三、企业边界变迁过程分析

企业边界动态演变的本质是不同治理结构或协调机制的转化，伴随企业边界的扩张或收缩，企业治理的生产活动范围或交易数量会发生动态变化。当企业采用一体化战略扩展其边界时，会将原本由市场治理或混合治理的交易纳入企业内部；相反，企业外包战略会减少企业生产活动数量，将原本由企业治理的交易转化为非企业治理。"企业能否以最低成本从事某项特定活动在很大程度上可能取决于企业正在从事的其他活动，但是我们对企业正在从事的活动对增量活动的影响却知之甚少"

（Coase，1988）。

在交易费用分析中，治理结构的选择只是考虑新增单一交易（增量交易）的交易属性，而未考察新增交易对存量交易的影响，也未考虑存量交易的现有治理结构对增量交易治理结构选择的影响。而企业能力理论表明，企业能力是累积性动态学习的结果，企业组成成员的个体学习和组织学习都会改变个体认知能力和作为个体集合的企业能力，因而由企业能力决定的企业边界变迁不仅受制于现实约束条件，"历史"因素、组织学习效应在变迁过程中也扮演重要角色。基于此，交易的企业治理和非企业治理之间的转化并非是完全可逆的，对企业边界的分析不仅要比较静态条件下不同治理结构的效率，还要考虑学习效应和企业能力外溢对企业边界变迁的影响，并且要分析治理结构变迁过程中的转化成本（switching cost）。

（一）学习效应与企业边界

企业能力（动态能力）演化的实质是企业知识链的变化，这种知识链的变化源于企业迫于生存、竞争压力进行的内部学习或外部学习过程。组织学习可以分为利用性和探索性学习，利用性学习主要挖掘利用现有的知识，可以不断提高运作效率；探索性学习则旨在开发新的知识不断追求新的未知世界，可以提高组织灵活性（适应性效率）。通过学习，企业动态能力随之发生变化，进而引致企业能够有效协调的生产活动范围及协调方式的改变。对于资产专用性、复杂性程度高的一次性交易，短期内企业只能采用一体化治理，通过企业内部权威协调相关生产活动。但是，在长期，伴随交易由一次性交易转变为重复交易，企业可以通过声誉机制（混合治理）实现契约自我实施（self-enforcing）。同时，在长期重复交易中会逐渐形成基于互惠和合作的交易惯例，这些交易惯例有助于将一次性交易中难以具体规定的"剩余权力"具体化，从而降低由于有限理性导致的不完全契约的"不完全"程度。由此可见，短期最优的企业边界决策在长期并不一定是最有效率的，企业之间能力模仿及知识外溢，导致企业之间对生产和交易活动组织知识相对认知能力的改变，进而影响企业边界决策。

（二）治理不可分性（governance inseparability）

"尽管交易费用经济学始终强调签约的事前条件和事后条件……但它通常只是分别考察每一个交易联结。这样做虽然能够展现每一个契约的主要特征，但却有可能忽略或低估一系列契约之间的相互依赖关系。因此，有时需要更多关注契约的多种变化形式"（Williamson，1985）。威廉姆森的观点表明，对治理结构的分析需要综合考察所有交易，而不仅仅是单一交易，因为交易的治理存在治理不可分性。一方面，治理不可分性表现为新增交易或活动的治理结构选择会受到先前治理结构的制约，即存在交易治理结构选择的路径依赖；另一方面，治理不可分性表现为各种治理结构（交易实施方式）之间的互补性，单项治理结构的变革会受到与之关联的其他治理结构的制约。

交易治理结构选择的路径依赖通过影响企业激励机制选择和企业能力开发制约企业边界动态变迁的过程。企业边界变迁会导致交易治理结构的改变（契约关系改变），从而引起激励机制的改变，而治理不可分性会制约新的激励机制的选择。一种激励机制的选择决定了在该机制下不同参与者之间的利益分配，新的激励机制会打破原有利益分配格局，因而这种变迁可能受到"既得利益者"的阻碍。比如，企业的外包决策本质上是将企业对部分生产活动的"低能激励"转变为"高能激励"，但这一举措由于会打破企业原有的契约承诺，从而招致"利益受损者"的反对。治理不可分性产生的严重的路径依赖还可能将治理结构锁定在无效率状态，导致企业难以选择与交易属性匹配的有效率的治理方式。当外生因素的变化导致企业需要改变现有生产活动的治理方式时，治理不可分性会制约企业选择不同治理方式的灵活性。治理不可分性对企业能力开发的影响是显而易见的，因为企业边界变迁意味着企业生产活动重组，衍生劳动分工和知识分工，必然导致企业能力发生改变。从能力理论中惯例的路径依赖特点可知，治理不可分性可能导致企业在现有能力的利用和新能力开发之间更倾向于选择前者，"创新惰性"会影响企业边界的扩张和收缩。无论是一体化还是外包，都涉及企业现有能力的更新和存废，治理不可分性形成的能力惯性可能通过"自我强化"使企业沦入"能力陷阱"，难以对企业边界进行及时调整。

治理结构的路径依赖从历时（时间）关联角度分析了治理不可分性，而治理结构的互补性则体现了不同治理结构的共时（横截面）关联。互补性的存在意味着某一单项交易或活动治理结构与其他交易或活动的治理结构构成一个连贯的整体，任何单项交易的治理结构在孤立的情况下都不会轻易被改变①。治理结构的互补性表明即使是对具有相同交易属性的单一交易的治理也可能存在多样性的治理结构，因为交易治理结构的选择不仅取决于交易本身的属性，还取决于交易所在"交易组合"的治理结构。由此可见，基于单项交易属性确定的局部有效的治理结构，在考虑"交易组合"的背景下并不一定是整体最优的。霍尔姆斯特姆和米尔格罗姆（Holmstrom & Milgrom，1994）用正式模型证明企业作为一种激励体制（不是一种单一激励机制）而存在的，高能激励、工人对资产的所有权和避免对工人的直接控制在发挥对工人的激励功能时具有互补性。如果将企

---

① 巴泽尔"所以交易的实施均是混合实施"的观点可以作为治理结构互补性的非常有力的证明。因为不同治理结构（交易实施方式）在治理资产不同属性时具有不同的比较优势，因而任何一项交易的实施实际上是多重治理结构综合作用的结果。

业视为将投入转化为产出的科层生产实体，则治理不可分性意味着对投入（上游交易）的治理与对产出（下游交易）的治理存在互补性，因而与投入活动相关的企业边界决策必须考虑对产出活动的治理，反之亦然。如果在治理结构互补性的基础上加入能力互补性特征，会进一步强化治理不可分性的共时关联效应。因为企业边界变迁会对企业整个能力池（capabilities pooling）产生影响，单项能力的调整可能需要改变知识交流的界面，从而要求"配套能力"的同时跟进。由于不同治理结构和不同能力的调整速度并不相同（不同的转化成本），因而治理不可分性会阻碍或延缓企业边界变迁过程。在企业难以针对交易特征的动态变化灵活选择适合自身的生产活动范围的情况下，企业难以实施有效的企业边界决策。

（三）转化成本

以治理结构和企业能力的历时关联及共时关联为特征的治理不可分性导致企业边界变迁过程产生转化成本。转化成本的存在意味着企业在扩张或收缩过程中，不仅要考察目标治理模式和起点治理模式的相对绩效，还要分析治理结构变迁的转化成本（SC）。在面临较高转化成本的情况下，交易可能无法实现从起点治理模式到目标治理模式的转变，或者形成不同于两种治理模式的"杂种治理"[①]。如图 2 − 2 所示，与交易组合 A_1，A_2，$\cdots$，A_n 对应的治理结构组合为 G_{A1}，G_{A2}，$\cdots$，G_{An}，当交易组合演变为 B_1，A_2，$\cdots$，A_n，对应的治理结构组合为 G_{B1}，G_{B2}，$\cdots$，G_{Bn}。如果交易治理结构能够伴随交易组合的变化及时调整，则交易治理会顺利完成从起点治理模式到目标治理模式的转化，即顺利完成企业边界变迁。但是如

---

① "杂种治理"借用了樊刚（2005）"过渡性杂种"的概念，不同于交易费用经济学中的"混合治理"，它实际是相对于最优目标治理模式的"次优"选择。

果治理不可分性产生的转化成本较高，与交易组合 B_1、$A_2\cdots A_n$ 匹配的治理结构难以进行整体调整，则企业边界变迁过程受阻，对应的治理结构组合沦为 G_{B1}，G_{A2}，$\cdots$，G_{An} 的"次优"杂种治理结构。

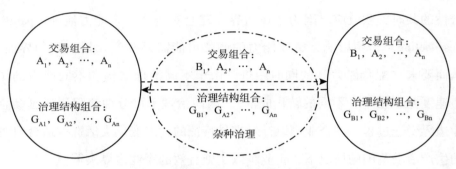

图 2 - 2　转化成本与企业边界动态变迁

　　延缓或阻碍企业边界变迁的转化成本具体包括影响成本（influence cost）、补偿成本、知识信息编码成本、协调成本等。影响成本是米尔格罗姆（Milgrom，1988），米尔格罗姆和罗伯茨（Milgrom & Roberts，1988；1990；1992）创造性地将寻租理论引入企业内部决策分析时提出的成本概念。因为既然企业是以权威为特征的经济组织，就必然运用集中的控制权或决策权对企业内部资源进行配置。在企业资源有限的情况下，资源在不同部门之间如何配置，是根据市场高能激励原则，将稀缺资源配置给最有效率的部门，还是实现相对"机会公平"，缩小企业内部不同利益相关者的利益差距，这取决于企业权威和利益相关者之间的博弈。由于企业内部谈判力量的不对称分布，掌握资源配置权力的企业权威会成为企业内部追逐个体利益的利益相关者游说的对象，利益相关者往往高估与自身利益相关的业务活动的盈利前景以获取更多的资源支持。

　　由于企业边界变迁往往涉及企业内部资源的重新配置，资源重新组合或资源用途改变不仅涉及增量资源的使用，还会触及存量资源的调整，因而常常诱发相关当事人的"寻租行为"。对于大型企业而言，企业的边界扩张或收缩可能主要涉及某部门的利益，部门经理会游说其他代理人和企业内部权威以获取企业决策支持。而其他部门的代理人基于"互惠性"交易的考虑，为获得对方对自身未来决策的支持，也会支持项目决策。部门经理的规模扩张速度越快，越有利于自身"王国"的建立（empire building），因而可以获取更多的"租金"或"个人利益"。效率越是低下的部门，由于对产出的边际贡献小，因而越有动机去游说上层经理人以获得组织租金。企业内部大规模的寻租活动不仅耗费要素所有者从事生产性活动的时间和精力，还会延缓企业边界决策过程。

补偿成本是对企业边界变迁中"利益受损者"的利益补偿，比如企业生产活动外包，可能意味着从事这些生产活动的员工失业，企业需要依法承担解雇员工的安置费用。在企业实施一体化战略时，企业可能也需要对被购并企业的管理者和普通雇员提供某些补偿以推动兼并过程的顺利实施。企业边界变迁意味着需要在不同活动界面之间进行重新知识编码，以提高活动效率和方便协调，这一过程会产生知识信息编码成本。知识编码意味着需要重新界定知识界面，或者将隐性知识转化为显性知识。知识传递效率会受制于事前能够界定的界面，以及企业参与生产活动的数量。如果难以确定知识转化的界面，而且知识供给者和接收者的能力差距太大，知识更多是"只能意会"的，则编码成本较高（知识漏损严重）。另外企业参与的活动越多，单一活动所需知识编码的自我实现能力下降，需要融入更多知识，才能有效实现单一活动的效率。协调成本是在企业边界变迁过程中协调不同交易组合、不同治理结构组合而产生的。由于治理不可分性，同一交易从企业治理转向市场治理（业务外包）的转化成本可能并不等于该交易从市场治理转向企业治理（一体化）的转化成本，因而企业边界的扩张和收缩可能并不是完全可逆的。

四、整合能力与交易费用的企业边界理论：经验研究及理论评价

在综合的交易费用经济学企业边界理论中进一步整合企业能力理论，不仅使现有的企业边界理论能够对由适合企业治理的交易活动数量在不同企业之间的分配引致的企业边界变化提供更有说服力的解释，而且通过引入学习效应、治理不可分性、转化成本等维度进一步从动态角度考察了企业边界变迁的过程和机理。本节以整合能力和交易费用的企业边界理论作为分析工具重新解读著名的通用—费雪购并案，对该理论进行经验检验，并提供理论总结和评价。

（一）能力、交易费用企业边界理论经验研究：再论通用—费雪购并案

通用—费雪购并案是企业理论经验研究中被广泛引用的案例，自从克莱因、克劳福德和阿尔钦于 1978 年（Klein, Crawford & Alchian, 1978, 以下简称"KCA"）引用此案例作为以资产专用性解释纵向一体化的经验证据以来，围绕该案例的争论就一直没有停止①。众多经济学家参与了对该案例的解读，争论焦点在于通用汽车 1926 年并购费雪车身，即实施纵向一体化的原因。支持 KCA 研究结论的代表性学者（Williamson, 1985; Klein, 1988; 2000b; 2006）认为通用和费雪 1919 年签订的 10 年期独占交易协议（exclusive dealing contract）并不能克服由资产专用性（物质资

---

① 德姆塞茨几乎厌烦了对该案的分析，呼吁再也不要写有关通用—费雪的文章了。

产专用性、地点专用性或人力资产专用性）导致的"敲竹杠"问题，对此问题的最终解决只能借助纵向一体化；KCA 的反对者认为长期契约的失效并不是源于"敲竹杠"：罗格罗伊斯和罗伯特森（Langlois & Robertson，1989）认为导致长期契约失效的原因在于系统性的不确定性（systemic uncertainty）；赫尔普、麦克杜菲和萨贝尔（Helper，MacDuffie & Sabel，1997）则认为纵向一体化的目的不是规避"敲竹杠"，而是提升协作性学习（promote collaborative learning）；罗蒙和思普贝（Ramon & Spulber，2000）认为纵向一体化的目的在于协调生产和存货，保证通用有足够的车身供应，同时最大限度利用费雪兄弟的管理才能；科斯（1988；2000；2006）不仅否定 KCA 的研究结论，甚至认为 KCA 是在虚构一个"从未发生的寓言"（never happened tale）以印证事先设想好的理论结论，因为科斯认为两家公司在 1919 年签订的协议已经有效解决了"敲竹杠"问题，通用收购费雪的唯一动机是希望费雪兄弟全面融入通用所有业务。

　　基于上述现有研究文献及 1919 年通用—费雪签订的合同文件①，我们认为存在上述理论纷争的根本原因在于研究者基于解释事实的理论研究范式本身的缺陷。下文将结合对通用—费雪购并案案情的描述，运用整合交易费用经济学和企业能力的企业边界理论重新解释通用—费雪之间的交易由长期契约演变为纵向一体化的缘由。

1. 通用—费雪交易关系的演变

　　由于意识到用于生产马车车身的生产技术难以满足汽车车身生产需要，以及低成本封闭式车身（closed body）是汽车普及、大众化的重要前提，费雪六兄弟于 1908 年创办费雪车身公司（Fisher Body Company）专业生产车身，不久以后，公司获得路易斯·门德尔松和亚伦·门德尔松

---

① 感谢克莱因教授慷慨提供合同完整复印件及有益的启发和指导。

（Louis Mendelssohn & Aaron Mendelson）提供的大笔投资。1909 年公司仅具有日产 10 个开放式车身（open body）的生产能力，1910 年公司获得卡迪拉克 150 个封闭式车身订单。到 1913 年，公司已经具备年生产 10 万个车身的生产能力，并向著名的汽车制造商福特、卡迪拉克等提供车身。1916 年，费雪车身公司达到年生产 37 万个车身的生产能力。同年，费雪车身公司、费雪封闭车身公司（fisher body closed body company）和费雪车身加拿大有限责任公司（fisher body company of canada, Ltd.）三公司合并成立费雪车身股份有限公司（fisher body coporation，以下简称"费雪"）。汽车制造商卡迪拉克、雪佛兰、福特等都使用费雪制造的车身。1917 年 11 月，通用公司与费雪签订了一项合同（车身采购合同），即"以高于成本 17.6% 的价格购买他们的所有产品"（Coase，2000）。

　　1919 年通用、费雪重新确定 1917 年的车身采购协议，并将合同有效期延期到 1929 年。与车身采购协议同时存在的还有两个重要协议：一是通用购买费雪 60% 的股份，并成立有效期为 5 年（1924 年到期）的表决权信托（voting trust），通用公司所持的 300000 股和费雪兄弟所持的 35000 股一起放入表决权信托，由费雪公司和通用公司各出两名受托管理人进行管理。由费雪公司指定的受托管理人为弗莱德·费雪和罗伊斯·麦迪森（Fred Fisher & Louis Mendelssohn），通用公司则由杜兰特和皮埃尔·杜邦（Durant & Pierre du Pont）出任。受托管理实行一票否决制，规定股份处分需得到四个受托人的一致同意（Klein，2006）。二是费雪兄弟与通用的雇佣合同，四位年轻的费雪兄弟与通用公司签订了 5 年期雇佣合同，较大的两位与费雪公司的任期直到 1926 年。费雪兄弟希望把契约修改一下，这样所有费雪兄弟的任期都将在 1924 年结束①。通用主管杜兰特不愿意改变但最终还是答应了，结果是所有的费雪兄弟都有权在 1924 年结束任期（Coase，2000）。1919 年之前，费雪为超过 30 个以上的不同汽车制造商提供车身，但自那以后，除了继续向沃尔特·克莱斯勒（Walter Chrysler）公司提供开放式车身以外，费雪几乎只为通用生产车身（DETROIT，1926）。1920 年费雪开始利用自己在底特律的工厂，为位于弗林特（Flint，离底特律 57 英里之外）的通用的别克分公司供应车身。1926 年 6 月 30 日，通用收购费雪持有的剩下 40% 股份，费雪成为通用的全资子公司（DETROIT，1926），不再为其他汽车制造商生产车身，专供通用。

2. 通用—费雪购并案的理论解释

通用—费雪购并案之所以成为企业理论的经典案例，是因为它为我们提供了分析企业边界变迁的绝好素材。通用—费雪之间的关系经历了从长期契约到纵向一体化（企业间关系到企业内部关系）的演变，观察这样的演变过程有利于我们从历史、动态角度全面考察企业边界变迁，检验企业边界理论对真实世界的解释力。

（1）交易费用与通用—费雪并购案。

基于前文整合交易费用和企业能力理论的企业边界理论，我们可以从资产专用性、交易不确定性、交易频率和资产复杂性四个维度刻画一项交易，并根据治理成本和测度成本共同决定的交易费用高低确定交易的治理结构。通用与费雪之间进行的汽车车身交易可能涉及的资产专用性包括物质资产专用性（为满足通用特定车型所用车身进行的物质资产

---

① "费雪兄弟之间的关系非常紧密，如果一位刮胡须弄伤了自己，所有兄弟都会流血"（The Fisher Brothers – Their Life & Times）。

投资）、人力资产专用性、地点专用性及满足特定需要的专用性（dedicated specificity）。由于第一种、第四种类型的资产专用性是整个汽车行业车身生产的共同特征，而世界范围内汽车制造商和车身制造商并非单一的治理关系说明这两种类型的资产专用性并不是导致通用—费雪由长期契约关系演变为纵向一体化的根本原因。由于费雪公司（尤其是费雪兄弟）拥有的制造车身的人力资本可以用于所有车型车身的制造，因而他们为生产通用所需车身进行的人力资本投资同样可以用于其他汽车制造商，在这个意义上，费雪拥有的人力资产是通用型人力资产。而地点专用性问题在1922 年已经出现，当时为满足通用大批量生产雪弗莱汽车的需要，通用要求费雪在雪弗莱整车装配厂附近建设车身制造厂，最终两者通过协议解决了工厂地址问题。由此可见，我们没有理由认为，是 1925 年通用费雪关于在弗林特兴建供应别克车型车身工厂的争议导致通用对费雪的并购。综上所述，资产专用性并不是导致 1926 年通用兼并费雪的原因。

通用费雪交易中涉及的交易不确定性主要是外部需求变化，即 1922 年和 1925 年通用汽车销售量的两次显著增长。在经历 1921 年销售衰退以后，1922 年由于雪弗莱销售量 3 倍增长，1923 年再次翻番，导致通用汽车整个销售量大幅增长（Klein，2006）。同样，在经历 1924 年销售量滑坡以后，1925 年通用销量再次大幅增长。由于 1922 年不稳定的需求没有导致通用对费雪的兼并，因而没有理由认为 1925 年的变化会导致 1926 年的兼并，因此现有文献认为兼并的目的是为保证费雪车身充分满足通用大幅增长需求的结论显然缺乏充足理由（Langlois & Robertson，1989）。由于 1919～1925 年通用整车销售量直线上升，而且采购协议明确规定通用所有车身需要从费雪采购（合同第一条），因此，通用费雪之间车身交易频率增加，这显然为采用交易的一体化治理（企业治理）提供了可能性，因为增加的交易频率摊薄了企业治理的成本。

就通用费雪车身交易中的车身本身而言，并不具有很强的复杂性，对车身属性的测度并不需要耗费很高的测度成本。但是通用费雪之间的采购协议并不仅仅关注作为中间产品的车身，而且还涉及车身生产过程、生产方法以及费雪兄弟对通用车身生产（甚至整个通用公司业务）的努力程度。采购合同第三条规定对于费雪接受的通用公司的订单，费雪必须以"最现代、最有效和最经济的方法、设备和工具以及与之相配的良好的员工"进行生产。另外，前文已经述及，在签订采购协议的同时通用还与费雪兄弟签订了 5 年的雇佣合同，并且在 1924 年合同到期后，通用表达了继续留用费雪兄弟的强烈愿望（Coase，2000）。我们认为相对车身属性的测度，对生产方法和费雪兄弟努力程度的测度存在很高的测度成本。虽然这些成本自 1919 年签订协议后就已经存在，但是由于 1924 年之前通用与费雪兄弟的雇佣合同仍然有效，而且 5 年期的表决权信托制约了通用行使大股东的权利，因此通用一直容忍了高额的测度成本。然而，1924 年雇佣合同到期（同时表决权信托也到期）后，通用具备条件通过股票收购将费雪一体化，利用企业内雇佣合同有效降低测度成本。

综上所述，本章节认为由于对生产方法及费雪兄弟努力程度的测度存在较高的测度成本，以及交易频率的增加有效摊薄了交易的治理成本，两个因素导致 1926 年通用完全收购费雪，建立通用汽车费雪分公司。

（2）企业能力与通用—费雪并购案。

正如单纯考察交易费用的企业边界理论本身并不完美一样，仅从交易费用角度解释通用对费雪的兼并也并不完全。前文建立的整合交易费用和企业能力的企业边界理论昭示，对通用—费雪购并案的解读同样需要依靠对通用公司和费雪公司企业能力的分析。

本章节认为通用公司在车身生产中相对费雪的生产能力劣势与交易费用一样是通用兼并费雪的重要因素。因为理论上，如果通过长期契约采购费雪生产的车身存在很高的交易费用，通用完全可以摒弃采购自己生产车身（这就是 make-or-buy 的抉择），但是在缺乏费雪兄弟的协助下，通用根本不具备低成本生产车身的能力，因而通用在"自制还是购买"之间只能选择购买。这一结论基于以下事实：第一，1919 年的车身采购协议明确规定通用可以选择自己制造车身。因为合同第一条虽然规定自签订协议之日起通用所有车身必须从费雪公司采购，但也同时规定了两种"以外"，其一便是通用可以建立自己的制造工厂；第二，如果仅仅是高额的测度成本导致通用对费雪的兼并，当 1924 年费雪雇佣合同到期，通用完全可以通过不续签合同一劳永逸的解决测度问题。然而结果是通用强烈希望费雪兄弟续签合同，并通过纵向一体化将费雪变为自己的分公司，专为自己生产车身。

另外，通用费雪并购案突出表现了交易治理不可分性的特征，在 1922 年、1925 年两次有关费雪工厂选址的谈判中，通用费雪之间车身交易都显然受到费雪已经存在的其他交易活动的影响。费雪之所以不愿意在靠近通用生产线的地方建立工厂，是因为这项交易影响到费雪在底特律工厂与其他汽车制造商的交易。

当然，即使综合了交易费用和企业能力，我们可能仍然难以解释为什么同是汽车行业，20 世纪 20 年代，美国和日本的汽车整车制造商和零部件制造商会采用完全不同的治理模式。在美国，通用和福特都采用纵向一体化的方式兼并了关键的零部件生产商，而日本企业则主要用长期分包合同治理两者之间的关系，对这一现象的解释正是下一章制度环境与企业边界需要解决的问题。

（二）理论评价

在综合的交易费用经济学企业边界理论基础上引入企业能力维度，通过分析企业能力、惯例、动态能力的基本概念及特征探讨了企业能力作用于企业边界的机理，有效弥补了交易费用经济学在解释特定企业边界决定机制上的缺陷。基于对交易费用经济学和企业能力理论在行为假设、基本经济分析单位和逻辑思路上的比较，我们构建了整合交易费用经济学和企业能力理论的企业边界理论，从适合企业治理的交易数量变化及交易数量在不同企业之间的配置两个方面分析了企业边界变化的机理。借用企业能力理论的动态分析工具，我们引入学习效应、治理不可分性和转化成本概念考察了企业边界的动态变化过程。对通用—费雪购并案的重新解读验证了交易费用经济学和企业能力理论的互补性，也从经验研究角度证明了整合交易费用经济学和企业能力理论的必要性。

由于企业能力理论本身仍然处于理论的非正式化阶段，因而本章对能力、交易费用和企业边界的分析基本是理论描述。但通过利用交易费用经济学和企业能力理论理论要素的互补性，本章从企业同质性、异质性、生产属性和交易属性的不同侧面全面考察了企业边界决定机制，尤其是对企业边界动态变迁过程的分析，使我们认识到学习效应、"历史"因素、企业内部利益格局等在交易治理结构选择中的重要意义。因此，整合交易费用经济学和企业能力理论的企业边界理论，应该能够对"真实世界"的企业边界问题提供更有说服力的解释，也会将"科斯梦想"向现实推进一小步。当然，由于企业能力理论固有的缺陷，能力的模糊定义并没有在本章得以精炼，这不能不说是理论研究的缺憾。

第四节　企业家的企业理论：再论企业本质与边界

"现代企业经济理论最主要的问题在于忽略了企业家"（Furubotn,

2002；Foss & Klein，2004）。真实世界中，企业家和企业天然融为一体，但在理论层面上，企业家理论和企业理论的研究却长期处于隔离状态。由于现有企业理论只是关注成熟企业（已经建立的企业），而抽象掉了对企业形成过程（创业过程）的考察，因而没有在企业理论研究中注入企业家的因素。这一缺陷不仅导致现有企业理论（包括交易费用理论和企业能力理论）不能对一人公司①这种特殊的企业组织形式进行理论解释，而且由于所有成熟企业（多人企业）的逻辑起点都是一人企业，缺乏对企业历史因素考察的企业理论不仅不利于我们正确认识企业的本质，而且更加难以对具有"路径依赖"特征的企业边界和企业内部组织问题作出科学的回答。而以奥地利学派为代表的企业家理论研究又没有分析企业家与企业这种组织形式之间的关系，没有论述企业家为什么需要企业。"很大程度上，经济理论要么忽视企业家，要么给企业家蒙上难以观察的神秘色彩。"舒尔茨（Schultz，1980）的上述评价准确概括了企业理论和企业家理论的研究现状。本节认为企业理论研究中融入企业家角色，不仅能弥补现有企业理论无法解释一人企业的理论瑕疵，而且有利于增进对成熟企业本质、企业边界和企业内部组织的认识，增强企业理论对真实世界企业行为的解释力。

一、企业家理论与企业理论

"基于企业家个性建立企业理论是综合交易费用经济学企业理论和企业资源理论最为有效的方式"（Casson，1998）。由于现有企业理论缺乏对

---

① 欧美国家的《公司法》很早就承认一人公司的合法性，我国 2005 年修订的《公司法》也加入了一人公司的法条。

企业"生产属性"与"交易属性"的综合研究，也就必然忽视对能够有效整合两大企业理论分支的理论工具——作为企业创立者的企业家角色的考察。但是，如果应用交易费用范式研究企业交易属性时，进一步追问以权威和行政命令为特征的资源配置方式——企业的权威来源；或者在研究企业生产属性时，关注到企业边界变迁的路径依赖，如果在现有企业家理论研究的基础上，进一步考察企业家为实现"创新理念"不断寻求资源的创业过程，我们就会发现就如企业家和企业天然不可分一样，企业家理论和企业理论之间也存在密不可分的联系。

（一）交易费用经济学企业理论与企业家理论

基于交易属性的企业理论，都将所有企业抽象为一种不同于市场的资源配置方式，这种对企业的"同质性"假设抹杀了不同企业之间的相互区别，也抽象掉了企业的"主观主义"成分，忽略了企业家与企业本质、企业边界和企业内部组织的必然联系。但是如果深入考察企业家和企业的关系，我们就会发现交易费用经济学企业理论和企业家理论应该存在我们尚未深入探究的理论上的逻辑联系。事实上，交易费用经济学将企业视为不同于市场的资源配置方式，企业家理论将企业视为企业家的创造物，两者都认为企业的存在源于"市场失灵"。由于市场配置资源存在交易费用，因而企业的产生是为了矫正市场不能有效配置资源而产生的"市场失灵"，这是我们熟知的交易费用范式对企业本质的认识；企业家创造企业的原因在于企业家拥有的"创新理念"无法通过市场进行交易，面对市场价格机制失效导致的"市场失灵"，企业家只有通过创立企业实现对"创新理念"实行间接定价。此外，交易费用经济学认为"当资源的导向依赖于企业家时，由一些关系系统构成的企业就开始出现……当追加的交易由企业家组织时，企业就变大；当企业家放弃对这些交易的组织时，企业就变小"（Coase，1937）。由此可见，企业能够节约交易费用的原因在于企业家的权威，企业配置资源的本质是企业家配置资源，企业家与交易费用节约密切相关。

然而，令人遗憾的是，现有交易费用企业理论或许由于关注的理论重点不同（或许由于企业家问题难以用现有的最优化方法模型化），一方面，该理论将企业定义为以企业家权威为特征的资源配置方式（治理结构）；另一方面，在理论研究中又几乎完全割裂了企业家和企业的内在联系。本节认为无论是基于企业家和企业天然融为一体的事实，还是基于交易费用经济学对企业本质的理论定义，在交易费用分析中缺乏对企业家的考察都是一种理论缺憾。为弥补这种缺憾，我们需要在现有交易费用分析中引入企业家维度。将企业或其他治理结构的目的界定为节约交易费用，首先需要明确交易费用产生的原因。然而现有的交易费用分析（治理经济学最为突出）虽然认识到有限理性的存在，但只是从道德风险、激励角度分析交易费用（机会主义、敲竹杠问题等）。实际上，有限理性不仅意味着经济个体对客观世界认识的不完全性，而且暗含不同经济个体在"意图实现完全理性"时表现的认知差异，即有限理性意味着认知不完全和认知不一致。由于认知不一致产生的沟通和谈判成本作为交易费用的重要组成部分，并不以"机会主义"的存在为前提。而且，企业家之所以具有权威正是因为其具有提出和实现"创新理念"的认知能力，企业的出现是基于认知能力差异进行社会分工的结果，由企业家专司"判断性决策"（Foss，1997）的职能，节约了由于认知不一致产生的交易费用。

此外，现有交易费用分析范式都是基于市场存在的前提下，通过分析企业和市场的相互替代研究企业的本质和企业边界，而现实是市场并不是天然存在的。放松"市场天然存在"的理论假设，将市场作为一种"进程"（process）考察，我们就会发现企业的出现并不仅仅是"成本推动"

（cost push，交易费用节约）的结果，它同时也是敏锐的企业家为满足消费者需求的创造物，是"需求拉动"（demand pull）的结果。无论是新企业的创立还是成熟企业的扩张或收缩，都可能不仅仅是基于企业和市场相对成本的考量，因为在没有市场存在的情况下，市场成本无从谈起。现实情况表明，新企业的出现，包括很多新兴产业的出现和传统产业的转型、价值链的重组，都是逐利的企业家为实现潜在赢利机会的行为所致。只有在交易费用分析中融入企业家因素，我们才能从动态角度对企业和市场的关系做出更为合理的解释，进而完善交易费用经济学企业理论。

（二）企业能力理论与企业家理论

由于企业能力理论更加注重从生产属性角度研究企业的异质性，因而相对基于同质性假设的交易费用经济学企业理论，企业能力理论与企业家理论的内在联系更为直接。企业能力理论将能力定义为缩小认知差距的知识、经验和技能，并且将惯例作为企业能力的载体和组织分析的基本单位，对能力和惯例的上述界定让我们很容易发掘企业家在企业能力理论中的地位。由于企业家关键的个人禀赋在于其"创新理念"，在于其独特的先验性知识、经验和社会网络，因而企业内部最大的认知差距存在于企业家和管理者①、企业家和普通要素供给者之间。在此意义上，缩小认知差距的关键在于减少或消除由于"认知不一致"带给企业家实现转瞬即逝的赢利机会的不利影响。企业家在实现创新理念的过程中，会通过劝说、谈判、沟通等形式尽量与其他要素供给者就创业机会形成"一致意见"，这样在长期合作中，企业所有成员会逐渐形成共有的信念和行为模式，形

---

① 彭罗斯（1959）认为企业家服务和管理服务的区别在于，后者是执行企业家计划、提议以及对当前运作进行监督。

成在"认知不一致"的背景下应对外界不确定性环境的行为"惯例"。由于惯例是组织成员重复博弈中"达成共识"的结果，从演化角度看，惯例的形成受到企业的关键成员——企业家个人行为模式的影响①。

企业能力理论和企业家理论内在直接的逻辑联系并没有体现在现有的企业能力分析文献中，这一方面源于企业能力理论本身的分析架构尚处于完善的过程中，另一方面可能源于能力理论坚持从"整体"角度研究企业，从而忽略了对企业个体成员的审视。本节认为，企业能力理论中引入企业家要素的分析，会进一步强化现有能力理论在"动态分析"方面的优势，尤其是深化对企业边界动态变迁过程的认识。企业边界演化实际意味着资源的重新组合或资源用途的改变，企业"缩小认知差距"的能力最终体现在企业能够获取的资源数量及既定资源的利用效率。即使在资源数量给定的情况下，资源利用效率显然也受到企业家的理念和主观认知的影响。况且，企业家的重要职能还在于面对动态外部冲击（shock）时，能够不断获取支撑"创新理念"的资源。因此，考虑企业家因素，有利于我们从资源及效率动态变化的角度加深对企业边界变迁过程的认识。此外，前文已经提及，企业边界变迁具有路径依赖特征和"反馈效应"，为防止企业陷入"能力陷阱"而产生惯性依赖，企业边界调整过程可能需要具有"创新理念"的企业家主动实施强制性变迁。特别是极度动荡的外部环境加剧"认知不一致"时，由企业家实施强制性的边界变迁有利于节约企业边界变迁的转化成本，优化企业边界变迁的路径。总之，在现有企业能力理论中加入企业家的分析，能够方便我们更多从开放、动态的角度解释企业行为。

---

① 事实表明，优秀的企业一定有独特的企业文化（惯例的重要体现），而企业文化往往受到企业初时创立者个人理念和行为模式的影响。

二、企业家与企业本质

企业和企业家、企业理论和企业家理论在现实和理论层面固有的内在联系，预示着在现有企业理论中引入企业家因素的分析，或者从企业家视角观察企业能够让我们对企业本质及其边界产生新的认识。下文在梳理现有企业家定义的基础上，从"创新"或企业家独特人力资本的角度解释企业家为什么需要企业，探讨企业存在和企业的本质。

根据《新帕尔格雷夫经济学大词典》[①]，"企业家"这一术语最早由法国古典政治经济学家坎迪隆（Richard Cantillon，1800）引入经济学理论。在广泛使用的企业家定义中，代表性的经典认识主要包括：法国古典政治经济学家萨伊（Say，1803）的企业家是协调者的认识；奥地利学派著名学者柯兹纳（Kirzner，1973）的企业家是套利者的认识；目前引用最多的奥地利学派经济学家熊彼特（Schumpeter，1934）企业家是创新者的认识；坎迪隆和奈特（1921）企业家是"不确定性承担者"的认识以及卡森（Casson，1982）在综述现有企业家理论基础上，将企业家定义为稀缺性资源配置的"判断性决策者"（judgmental decision）的认识。

本书认为上述代表性的经典认识只是从不同侧面反映企业家的"特质"，而所有这些特质无非都是企业家人力资本的特殊表现。因此，我们认为企业家不同于资本家、企业经营管理者或其他普通要素供给者的关键在于其独特的人力资本价值[②]。"企业家是具备企业家人力资本的人，企业家

---

① ［英］伊特韦尔：《新帕尔格雷夫经济学大词典》，经济科学出版社 1996 年版，第 162 页。

② 由于企业家的独特性在于其人力资本，因而企业家并不必然是资本家（物质资本的拥有者），而经营管理者的主要职能是执行企业家的创新理念。

的人力资本包括提出创意的能力和整合投入品的能力"（杨其静，2005）。企业家凭借自身的人力资本价值去组织实施创新理念所需的物质资本或其他人力资本，企业家是具有创新理念并能将创新理念付诸实施的人。

企业家与其他普通要素所有者一样，需要通过某种合理渠道实现其独特的人力资本价值。理论上，任何生产要素的所有者在实现其价值时，都有三种方式可供选择（Cheung，1983），第一种方式是自己生产并出售商品（不是自己生产自己使用）；第二种方式是直接出售生产要素；第三种方式是进入一种契约安排，将要素的使用权委托给代理人以换取收入。其中，第二种方式是直接通过要素"市场"实现要素价值，第一种方式和第三种方式都是通过"企业"实现要素价值，因为这两种方式都涉及将要素转化为用于销售的产品的过程。如果我们承认任何产品（服务）的生产都是多要素合作的结果，那么第一种方式和第三种方式无非是从不同要素所有者的角度观察企业这种特殊的契约关系。

由于企业家人力资本的特殊性，企业家只能通过"企业"实现人力资本价值，而且只能选择上述价值实现方式中的第一种方式。这种选择源于企业家人力资本"市场直接交易的不可能性"（第二种方式不可能）及企业家"被雇佣的不可能性"（第三种方式不可能）。"市场直接交易不可能性"的本质是企业家的人力资本难以通过市场直接定价，即传统意义上的市场失灵。因为市场定价的过程实际上是买卖双方讨价还价，最终就交易对象价值取得"一致意见"的过程。但是由于企业家人力资本价值在于其"创新理念"，在存在认知差距的情况下，这种理念的价值难以获得其他市场主体的认可。因此，即使企业家希望通过市场出售其创新理念，也会由于高额交易费用产生的"议价"困难而使交易缺乏效率。另外，即使企业家的价值得到市场认同，伴随市场交易的严重道德风险（moral hazard）仍然会使企业家望而却步。因为企业家拥有的"创新理念"都是涉及新产品、新技术、新组合等一系列蕴含潜在赢利机会的私人信息，这些私人信息很难通过专利制度获得产权保护，而在市场交易中"在买方得到信息之前，他并不了解信息对其的价值，但是，一旦他了解了信息的价值，他实际上已经无成本地获得了这一信息"（Teece，1982）。市场交易的"信息悖论"会诱发或强化买方的机会主义动机，导致卖方放弃市场交易（Arrow，1969）。

企业家"被雇佣的不可能性"意味着企业家不可能将其人力资本的使用权委托给其他代理人，而只能作为代理人接受其他要素所有者的委托。契约理论表明真实世界的所有契约都是不完全契约，但是涉及人力资本的契约由于面临相对物质资本更高的测度成本，因而存在大量的落入"公共领域"的人力资本属性。企业家人力资本相对普通人力资本更加难以度量，而且也不可能通过"产权转让"实现对其的控制（典型如奴隶制，即使宣告奴隶视同物质性财产，但是不可能实现完全控制，物质资产的控制可以通过产权转让实现）。因此，在这个意义上，企业家是企业家人力资本具有技术不可分性的所有者和控制者，企业家不可能受雇于其他人（企业家自身不愿意，其他人也不愿意"购买"企业家），只能通过自己创立企业实现其价值。

综上所述，从企业家的视角认识企业，我们发现企业的本质是企业家实现自身人力资本价值的工具，是企业家在面临人力资本市场交易障碍的情况下，通过组合其他生产要素建立的为企业家"间接定价"的组织。在这个意义上，企业发挥了类似专利保护制度的功能，有效保护了最难以界定的企业家人力资本的产权。

三、企业家与企业边界

从企业家角度认识企业，将企业的本质界定为企业家实现其人力资本价值的工具，将我们研究企业的目光重新带回到企业的逻辑起点和历史起点，便于我们从企业创立、经营的动态成长过程分析企业边界的形成和变迁。

（一）企业边界决策是企业家基于价值最大化进行主动选择的结果

企业既然是企业家创造用于实现其人力资本价值的工具，企业边界决策必然也是企业家基于价值最大化主动选择的结果。与交易费用经济学分析不同的是，此时的企业不再是基于比较成本优势的"交易治理结构"，而是企业家的价值实现手段。企业边界的扩张或收缩也不再是以节约交易费用为目的，而是从属于企业家价值最大化的目标。因而，在这个意义上，交易费用是内生于企业家边界决策的，是企业家价值最大化目标函数的"约束条件"。企业家之所有将原本由其他企业家（市场）从事的交易活动纳入企业内部（企业边界扩张），或者将原本由自己从事的交易活动推向市场（企业边界收缩），是因为认识到自己配置资源与其他企业家配置时存在的价值差异。由于面对高度不确定性环境时，个体之间认知不一致的表现更为明显，因而我们发现企业边界的大规模变迁均发生在技术革新、产业政策大幅度调整（管制和放松管制政策）等外部环境动荡时期（Mitchell & Mulherin，1996；Andrade，Mitchell & Stafford，2001；Andrade & Stafford，2004）。不确定性加剧了理性计算的困难，却为企业家实现创新理念带来机遇。

（二）企业边界变迁受制于企业家获取资源的能力

由于企业家不能通过要素市场直接出售其"创新理念"实现人力资本价值，因而企业家必须依赖自身人力资本"黏合剂"的作用动员其他要素所有者以组成企业。只有企业建成后，企业家才能通过资本市场出售企业或者继续企业运营，通过产品市场"迂回"实现人力资本价值。但是由于认知差距，要素所有者并不会自然将其拥有的要素交给企业家去实现"创新理念"，企业家能够配置的资源并不是现成的，他必须说服资源所有者认识到资源在现有用途和企业家创新用途之间的"价值差距"（value-gap），将资源投入企业家设想的"事业"（venture）。

　　企业家越是容易获取组织相关生产活动所需的资源，则企业边界变迁过程越是顺利。由于企业家人力资本属性存在测度困难，因而需要相应的担保机制为其"可变性"提供担保以保证交易实施。但是由于人力资本与人本身的不可分性（人力资本天然的私有性质），人力资本本身不具备担保功能（在没有建立声誉的情况下），必须借助其他担保物实现对人力资本的担保。由于企业家投入的自有资本反映企业家对"创业理念"的认同，因而自有资本发挥了对企业家人力资本的担保功能，从这个意义上讲，"富人相对于穷人更容易成为企业家"。在缺乏自有资本担保的情况下，外部资源所有者对企业家人力资本的评价和行为选择至关重要。因为在寻找投资（广义的资源投入，并不一定仅为货币资本投资）机会的过程中，投资者往往存在"搭便车"的心理，不会首先耗费成本对企业家的创业理念进行评价。对此，企业家必须给"先行者"（first-mover）更加优越的激励（比如以优先股的形式赋予优先权等），"先行者"注入的资源实际上行使了类似自有资本的担保功能，"诱发"其他投资者积极评价企业家人力资本价值，并将资源使用权委托给企业家。如此，企业家方能通过资源的重新组合实现其对生产活动的组织，为执行企业边界决策提供可行性。

　　与真实世界中企业和企业家天然一体的现实相悖的是，理论研究中企业理论和企业家理论长期隔离。企业理论中的两种主流分析范式交易费用经济学和企业能力分析只有引入企业家理论才能更好地解释真实世界的企业行为。本书对交易费用经济学企业理论和企业家理论、企业能力理论和企业家理论进行比较研究，并从企业家的角度重新解读了企业的本质和边界，为企业理论和企业家理论的融合提供了一种可行的理论路径。

第三章
制度环境与企业边界

　　"制度非常重要"是所有新制度经济学家的共识，要将"科斯梦想"变为现实，全面分析生产的制度结构的决定因素，我们需要在整合交易费用和企业能力的企业边界理论基础上，进一步分析制度环境对企业边界的决定机制。从制度分析角度看，制度可以划分为制度环境和制度安排两个层面。前述整合交易费用和企业能力的企业边界理论是在给定制度环境的前提下，研究企业边界这一具体的制度安排。现实的企业处于多样化的制度环境中，因而，与企业边界决策相关的行为选择受制于现实制度环境的约束。制度环境通过影响适合企业治理的交易类型的总量和交易活动在不同企业之间的配置决定企业边界。本章主要研究制度环境作用于企业边界的传导机制，结合《中华人民共和国劳动合同法》和《中华人民共和国反垄断法》（以下简称《劳动合同法》《反垄断法》）从交易费用角度探讨制度环境对企业边界的影响，并研究制度环境通过作用于企业能力影响企业边界的机制。由于中国仍然处于建立完善的市场经济阶段，很多"游戏规则"亟待修订、建立和完善，因而研究制度环境与企业边界对于中国企业的边界决策无疑具有更为重要的现实意义。

■ 第一节　制度环境与制度安排

　　制度作为约束人们行为的一系列规则，本质上是由具有互补性的不同行为规则构成的完备体系。规则的互补性意味着任何制度或制度的组成部分必须与其他制度或制度的组成部分相互协调配合才能发挥制度效率，有效约束参与者的行为。然而，制度的建立和演化是需要耗费时间的，而且不同制度或制度不同部分耗费的时间并不相同。为简化制度的经济分析，我们可以暂时将演化过程较长，因而在相当时间内维持刚性的制度或制度的组成部分作为经济分析的外生变量，不纳入对参与者行为的模型分析中。然而，由于制度的互补性，如果这样的简化不能有效解释参与者的行为，需要我们联系制度不同组成部分、不同层面系统考察制度体系对参与者行为的影响时，厘清制度分析的层次及各层次之间的互动和反馈就成为必然。

一、制度分析的层次划分

　　制度是一个社会的游戏规则，是用于决定人们之间相互关系的任何形式的约束（constraints，North，1990）。新制度经济学家诺斯（Davis & North，1971；North，1990）和威廉姆森（Williamson，1998；2000）分别从制度变迁理论和交易费用经济学、新制度经济学研究框架两个视角对制度分析的层次进行了不同的划分。为分析制度变迁的发生机制，诺斯明确了制度环境、制度安排、初级行动集团、次级行动集团及制度装置的概念（Davis & North，1971），认为"制度环境，是一系列用来建立生产、交换与分配基础的基本的政治、社会和法律基础规则。支配选举、产权和合约权利的规则就是构成经济环境的基本规则类型的例子。在美国经济中，环境是通过一份成文文件、宪法和对应回溯到建国之初的司法决定和解释及国家公民关于他们所喜欢的制度模式的观点而形成的"（Davis & North，1971）。而"一项制度安排，是支配经济单位之间可能合作与竞争的方式的一种安排，制度安排可能最接近'制度'一词最通常使用的含义了。安排可能是正规的，也可能是非正规的，它可能是暂时的，也可能是长命的。不过，它必须至少用于下列目标：提供一种结构使其成员的合作获得一些在结构外不可能获得的追加收入，或提供一种能影响法律或产权变迁的机制，以改变个人（或团体）可以合法竞争的方式"（Davis & North，1971）。诺斯在制度变迁分析中对行动团体的单独定义，表明诺斯严格区分了制度和组织①。制度仅仅是博弈的规则，而组织是在制度框架下，由若干社会成员组成的团队，它们在规则约束下通过不同的策略和技能实现组织目的。

威廉姆森（Williamson，1998）认为新制度经济学可以分为两个分支：一个分支研究制度环境（institutional environment）——博弈规则，这一分支可以追溯到科斯1960年对社会成本问题的分析；另一分支研究治理制度（institutions of governance）——博弈本身，这一分支可以追溯到科斯1937年对企业本质问题的分析。在此基础上，威廉姆森（1998；2000）将制度分析划分为四个层次：最高层次为社会嵌入（embeddedness），主要包括非正式制度、传统、风俗习惯、宗教信仰等。该层次中发挥重要作用的是宗教信仰，由于这一层次的制度演变速度很慢，通常需要上百年时间才能形成，因而经常被多数经济学视为给定的；制度分析的第二个层次

_____

① 与诺斯不同的是，纳尔逊（Nelson，1994）认为"制度是博弈参与人"，并将制度视为经济运行中的组织机构，包括行业协会、技术协会、司法机构等。

为制度环境，主要是正式的博弈规则，包括产权、政治、司法及官僚体制规定的游戏规则。如果从自发秩序和人为秩序角度理解，威廉姆森意义上的制度环境等同于诺斯的正式制度；制度分析的第三个层次为治理制度，主要采用离散的结构分析方法分析交易的契约安排和具体的治理结构。因为正式制度存在的较高的交易费用将导致参与者选择不同于正式制度确定的"公共秩序"（法院秩序）的私人秩序完成交易，从而对应不同交易形成差异化的治理结构；制度分析的第四个层次以完全契约的理论假设为前提，是新古典经济学和委托代理理论的主要研究范围，主要分析与资源配置相关的就业、价格、数量及激励安排（见图3－1）。

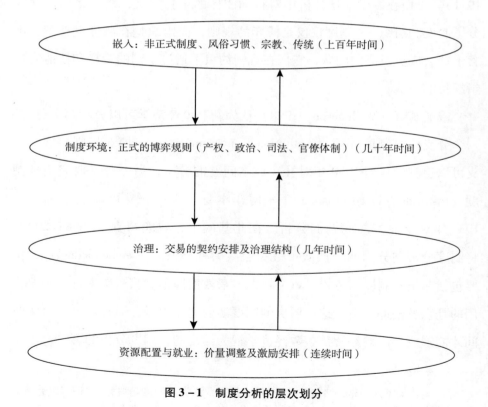

图 3－1　制度分析的层次划分

综合诺斯和威廉姆森对制度分析层次的划分，结合本书的研究目的，我们可以将制度简单划分为制度环境和制度安排（治理制度）两个层面，即威廉姆森制度分析的第二层次和第三层次。这不仅由于这两个层次之间存在重要的反馈机制，而且因为企业边界决策本身属于治理结构层面，因而我们可以将两者合并研究，弄清制度环境对企业边界的影响机理。

二、制度环境与制度安排

基于研究目的对制度进行的层次划分并不意味着不同制度分析层次之间是相互割裂的，相反，由于"各种类型的制度都具有规则性、系统性或规律性的共同点"（格鲁奇，转引自卢现祥，2003），因而在最一般的意义上，制度是构成统一整体的各个项目相互依存或相互影响的综合体或图式。制度的系统性表明不同制度层次之间存在互补性，较高层次的制度用于创造较低层次的制度，较低层次的制度选择往往是为了适应较高层次的制度规定。在给定较高层次制度选择的情况下，自利的参与者一定能实现"最有效率"的低层次制度选择，正是从这个意义上，不同的制度环境对应不同的制度安排，制度环境和制度安排构成一个连贯的整体。

制度环境确定了有关"交易"的基本行为准则，成为参与者进行制度安排的约束条件，从而划定了参与者可供选择的制度安排集合。具体而言，包括政治制度、产权制度、司法体制在内的制度环境会决定市场制度、公司制度、交易契约选择等不同的制度安排。政治制度是民主制还是集权制决定政府行为取向，政府是发挥"看得见的手"的作用协调市场运行，还是频繁伸出"掠夺之手"攫取社会财富，显然导致参与者选择不同的制度安排。产权制度是否完善，是否存在高效、独立的司法体制会直接影响交易治理结构的选择。由于制度环境本身也是由互相关联的不同制度单元构成的集合体，制度单元之间的互补性决定制度环境整体效率的发挥取决于其中的"制度短板"（制度瓶颈）。因而优化制度环境的关键是突破"制度瓶颈"，变革制约制度安排选择的最缺乏"效率"的制度单元。

但是一旦确定制度环境，对不同制度安排的自由选择机制一定能够保证有效率的制度安排得以存续。"第一，竞争汇集了所有的潜在所有者的知识——即关于可供选择的合约安排及其使用的知识，产权的可转让性则保证了可以利用的最有价值的知识。第二，潜在的合约参与者之间的竞争以及资源的所有者有能力转让其使用资源的权利，则减低了执行一个合约条款的成本"（张五常，1996）。由于真实世界不存在"帕累托最优"意义上的"制度环境"，因而也不存在"帕累托最优"的"制度安排"，以"帕累托最优"作为判断标准（benchmark），现实的所有制度安排都是"无效率"的次优选择，然而却都是在所有"不好"的制度安排中选择的"最好"制度安排。中国乡镇企业制度安排的选择，鲜明昭示了制度环境对制度安排的决定机制。乡镇企业在我国经历了从人民公社、集体乡镇企业、私人乡镇企业、"红帽子"企业、员工持股到现代民营企业的多种制度安排，每一阶段的制度安排无一例外都是对当时制度环境的"适应"（樊纲和陈瑜，2005），是伴随宪法逐步实现对"公有财产和私有财产的同等保护"，伴随国家宏观政策"或松或紧"的调整而逐一实施的不同治理选择。这些看似"无效"的制度安排实际都是基于给定制度环境约束条件下的"最优"选择。一种有效率的行为都是在一定的制度环境下做出的；同一种制度安排在不同制度环境下有不同的效率表现，所以 J. M. 布坎南（1989）才说，"必须考虑可满足'效率标准'的规则和制度的非准一性"。

第二节　制度环境与企业边界

对制度环境和制度安排的上述分析表明，现实的制度安排都是"嵌入"在具体的制度环境中的，但在理论研究（尤其是交易费用经济学研究）中，制度环境和制度安排两个层面却长期处于隔离状态（Williamson，1991a）。在企业边界分析中引入制度环境变量的实质在于结合具体的制度环境考察制度安排，为此我们需要着重厘清制度环境作用于企业边界的机理。延续整合交易费用和企业能力的企业边界理论的理论结论，企业边界的变化表现为企业组织的生产或交易活动数量的变化，而这种变化既可能是适合企业治理的交易类型的总量变化所致，也有可能是在交易活动总量不变的前提下，交易活动在不同企业之间的重新配置所致。而制度环境不仅影响适合企业治理的交易活动的总量，也会通过影响企业能力导致交易活动在不同企业之间的重新分配。

一、制度环境、交易费用与企业边界

根据交易费用分析范式，企业边界决策的本质是交易的契约选择，属于制度分析的第三层次（治理制度）。处于制度分析第二层次的制度环境，会"界定并限制参与者可利用的经济组织的实际形式的集合"（Schmid，2004），因而是企业边界选择的"位移参数"（Williamson，1998）。从交易费用视角对制度环境与企业边界关系的研究多见于对企业边界的跨国、跨区域、跨行业的比较分析中，此外，研究转型国家经济增长的文献对创业环境的分析，也在某种程度上涉及了制度对企业边界决策影响的分

析。拉詹、津加拉斯及其合作者（Krishna B. Kumar, Raghuram G. Rajan & Luigi Zingales, 2002）从技术、组织和制度层面研究了企业边界的决定因素，着重分析了金融制度和管制制度对企业边界的影响。阿西莫格鲁及合作者（Daron Acemoglu, Simon Johnson & Todd Mitton, 2007）研究了金融、契约及管制制度对企业纵向一体化行为的约束。克拉帕及其领导的世界银行研究小组（Leora Klapper, Raphael Amit, Mauro F. Guillén & Juan Manuel Quesada, 2002; 2007）研究了全世界近90个国家的制度环境对创业的影响。克鲁格和亨德里施克（Krug & Hendrischke, 2002）、聂辉华等（2004, 2007）分析了中国区域制度环境与企业边界和创新的联系。本章节基于对制度环境与治理模式选择的分析，进一步从理论上阐述制度环境通过影响交易费用作用于企业边界的传导机制。

（一）制度环境与治理模式选择

"不同治理模式的相对效能一方面随制度环境的变化而发生变化，另一方面随经济参与人品质（attributes）的变化而变化"（Williamson, 1996）。本书认为制度环境对治理模式的影响最终体现为适合不同治理模式的交易活动数量的变化，即图1-4中 T_A、T_B 的改变。不仅不同制度环境通过对交易活动数量及配置的作用影响治理模式的选择，而且从一种制度环境转化为另一种制度环境的制度演变过程也会影响交易的治理模式。理论上 T_A、T_B 的改变既可能是由整个社会的交易活动数量 T 的改变导致的，也可能是 T 不变的情况下，不同治理模式相对成本变化导致整个社会的交易活动数量在不同治理模式之间的重新配置所致。如果制度环境改变导致整个社会交易活动总量增加，我们可能观察到由所有治理模式治理的交易活动总量都增加了，这就是我们为什么发现随着经济总量增加所有治理模式边界都会扩张的原因①。

　　制度环境对社会交易活动总量的影响突出表现为制度对经济增长的促进作用。如果我们将制度环境仅仅理解为诺斯意义上的正式制度②（North，1990），则制度促进经济增长的机理为：正式制度尤其是有效的产权制度是经济增长的根源，"从过去一直到近代都未能建立系统的产权制度，是技术变化缓慢的根源"（North，1990）。有效产权制度是使个人收益率尽量接近社会收益率的产权制度，明晰的产权制度是市场竞争的必要条件。有效产权将通过降低社会的交易费用、优化资源配置来促进经济增长。其作用具体表现为：产权将减少不确定性，为经济行为主体提供稳定的预期。因为产权制度作为一种重要的制度安排，给定了经济行为主体的行为选择集，降低了经济交往中的交易费用；产权具有将外部性内部化的功能。无论正外部性还是负外部性的存在都将降低资源的配置效率，明晰的产权将使外部性内部化，实现社会收益和个人收益、社会成本和私人成本的等价，实现社会资源最优配置；产权具有激励功能。"有恒产者有恒心"，产权的最主要权能是收益权，明晰的产权将为产权主体提供稳定的预期收益，从而诱使其提高努力水平、增加消费和投资，促进经济增长。从经济增长的历史来看，西方国家兴起的历史进程印证了产权制度在经济增长中的作用，最典型的国家是荷兰和英国。荷兰是近代世界上第一个通过产权制度创新来实现经济持续增长的国家。在政府主持下建立的永久性产权交易所和公证制度代替了政府对市场交易的直接监督和审批，直接提

---

　　①　基于这种推理，斯密的"市场范围决定企业规模"和科斯"企业与市场相互替代"的观点并不矛盾。因为前者所言的"市场范围"变化实际上指整个社会交易活动总量，伴随这种总量扩张，企业规模无疑会扩大；后者"企业对市场的替代"，则是不变的交易活动总量在不同治理模式之间的分配所致。

　　②　诺斯认为制度包括正式制度、非正式制度和制度实施机制三个方面。

高了市场的交易效率。与荷兰具有相似增长历史的是英国，1623年英国国会通过的垄断法及随后的专利法，明确规定了发明专利的主体、申请专利的条件、专利的有效期等，为界定无形资产产权提供了明确的法律保障。专利制度的建立极大地刺激了英国的技术创新，为英国赢得了经济的高速增长。高速经济增长导致整个社会交易活动总量增加，进而在不同治理模式相对成本不变的情况下，我们观察到所有治理模式边界的普遍扩张。

在给定整个社会交易活动总量不变的前提下，所有"交易"的基本治理模式无非是市场治理、科层治理及介于两者之间的混合治理。给定行为人是追求最大化目标的理性经济人，在不能改变制度环境的背景下，行为人将通过选择不同的"交易"治理模式实现既定制度环境约束条件下的利益最大化，因而制度环境变量的引入无非是在考虑交易属性、治理结构属性等制约治理模式选择约束条件基础上，对基本治理模式选择进行的比较静态分析。无论是将节约交易费用作为治理模式选择的目的，还是将其视为交易实施的约束条件，制度环境通过改变交易活动在不同治理模式之间的配置对治理模式的影响，都将通过交易费用的改变进行传导。由于制度环境对不同治理模式交易费用的影响程度并不必然是均等的，制度环境改变将导致不同治理模式相对交易费用的变化，因而具体的治理模式选择取决于不同治理模式相对成本的改变。

（二）制度环境通过改变治理结构属性的相对强度影响治理模式选择

由表1-2可知，市场治理、混合治理和科层治理具备的自发适应、协调适应、激励强度、行政控制、契约法五方面属性存在强弱程度的差别。伴随治理模式从市场治理向混合治理和科层治理的转变，自发适应、激励强度、契约法三种属性的强度由强到弱依次递减，而协调适应和行政控制则呈现由弱到强相反的变化趋势。制度环境的变化虽然不会改变治理结构属性在不同治理结构之间的强弱顺序，但却会通过扩大或缩小强弱差距导致交易费用改变，进而影响不同治理模式的效率边界。

如图 3 - 2 所示，我们选择将不同治理模式的交易费用定义为资产专用性的函数①，给定制度环境 I_1，则当资产专用性低于 K_1 时，市场是最有效率的治理模式；资产专用性介于 K_1 和 K_2 之间时，混合治理是最优选择；当资产专用性大于 K_2 时，宜于选择科层治理。制度环境变化对治理

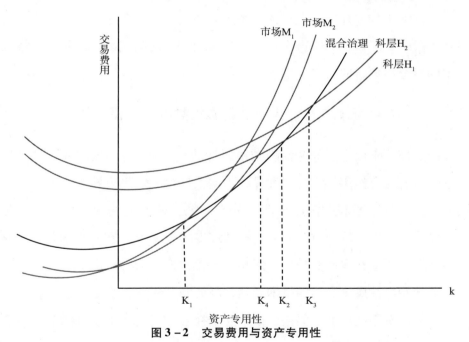

图 3 - 2　交易费用与资产专用性

资料来源：Williamson，1991a. Comparative Economic Organization：The Analysis of Discrete Structural Alternatives. *Administrative Science Quarterly* 36.

①　将交易费用定义为资产专用性的函数仅仅是作为一种例证，同样可以将交易费用定义为交易其他维度（资产复杂性、交易不确定性、交易频率）的函数，说明制度环境对治理模式的影响。

结构属性的影响，在图中表现为由不同治理模式交易费用曲线的平移或凸度的改变导致的曲线交点变化。交点位置界定了治理模式的效率边界，进而决定不同治理模式的选择。譬如当制度环境由 I_1 演化为 I_2，如果这种演化体现为政府对企业内部微观经济活动干预力度加强，则由于这种演化阻碍企业自由选择契约的自由，可能导致科层治理的协调适应能力、行政控制、激励强度减弱，进而导致科层治理的交易费用上升，即图中交易费用曲线由 H_1 上移至 H_2。如此，资产专用性位于 K_2 和 K_3 之间交易的治理模式将由于制度环境的改变而从科层治理转向混合治理。

同理如果制度环境改变导致市场治理的交易费用下降，如交易费用曲线从 M_1 下移至 M_2，则资产专用性位于 K_1 和 K_4 之间交易的治理模式将由原本的混合治理转向市场治理。

（三）制度环境通过作用于交易属性影响治理模式选择

制度环境不仅通过改变治理结构属性的相对强度影响治理模式选择，而且还可能通过作用于交易属性导致不同治理模式效率边界的变化。基于前文整合"治理"和"测度"两个分支的统一的交易费用分析框架，我们可以分析制度环境通过作用于包括资产专用性、资产复杂性、交易不确定性和交易频率在内的交易属性影响治理模式选择的机理。

资产专用性属于交易的技术属性，因而制度环境的改变并不影响单项交易的资产专用性程度。但是，如果一个社会的制度环境较为稳定，而且具备完善的产权保护制度和对政府"掠夺行为"的有效约束，则会激励经济个体进行更多的专用性投资。这样的制度环境虽然不会改变单项交易的资产专用性程度，但却由于鼓励更多资产专用性程度较高的交易而使科层治理成为治理模式的首选。制度环境对交易不确定性的影响是显而易见的：制度环境的频繁更迭意味着博弈规则的不断调整，这种调整由于会加大交易双方预期对方行为模式的难度，进而会增加交易的协调成本，导致所有治理模式的交易费用上升。但是由于科层治理相对其他治理模式具有更强的协调适应能力和行政控制强度，因而在面对频繁的外部干扰时具有更大的比较优势。交易频率主要取决于交易双方的交易需求，并不受到制度环境的直接影响。但若制度环境改变导致交易不确定性增强也会间接降低交易频率，从而导致交易的治理模式由市场治理或混合治理转向科层治理。资产复杂性直接影响交易的测度成本，从字面理解，由于测度成本是具体测度商品或服务的属性而耗费的资源，因而其高低直接受到测度技术的影响。但在给定测度技术水平不变的前提下，测度成本仍然受到制度环境的影响①。具体而言，是否存在明确的产品标准以及法院司法审判能力都会通过影响测度成本导致治理模式发生转变。如果政府对产品质量、包装等属性确定了明确的标准，则会降低交易的测度成本，引致治理模式由科层治理向市场治理的转变。同理，法院的司法能力增强意味着协议的执行可更多依赖国家这个交易的第三方力量，交易商品或服务的很多属性能够在正式协议中得以明确便会降低测度成本，拓展市场治理的效率边界。

（四）制度演变过程影响治理模式选择

制度环境不仅通过静态作用于交易的治理结构属性和交易属性影响治理模式选择，而且通过制度演变过程的动态变化对交易治理模式的选择发生作用。前文已经述及制度变迁的路径依赖和治理不可分性决定不

---

① 分蛋糕的故事是典型例证。分蛋糕的规则（制度环境）是决定一块蛋糕是否分得均匀的关键，在"负责分蛋糕的人先拿蛋糕"的规则下，无论测度技术如何精确，蛋糕也不可能分得均匀；相反，如果将规则改为"负责分蛋糕的人后拿蛋糕"，则即使测度技术不那么精确，蛋糕也会分得均匀。

同治理模式之间的转化并不是可逆的，一定治理模式的初始制度环境作为制度禀赋（institution endowments）会通过影响转化成本决定治理模式的选择。

具体而言，如图 3 - 2 所示，制度环境由 I_1 演化为 I_2 和由 I_2 演化为 I_1 对治理模式选择的影响并不是等同的，这意味着伴随制度环境从 I_1 演化为 I_2 而发生的交易费用曲线从 M_1 下移至 M_2 的变化，在制度环境从 I_2 演化为 I_1 的过程中并不必然发生交易费用曲线从 M_2 到 M_1 同强度的逆向变化。由不同的初始制度环境形成的不同制度禀赋导致资产专用性位于 K_1 和 K_4 之间交易的治理模式由混合治理转向市场治理及由市场治理逆转为混合治理的过程存在不同的转化成本，因而当制度环境从 I_2 演化为 I_1 时，并不是资产专用性位于 K_1 和 K_4 之间的所有交易都必然选择混合治理的治理模式，部分交易仍然可能延续市场治理模式。

二、制度环境、交易费用、企业能力与企业边界

如前所述，作为企业能力载体的惯例具有典型的情景依赖（context-dependence）、嵌入性（embeddedness）、专用性（specificity）、路径依赖性特征，前两者具体表现在惯例和环境背景之间具有高度的互补性，惯例可能只能在一定的环境条件下帮助组织克服认知障碍。由此可见，制度环境的改变将导致企业惯例的演化，进而影响企业能力。另外，由于企业能力与交易费用之间存在固有的内在联系，制度环境改变引起的交易费用变化也会引致企业能力变迁。因此，在研究了制度环境通过影响交易费用作用于企业边界的机理的基础上，我们需要进一步探讨制度环境通过作用企业能力以及能力和交易费用的共同演化影响企业边界的传导机制。

（一）　制度环境与企业能力

"一个社会的主要经济问题在于快速适应特定的时空环境"（Hayek，转引自 Williamson，1991a）。无论对于个体还是组织，对动态环境的适应能力（adaptation）始终是其获得最大化利益甚至得以生存的根本保证。当企业所处的外部制度环境发生变化时，企业的经济行为必须进行调整，从而约束和改变企业能力的演化，这也是第三章所述企业动态能力的根本特征。由此不难发现，制度环境与企业能力之间存在内在的必然联系，制度环境改变势必导致企业能力演化。

制度环境对企业能力的作用主要通过制度环境对惯例的影响以及制度环境对企业内部资源配置的影响而实现。惯例的情景依赖和嵌入性表明，惯例作为一种"可重复的行为模式"，只能规定企业在特定环境中的行为方式。制度环境的改变意味着博弈规则的改变，意味着企业可供选择的行为集合及从事现有生产和交易活动的行为方式的改变，为顺应这种转变，企业惯例必须随之调整。企业惯例的调整表现为现有惯例组合的变化，企业必须创造或调整与新制度环境相适应的新惯例而抛弃或淘汰不相适应的旧惯例。如果企业能顺利克服惯例的刚性和路径依赖，不陷入惯例"陷阱"，就会因为形成与变化了的制度环境相适应的新惯例和惯例组合而形成新的企业能力。制度环境对企业能力的影响还表现在制度环境因为影响企业内部资源配置，进而决定企业能力开发。前文已经述及，企业能力并不是天然形成的，而是在一系列交易或生产活动中累积形成的。企业选择的交易和生产活动决定了企业内部的资源配置，而制度环境的改变势必导致企业内部资源的重新配置。如果我们将企业从事的"活动"（activities）简单区分为"寻租"（rent-seeking）活动和"寻利"（profit-seeking）活动。当制度环境从增加了更多对企业自主行为的管制制度以后，企业必然将更多的资源用于"寻租",从而大力开发有效进行"管制俘获"的企业能力;相反,当制度环境中增加了诸多放松管制的因素,减少了政府对企业的行政干预,则企业会将更多的内部资源用于应对"市场"而不是"市长",进而提升企业发现市场机会、规避市场风险的"寻利"盈利能力。

(二) 制度环境与企业能力分布

制度环境不仅影响单个企业的企业能力,还会改变企业群落的能力分布。由于企业的异质性和能力差异,处于同一制度环境的不同企业对于制度环境的变化存在不同的适应能力。在特定的制度环境下,单个企业的企业绩效是由企业自身能力和与之互动的其他企业的企业能力共同决定的,企业群落在特定环境下的能力分布决定其总体经济绩效。而制度环境的变化作为一种选择过程会放大静态环境下企业之间的能力差距,那些拥有更具开放性惯例和能迅速突破惯例刚性的企业将会开发出新的企业能力,而陷入惯例"陷阱"的企业则会被新环境淘汰,制度环境的变迁酿成了企业能力的重新分布。

鉴于企业适应能力的差异性,制度环境改变企业能力分布是必然的。一旦形成新的能力分布,处于企业群落中的单个企业也必须随之调整自身参与竞争的能力集,选择与新的能力分布相适应的生产和交易活动,这实际上已经成为下一次能力分布调整的前兆。不仅如此,制度环境还会通过改变企业群落的构成,筛选企业群落中的在位者和潜在进入者,形成新的企业群落而改变企业能力分布。制度环境的变化会将那些不能适应新环境的企业群落的在位者淘汰出"群体"之外,同时吸收适应新环境的潜在进入者进入企业群落。企业群落中单个企业的进入和退出改变了企业群落的构成,导致企业群落形成新的能力池(capabilities pooling)。制度环境变化引起的企业群落的结构改变会导致企业能力的重新分布。假定在给定的制度环境下，企业群落实现了企业能力在整体低水平下的均衡分布，而制度环境的改变由于消除了进入障碍而使在旧制度环境下被排斥在外的高企业能力的潜在进入者进入企业群落，那么新进入者的到来会彻底打破低能力水平的均衡分布。具有绝对能力优势的新进入者成为企业群落的企业领袖，其能力成为原有在位者竞相模仿和学习的对象，能力的扩散效应和溢出效应将导致企业群落在整体提升的能力水平下形成新的均衡能力分布。由此可见，制度环境通过创造进入和退出的机会，重构了企业群落的能力池，调整了企业能力分布。

（三）制度环境、交易费用、企业能力与企业边界

行文至此，我们分别分析了制度环境通过影响交易属性和治理结构属性导致不同治理结构模式交易费用的变化而决定企业边界的传导机制，也阐述了制度环境通过影响企业惯例组合、企业能力开发和改变企业能力分布作用于企业边界的机理。由于制度环境不仅影响交易费用和企业能力，而且如前文所述交易费用和企业能力之间本身存在固有的内在联系，因而本节综合前文分析进一步阐述制度环境变化引发的交易费用和企业能力的共生演化导致企业边界变迁的过程。

如果说制度环境、交易费用与企业边界，制度环境、企业能力与企业边界是在交易费用与企业边界，企业能力与企业边界分析的基础上引入制度环境这个外生变量所作的比较静态分析，是本书第三章和第四章相关分析的延续和拓展，那么本章节则是前文能力、交易费用共生演化与企业边界分析的继续，是要引入作为外生变量的制度环境进行比较静态分析。在前文的能力、交易费用共生演化与企业边界的分析中，我们提出深入探究企业能力的来源和形成过程必然考虑交易费用因素，而企

业能力一旦形成，交易费用又内生于企业能力分布和能力差距。如果我们将由于企业能力因素导致的交易费用定义为内生交易费用，则制度环境变化引致的交易费用则可定义为外生交易费用。做此假设和定义后，我们便可具体分析制度环境、交易费用与企业能力的共生演化作用于企业边界的机理。

给定特定的制度环境，在特定企业群落中的异质性企业会形成特定的企业能力分布。制度环境的改变会同时产生外生交易费用和内生交易费用，进而导致企业边界的变化，此时，交易费用发挥着"调节阀"的作用，可以便利或阻碍企业间的交易活动。

如图 3-3 所示，企业群落中存在两个拥有不同能力集的异质性企业：企业 A 和企业 B。给定制度环境 I_1，对应 A、B 两个企业间交易费用为 TC_1，企业根据自身的能力和能力分布及 TC_1 的大小选择"活动"数量，确定各自边界。现假定制度环境由 I_1 变为 I_2，则相应交易费用由 TC_1 变为 TC_2。交易费用的变化一部分是制度环境改变直接导致的（外生交易费用），一部分是制度环境导致企业能力分布改变引致产生的（内生交易费用）。如果制度环境的改变导致外生交易费用上升（只要保证在现有能力水平下企业间交易仍然有利可图），比如对企业间交易实行更加严格的政府管制、法制的低效率及社会信用观念缺失导致签约成本和契约维护成本上升，"艰难"的外部环境会加剧企业群落内部成员的分化，进而增加内生交易费用。外生交易费用和内生交易费用上升迫使企业将市场交易转为企业内部交易，进而提高一体化水平扩展企业边界。如果制度环境改变降低了外生交易费用，比如放松政府管制、高效的司法体制和诚实守信的社会环境会降低契约执行成本。"宽松"的外部环境有利于企业之间相互学习和模仿，进而可能缩小企业之间的能力差距，降低内生交易费用。整体交易费用降低，使得企业将更多的生产或交易活动外包，企业边界得以收缩。

图3-3 交易费用、企业能力共生演化与企业边界

综上所述，企业具有"交易"和"生产"的双重属性预示着制度环境的改变，将会同时导致交易费用和企业能力的变化，而制度环境对企业边界的影响也最终通过交易费用和企业能力的共生演化得以传导实现。

第三节 制度环境与企业边界
——以《劳动合同法》《反垄断法》的分析为例

对制度环境与治理模式关系的论述，厘清了制度环境通过改变交易属性和治理结构属性作用于治理模式的传导机制，分析了制度环境的动态演进对交易治理模式选择的影响。而制度环境、交易费用、企业能力与企业边界的论述则剖析了制度环境与企业能力和交易费用的共生演化作用于企业边界的机理，这些都为分析具体制度环境与企业边界之间的关系奠定了理论基础。下文主要结合中国现实，以2008年颁布实施的《劳动合同法》《反垄断法》为例，从制度环境与交易费用、制度环境与企业能力两个方面分析劳动力市场管制及《反垄断法》通过影响整个社会交易活动总量和交易在不同治理模式之间的配置对企业边界的作用。

一、劳动力市场管制与企业边界

全世界所有国家都建立了一整套复杂的法律和制度对劳动力市场实施管制，这些法律制度一般主要包括就业法、产业关系法及社会保障法。就业法主要管制个体雇佣关系，产业关系法则主要调节工会集体讨价还价行为，而社会保障法则侧重对老年人、残疾人、失业等群体基本生活保障的调节。这些管制措施，无论是出于对处于弱势地位的劳动者的保护，还是为了稳定就业关系保持社会稳定；无论是为了促进效率提高和经济增长，还是为了矫正劳动力市场的外部性，都不仅影响整个社会交易活动总量，而且会导致企业雇佣契约行为和企业能力的变化，进而影响企业边界决策。

（一）劳动力市场管制、交易费用与企业边界

博特罗、詹克夫、拉波尔塔、洛佩慈和施莱弗（Botero，Djankov，La Porta，Lopez – de – Silanes & Shliefer，2003）对 85 个国家的劳动力管制的研究表明，严格的劳动力管制将导致大量非官方经济、低劳动力参与及高失业率水平。弗里曼（Freeman，1988），布兰查德（Blanchard，2000），尼克和拉雅德（Nickell & Layard，2000）认为欧洲经济合作与发展组织（OECD）国家相对于北美的高失业率源于前者刚性的劳动力管制制度，并认为这一制度是导致欧洲国家低水平经济绩效的原因。世界银行全球营商环境报告也证实发达国家相对发展中国家劳动力管制程度较低（见表 3 – 1）。

表 3—1　　　世界银行全球营商环境报告就业刚性指数对比（节选）

经济体	年份	雇佣工人					
		排名	雇佣难度指数	工时刚性指数	解雇难度指数	就业刚性指数	解雇成本（周数工资）
中国	2008	91	11	20	40	24	91
中国	2009	111	11	20	50	27	91
英国	2008	22	11	0	10	7	22
英国	2009	28	11	20	10	14	22
美国	2008	1	0	0	0	0	0
美国	2009	1	0	0	0	0	0

资料来源：《世界银行营商环境报告》。

其中，雇工难度指数指聘用一名新员工的难度；工时刚性指数指对延长或缩短工作时间的限制；解雇难度指数指解雇一名冗员的难度和成本；就业刚性指数指以上三项指标的平均值；解雇成本指冗员的成本，以周工资计。

1. 劳动力市场管制、交易费用与社会交易活动总量

"管制，尤其是在美国，指的是政府为控制企业的价格、销售和生产决策而采取的各种行动，政府公开宣布这些行动是要努力制止不充分重视社会利益的私人决策。"① 简言之，管制可以理解为政府为了"社会利益"对企业微观经济活动的干预，在劳动力交易中，政府的管制主要体现为对劳动力交易价格（工资）、劳动力雇佣契约选择、劳动力工作条件等的干

---

① ［英］伊特韦尔：《新帕尔格雷夫经济学大辞典》，经济科学出版社 1996 年版，第 137 页。

预。从交易费用角度考察，撇开建立和维护这些管制制度的交易费用不论（政府为管制耗费的资源），管制的实施还会增加企业在劳动力交易中的交易费用，增加的交易费用存在于企业与劳动力管制当局之间的交易以及企业与劳动力之间的交易中。

源于企业与劳动力管制当局之间的交易产生的交易费用主要包括：管制者与被管制者之间事前的谈判费用、管制的服从成本及机会成本。虽然劳动力管制的相关法律法规对企业在劳动力交易中的各种行为进行了明确的规定，但是在具体管制实施过程中，这些条文规定的"名义管制"（nominal regulation）或"官方管制"（official regulation）与实际管制（real regulation）并不完全一致，被管制的企业会与管制当局或代理人就管制的某些条款及实施程度进行谈判，为此而耗费的资源构成事前的谈判费用；劳动力管制的服从成本（compliance cost）主要表现为企业为满足管制当局的要求以及为向管制当局反馈管制实施情况所耗费的成本；机会成本可以定义为由于管制行为导致的企业不能将资源用于其他用途而造成的损失。比如因为与管制当局进行谈判或向管制当局反馈管制实施情况而使企业延误或错失从事其他营利活动的机会，或是等待管制当局对企业的批复和许可而使企业丧失重要的市场机会。

由于管制的实施导致企业与劳动力之间的交易增加的交易费用主要表现为增加的解雇成本和测度成本。因为管制而增加的解雇成本可以划分为固定成本和变动成本，固定成本与解雇的规模无关，而变动成本则随解雇规模发生变化。固定成本包括建立解雇组织及执行法定解雇程序所耗费的成本，这些成本可能源于比如因为严格的劳动力管制要求所有企业建立工会组织或职工代表大会，并且要求企业解雇员工要经过与员工沟通、工会协商等程序而耗费的资源。变动成本包括企业为失业者一次性支付的赔偿金、因为解雇对企业的外界声誉造成的不利影响而产生的声誉成本及企业再雇佣成本等。因管制而导致的测度成本的增加主要是因为管制限制了企业自由选择劳动力交易契约的自由。允许企业自由选择雇佣契约本身就能降低测度成本，比如企业选择短期契约或实行"试用期合约"，就能有效约束劳动者行为，从而降低绩效测度成本；而对于需要进行专门人力资本投资和长期训练的劳动者，企业则可以选择长期契约，约期的保障降低了企业测度雇员进行人力资本投资的成本。另外，不同合约的并存会有互相影响的示范作用，约束竞争者的履约行为。例如一个制造行业的劳工有计时工资与计件工资两种合约的并存，单位时间工人大约可产出的产品数量，业内皆知，那么以时间算工资，雇员的"偷懒"行为便难以遮掩，从而有效降低测度费用。

"现代市场经济增长的基石是有利于创造性破坏过程的微观经济的灵活性。创造性破坏过程不够快的主要原因在于企业面临调整成本（adjustment cost，交易费用的一部分），造成调整成本的原因一方面在于技术，另一方面在于制度，而劳动力管制是制度因素中的主要因素"（Ricardo J. Caballero，Kevin Cowan，Eduardo M. R. A. Engel & Alejandro Micco，2004）。严格的劳动力管制会阻碍劳动力有效流动而导致劳动力资源的错配，会因为制约企业自由进入和退出产业的选择而延缓创造性破坏的过程，并且因为造成激励机制的扭曲而影响企业生产决策和劳动力人力资本投资。概括而言，因管制而增加的交易费用将阻碍经济增长的进程，导致整个社会交易活动总量降低，从而压缩各种治理结构的有效边界。

劳动力市场管制将减缓劳动力流动。劳动力市场管制为劳动力自由流动设置了人为的障碍，阻碍了劳动力交易双方的自由选择，导致劳动力资源的错配。在没有政府管制的环境下，理性的劳动力交易双方将根据"最大化"原则确定交易价格、合约期限及合约的具体形式，价格机制将引导劳动力资源向"最佳用途"流动。但是严格的劳动力管制形成的高额解雇成本及对劳动力交易契约的限制将增加劳动力流动的成本，降低劳动力资源配置的效率。对劳动力交易价格进行管制的最低工资立法还会将劳动力市场上的弱势群体（缺乏工作经验、职业技能的低端就业群体）挤出就业市场，导致该部分劳动力资源的闲置，不利于整个社会劳动力资源的有效利用，也会阻碍经济增长的进程。

劳动力市场管制将阻碍创造性破坏的创新过程。创新是通过"生产出一种新的产品；采用一种新的生产方法；开辟一个新的市场；获得一种原料或半成品的新的供应来源；实行一种新的企业组织形式对生产要素所做的新的组合"。① "对生产要素的重新组合" 要求企业在面对外部的随机冲击（shock）时，能够及时调整产品结构和组织形式。但是严格的劳动力管制因为加大了企业应对外部冲击的调整成本而降低企业的适应性效率。高额的解雇成本导致企业不能根据环境的变化及时调整生产要素的数量和结构，旨在提高工人谈判能力的劳动力管制导致企业进行分立重组的组织变迁成本增加，严格的劳动力管制还因为增加企业的创立成本（set-up cost）而阻碍新企业的建立和创业型企业的成长。政府的劳动力管制强化了创新过程中业已存在的技术和制度变迁的路径依赖效应，甚至可能将经济增长锁定（lock-in）在无效率状态，导致整个社会交易活动总量减少。

劳动力市场管制将导致激励机制的扭曲。在劳动力交易中有效的激励机制应该能够鼓励企业不断提高有利于增加整个社会福利的生产性活动的生产效率，并激励劳动者进行旨在提高自身人力资本存量的投资，但政府的管制可能降低激励机制的效率或阻碍有效激励机制的建立。管制创造的寻租机会可能引致企业将更多的资源投入非生产性、甚至破坏性活动中，

---

① ［美］约瑟夫·熊彼特：《经济发展理论》，商务印书馆 2019 年版。

弱化企业的"寻利"动机，导致社会资源的浪费。旨在提高工人谈判力的管制可能增强工人通过罢工、游行等方式抬高劳动力价格的激励，而削弱其通过自身人力资本投资提升劳动力价值的积极性。类似最低工资立法的劳动力管制实际上创造了劳动"攫取"资本利益的机会，管制的结果是改变了财富分配方式，导致数量等于最低工资与劳动力市场价格差额的这部分财富转移到了劳动力要素所有者，而劳动力本身的人力资本存量并没有增加。如果我们将人力资本存量视为经济增长的重要动因，劳动力管制无疑因为扭曲了人力资本投资的激励而削弱经济增长的动力。

2. 劳动力市场管制、交易费用与治理模式选择

劳动力管制不仅通过影响整个社会交易活动总量的大小决定所有可供选择的治理模式的边界，而且还通过影响不同治理结构的属性和劳动力交易的属性决定不同治理结构的相对效率，进而决定交易的治理结构选择。与所有交易的治理一样，"劳动的治理结构必须与每种劳动的具体属性相适应或相匹配……如果用某种复杂的结构来治理简单的交易，就要付出过高的成本"（Williamson，1985）。为适应劳动力管制带来的制度环境演变，劳动力交易的治理结构必须重新调整优化。

劳动力管制通过作用于治理结构属性决定治理模式选择。交易的三种治理模式——市场治理、混合治理和科层治理在自发适应、协调适应、激励强度、行政控制、契约法五方面存在差异。政府对劳动力市场的管制通过对劳动力交易价格、交易契约选择等的干预影响治理结构属性，导致劳动力交易治理结构发生从科层治理向市场治理或混合治理的改变（劳动力雇佣转向劳动力派遣）。严格的劳动力管制不仅减少科层治理能够运用的行政控制手段，而且还会降低行政控制的强度，从而导致科层失去协调适应的优势。对劳动力交易契约的管制限制了科层运用不同雇佣契约进行

行政控制的自由，对劳动力交易价格的管制则弱化了科层利用薪酬进行行政控制的强度，这些都削弱了科层协调适应的能力。此外，劳动力管制还可能改变契约法的性质，将原本能由科层采用"家法"治理的"私人秩序"转变为"法院秩序"，增加科层协调交易冲突的成本，降低科层治理的治理效率。

劳动力管制通过作用于交易属性决定治理模式选择。前文已经述及，制度环境通过作用于包括资产专用性、资产复杂性、交易不确定性和交易频率在内的交易属性影响治理模式选择。资产专用性和资产复杂性属于交易资产本身的技术属性，并不会因为管制与否而发生变化，因而劳动力管制主要通过对劳动力交易的不确定性和交易频率的影响而决定治理模式选择。旨在稳定劳动关系和保护工人利益的管制行为，降低了劳动力交易的不确定性，因而会削弱科层治理的优势。同时，由于劳动力管制增加了劳动力的解雇成本和再雇佣成本，企业不能自由进入退出不同行业，也不能通过合并分立等行为解除劳动关系，如此必然降低劳动力交易的频率，压缩科层治理的效率边界。

劳动力管制与放松管制的进程影响治理模式选择。由于制度环境和治理结构模式变迁的路径依赖，劳动力管制和放松管制并不是可逆的。管制和放松管制的国际经验表明，管制容易刚性化从而阻碍放松管制和管制解除的进程。因而在宽松的管制环境下形成的劳动力交易治理模式一旦因为实施管制做出调整后，受管制刚性的制约难以进行逆向变迁。比如旨在维护长期稳定就业关系的劳动力管制催生了劳动力交易从科层治理向以劳务派遣①为主要形式的市场治理的演变。由于劳动力管制刚性化的特点，解

---

① 劳动力派遣（employee leasing）。劳动力派遣与雇佣合同的区别在于：在派遣关系中劳动者是独立的签约人，与用工单位的关系是劳务合作而不是雇佣关系。劳动力派遣主要用于企业临时用工，但也成为企业规避严格劳动力管制的重要手段。

除这种管制本身需要耗费很多成本，而且即使管制解除以后，劳动力交易治理模式也难以以同样的成本从市场治理转向科层治理。

（二）劳动力市场管制、交易费用、企业能力与企业边界

制度环境、交易费用与企业能力的共生演化与企业边界的理论分析表明，劳动力市场管制作为一种制度环境，不仅通过交易费用影响社会交易活动总量和改变交易属性及治理结构属性影响治理模式选择，进而导致企业边界变化，还会通过作用于企业能力和企业能力与交易费用的共生演化影响企业边界。

劳动力市场管制会影响企业能力开发、改变企业能力分布进而导致企业边界变迁。如前所述，对劳动力市场的管制增加了企业与管制当局之间的交易费用以及企业用于劳动力交易的交易费用。交易费用的增加意味着企业资源耗费的增加，在企业资源数量既定的情况下，企业需要重新配置资源并选择相应的交易和生产活动。由于"名义管制"和"实际管制"之间的区别，企业需要将原本用于"寻利"活动的资源用于"寻租"活动，减少用于生产性活动的资源而增加用于非生产性活动的资源。在其他条件不变的前提下，管制引发的企业内部资源重配导致企业缺乏用于能力开发的资源，企业能力的缺失致使企业在未来无力选择更多的生产或交易活动，不仅企业边界难以扩张，甚至企业现有边界也会受到挤压。另外，受管制企业"寻利"能力普遍降低无疑将导致整个社会交易活动总量减少，企业有效边界萎缩。

劳动力管制不仅影响个体企业的能力开发，还会改变企业群落内部的能力分布。由于不同企业拥有不同的能力集而且面对制度环境变迁的适应能力也存在个体差异，因而实施劳动力市场管制以后，那些在历史上拥有更多"寻租"能力和具备较强适应能力的企业受管制影响较弱，而缺乏

"管制俘获"和快速适应能力的企业将会招致"重创"。劳动力市场管制作为一种选择过程放大了个体企业原本存在的企业能力差异，增加由于能力分布改变产生的内生交易费用，导致企业间交易活动减少、企业边界收缩。同时，劳动力管制的实施将导致企业群落结构变化。如果严格的劳动力管制将"寻租"能力弱的企业淘汰出局，留下或引入大量从事非生产性活动的企业，整个社会交易活动总量势必减少。另外，如果企业面对劳动力管制增加的劳动力成本，不是试图通过"寻租"免受管制制约，而是改变生产的技术水平和要素投入结构开发新的企业能力，则企业群落会实现在新制度环境下的均衡能力分布。由于劳动力管制通过"优胜劣汰"改变了企业群落的成员构成，重塑了企业群落的能力池，因而短期内企业间能力差距会加大，同样不利于企业边界扩张。

（三）中国劳动力市场管制与企业边界——以《劳动合同法》为例

2008 年开始实施的《劳动合同法》是目前中国对劳动力市场进行管制的最主要的法律依据。这部旨在完善劳动合同制度，明确劳动合同双方当事人的权利和义务，保护劳动者的合法权益，构建和发展和谐稳定的劳动关系的法律①对劳动合同的订立、履行和变更、劳动合同的解除和终止及集体合同、劳务派遣及非全日制用工进行了全面的规定。在草案征集及正式确定实施的过程中围绕该法的争论就一直没有停止，本书无意综述与

---

① 此次立法的基本思想与 1994 年颁布的《劳动法》完全不同。《劳动法》的立法主旨在于：为了保护劳动者的合法权益，调整劳动关系，建立和维护适应社会主义市场经济的劳动制度，促进经济发展和社会进步，根据宪法，制定本法。《劳动合同法》的立法主旨在于，为了完善劳动合同制度，明确劳动合同双方当事人的权利和义务，保护劳动者的合法权益，构建和发展和谐稳定的劳动关系，制定本法。这里不再提促进经济发展和社会进步，片面强调构建和发展和谐稳定的劳动关系。

《劳动合同法》相关的研究文献，只是从交易费用和企业能力分析的角度考察《劳动合同法》作为劳动力市场的管制对劳动力交易治理模式选择，进而对企业边界的影响。

1. 中国劳动力市场管制、交易费用与企业边界

由于劳动合同法对劳动关系的各个方面实行了较为严格的管制，因而势必增加劳动力交易的交易费用，导致整个社会交易活动总量减少，压缩各种治理结构的有效边界。同时，严格的管制使劳动力交易的科层治理丧失了行政控制、协调适应和契约法的优势，导致劳动力交易由科层治理转向市场治理。新劳动合同法对通过对社会交易活动总量和治理结构属性的双重作用压缩了企业的劳动边界，导致劳动力交易更多采用劳务派遣这种市场治理模式[①]，而不是雇佣关系为特征的科层治理模式。

具体而言，《劳动合同法》有关无固定期限合同的规定以及有关劳动合同履行、劳动关系解除的规定等，都增加了劳动力交易的解雇成本，减缓了劳动力市场的流动性，也削弱了劳动力科层治理的效率优势。

《劳动合同法》第十四条"……有下列情形之一，劳动者提出或者同意续订、订立劳动合同的，除劳动者提出订立固定期限劳动合同外，应当订立无固定期限劳动合同：（一）劳动者在该用人单位连续工作满十年的；（二）用人单位初次实行劳动合同制度或者国有企业改制重新订立劳动合同时，劳动者在该用人单位连续工作满十年且距法定退休年龄不足十年的；（三）连续订立二次固定期限劳动合同，且劳动者没有本法第三十

---

① 劳动合同法实施以后，沈阳劳务派遣量成倍增长。另外上海市人才中介行业协会发布的《2007上海人才服务行业发展白皮书》显示，近几年沪上派遣业年平均增长率高达30%～35%，2007年人才派遣营业额占了整个人才中介服务产业的近四成。业内人士预计，为应对新劳动合同法，业务外包、事务外包或非全日制用工将会大量涌现。

九条和第四十条第一项、第二项规定的情形，续订劳动合同的。用人单位自用工之日起满一年不与劳动者订立书面劳动合同的，视为用人单位与劳动者已订立无固定期限劳动合同。"关于无固定期限合同的规定固化了劳动力交易关系，限制了劳动力交易双方选择交易契约的自由，不仅增加了解雇成本，还扭曲了激励机制，导致科层治理失去效率优势。

《劳动合同法》第十条规定"建立劳动关系，应当订立书面劳动合同。已建立劳动关系，未同时订立书面劳动合同的，应当自用工之日起一个月内订立书面劳动合同。"劳动关系书面化意味着契约法从"私人秩序"向"法院秩序"的转变，劳动力交易中涉及的合同订立、解除及劳动关系变更等都需要通过法庭举证完成，这无疑增加劳动力交易的交易费用。《劳动合同法》第三十四条规定"用人单位发生合并或者分立等情况，原劳动合同继续有效，劳动合同由承继其权利和义务的用人单位继续履行。"第三十五条规定"用人单位与劳动者协商一致，可以变更劳动合同约定的内容。变更劳动合同，应当采用书面形式。"第四十一条规定"有下列情形之一，需要裁减人员二十人以上或者裁减不足二十人但占企业职工总数百分之十以上的，用人单位提前三十日向工会或者全体职工说明情况，听取工会或者职工的意见后，裁减人员方案经向劳动行政部门报告……"这些规定增加了对劳动力交易的大量行政干预，不仅不利于创新过程，也不利于新企业的成立和现有企业自由进入退出行业的选择，从而迫使大量劳动力交易采用劳动力派遣的市场治理模式，压缩了企业的劳动边界。

2. 中国劳动力市场管制、交易费用、企业能力与企业边界

以《劳动合同法》为代表的一系列劳动就业关系法律文件的颁布和实施，表明中国政府加强了对劳动力市场的政府管制。这些法律出台的初衷一方面是力图改变劳资关系不对等的现状，构建和谐的劳动关系；另一

方面是力图通过提高劳动力成本迫使企业进行技术改造和技术创新，实现从劳动密集型向技术或资金密集型的企业和产业的转型和升级。但前文的分析已经表明，对企业劳动力交易中的合同选择、合同期限、解雇程序和解雇成本等的强制规定，增加了劳动力要素的成本和交易费用。《劳动合同法》的实施否定了原本存在的大量非正规就业的合法性，迫使企业分配内部资源用于应对管制，从而减少用于生产性活动能力开发的资源数量，压缩企业的效率边界。

《劳动合同法》在实施过程中与所有政府管制一样，会对具有不同性质的企业施加不同的影响。在我国现行的经济体制和行政管理体制下，不同所有制和不同规模的企业存在事实上的能力差异。国有制企业由于其本身的国有性质，与政府、司法部门和劳动力管制当局存在密切的联系；外资企业往往是地方政府重点保护企业，总会具有一定的政府背景。因而新劳动合同法的实施不会对上述两类企业的企业边界产生实质影响。而对于以内资为主的民营企业，由于缺乏资金、技术优势，受交易费用的影响，将被迫减少企业间交易活动总量，收缩企业边界。在不同规模企业中，作为弱势群体的中小企业由于本身大多是劳动力密集型企业，因而面对严格的劳动力管制会缺乏适应能力。结果，这些中小企业要么减少交易或生产活动数量，要么被新劳动合同法淘汰出局，难以扩张甚至难以维持企业现有的效率边界。

二、反垄断与企业边界

反垄断法被视为"自由企业的大宪章""经济自由的宪法"，自 1890 年作为第一部现代意义上的反垄断法——美国的谢尔曼法案诞生以来，世界各国都相继出台了本国的反垄断法，并将反垄断作为维护市场自由竞争、增进社会福利和保护消费者利益的重要手段。尽管各国反垄断政策不尽相同，但是内容框架却具有高度一致性：禁止限制性协议、禁止滥用市场支配地位以及对集中或并购的监控构成各国反垄断政策的基石。反垄断法的这些法律内容是对企业经济行为是否合法的直接判定，直接影响企业行为决策和企业边界调整。不同的经济学分析范式对垄断的不同界定推动了反垄断政策的演变，20 世纪 70 年代以后，交易费用范式对世界各国（尤其是美国）的反垄断政策产生了深入影响。经过长达 13 年的修改讨论，中国的《反垄断法》也于 2008 年 8 月 1 日正式生效①，该法的实施必将对我国企业的边界决策产生根本性的影响。

（一）垄断的交易费用分析

垄断是"竞争的缺乏"（Fisher，1923），传统经济理论对垄断的分析总是与竞争相联系的，由于将企业仅仅视为由技术水平决定的生产函数（将投入转化为产出的技术装置），传统经济理论认定凡是与技术无关的企业行为都是"不正当行为"（反竞争行为），以完全竞争和"帕累托最优"为参照系，垄断是市场失灵的表现。由于没有考察交易费用维度，传统"经济学家发现他们不理解的企业行为便寻求从垄断角度解释，由于我们对该领域的很多现象都无知，结果频繁将这些现象诉诸垄断"

---

① 从 1994 年正式列入国家立法计划开始，中国的反垄断立法经过了艰难的过程：1994 年，反垄断立法进入第八届人大常委会立法计划；1998 年，反垄断立法进入第九届人大常委会立法计划；2003 年，反垄断立法进入第十届人大常委会立法计划；2004 年，反垄断立法进入国务院立法计划；2005 年，反垄断立法进入第十届人大常委会立法计划；2006 年，国务院常务会议原则通过《反垄断法草案》；2006 年 6 月，第十届人大常委会 22 次会议第一次讨论《反垄断法草案》；2007 年 6 月，第十届人大常委会 28 次会议第二次讨论《反垄断法草案》；2007 年 8 月，第十届人大常委会 29 次会议上第三次讨论《反垄断法草案》；2007 年 8 月 30 日，《反垄断法》获得通过，并于 2008 年 8 月 1 日实施。

（Coase，1972）。"我被反垄断法烦透了。假如价格涨了，法官就说是'垄断定价'；价格跌了，就说是'掠夺定价'；价格不变，就说是'勾结定价'"（科斯，转引自 William Landes，1981）。威廉姆森（1991a）也认为传统经济理论由于忽视交易费用和追求效率的目的，一遇到特殊的市场现象，就从"垄断"的角度考虑，从而将很多增进资源配置效率和社会福利的行为判定为违反反垄断法。传统理论有关契约分类将垄断列为与效率并列的一类，说明其将垄断视为无效率的行为。由此说明一旦考虑交易费用不为零的现实，传统理论界定的垄断行为往往具有效率含义。

（二）垄断的传统微观经济分析

如果将不考虑交易费用的经济理论视为传统经济理论，则对垄断进行分析的传统经济理论主要包括完全竞争理论、有效竞争理论（workable competition）及产业组织理论（SCP）等。这些理论的共同特点是将企业的本质定义为由外生技术水平决定的将投入转化为产出的生产函数，并且一直而且仍然在对现实的反垄断政策施加影响。

在传统的马歇尔微观经济分析中，垄断（完全垄断）是一种与完全竞争截然对立的市场结构。以"帕累托最优"作为资源配置最优的判定标准，完全竞争是资源配置效率最优的市场结构，完全竞争实现了由消费者剩余和生产者剩余构成的社会福利的最大化。而垄断相对于完全竞争的高价格和低产量导致社会福利的无谓损失（dead-weight loss），即著名的哈伯格三角，因而是需要政府矫正的市场失灵现象。由于真实世界并不存在"帕累托最优"的资源配置效率，因而以完全竞争为参照系对垄断进行分析对现实的反垄断政策并无实质意义。克拉克（Clark，1940）的有效竞争理论认为将技术进步、新产品和新市场的开发、新的生产组织形式的变革等竞争的动态因素作为既定不变的外生变量的完全竞争在真实世界根本不存在，因而应该建立一组判断一个竞争经济可行性的最低限度标准。如果一种竞争在经济上是有益的，而且根据市场的现实条件又是可以实现的，那么这种竞争就是有效的竞争。有效竞争较之完全竞争在资源配置效率上是次优的，但它却有可能是可行的。有效竞争将完全竞争中的"垄断"（价格高于边际成本）区分为"有效率的垄断"和"无效率的垄断"，认为由于创新导致的市场力量的增强属于前者，不应该成为反垄断法制裁的对象，只有依靠独占或企业相互勾结抬高价格形成的垄断才是"无效率的垄断"，应该受到规制。哈佛的梅森（Mason，1939）和贝恩（Bain，1951；1956；1959）创建的 SCP（structure-conduct-performance）范式长期作为反垄断和竞争分析的主流范式，该范式认为市场结构（structure，包括市场集中度、产品差异化程度、进出障碍等）决定参与者的行为（conduct，如定价、合谋等），进而决定市场绩效（performance，如企业盈利、生产和配置效率等）。据此，SCP 范式认为任何非标准的契约和商业行为都是为了拓展或增强市场力量，因而都是违反反垄断法的无效率行为。

有效竞争理论和产业组织理论的 SCP 范式都是为弥补完全竞争理论的缺陷而产生的，两者沿着不同的理论路径将完全竞争对垄断的分析向现实推进了一小步。有效竞争理论本质是动态竞争理论，不仅考察竞争结果，而且考察竞争的过程，通过将创新等动态因素纳入垄断的分析框架，我们认识到被完全竞争认定为"市场失灵"的垄断并不都是无效率的。SCP 范式为垄断的界定提供了具体的经济分析指标，进而使反垄断在实践中更具可操作性。但由于有效竞争理论和 SCP 范式的理论原点仍然是新古典的阿罗—德布鲁定理，因而必然忽略真实世界存在的交易费用，将原本有效的经济行为界定为无效的垄断而进行管制。

（三）　垄断的交易费用分析

威廉姆森（1996）认为与传统微观经济分析相比交易费用分析的主要特点在于：市场和企业是用于完成相关一系列交易的可供替代选择的工具；一系列交易应该经由市场在企业之间进行还是在企业内部进行，取决于每种方式的相对效率；经由市场签署和履行复杂契约的费用，一方面随着与契约有关的人类决策制定者的特征，另一方面随着市场客观特性不同而有所变化；尽管妨碍企业之间交易的人为因素和交易因素与企业之内的情况存在差异，但同样一种因素都是适用于两种情况。因此，对交易的对称性分析要求既要承认内部组织的交易限度，也要认识到市场失灵的交易根源。除此以外，交易费用分析的主要特点还包括：行为假设，主要是机会主义和有限理性；企业是一种治理结构而不是生产函数；企业诸多经济活动不能纯粹从技术角度考察或归因于市场力量，而是交易双方节约交易费用的理性决策。作为区别于传统微观经济分析的新的经济学分析范式，交易费用经济学将交易费用节约作为组织形式选择的判定标准，并运用该假说重新审视传统微观分析视野中"令人困惑的经济现象"（puzzling economic phenomena），使得垄断"一无是处"的观点得以矫正。

在交易费用经济学的视域内，传统微观经济理论对垄断的分析本身存在逻辑谬误。众所周知，新古典范式中垄断区别于完全竞争的最大特点在于垄断厂商是价格控制者（price-controller），而完全竞争厂商是价格接受者（price-taker），垄断厂商可以利用价格歧视实现利润最大化。价格歧视的本质是垄断厂商通过差别定价攫取消费者剩余，然而在交易费用为零的世界里，我们发现垄断厂商实行一级价格歧视后由消费者剩余和生产者剩余构成的社会福利总和与完全竞争时完全相同，由此我们无法推论垄断是无效率的经济现象。面对如此自相矛盾的结论，我们只能放弃交易费用为零的理论假设，但是一旦引入正交易费用，经济行为的约束条件随之发生变化，新的约束条件下原本"无效率"的行为可能具有了效率含义。

将垄断定义为竞争的缺乏，则垄断程度表现为企业的市场力量，即控制价格偏离竞争价格的能力。而增加市场力量的方式大致可以分为两类：合谋（collusion）协议和排他（exclusion）协议，前者是通过与竞争对手的合作或共同行动增强对市场的控制力，典型形式为卡特尔；后者是通过施加交易条件、设置进入障碍等方式限制排除竞争对手以维持和加强垄断力量，典型如纵向一体化、纵向约束等。基于上述分类，反垄断的交易费用分析也主要针对合谋性行为和排他性行为。通过引入交易费用维度，交易费用经济学对合谋性协议（卡特尔限定价格行为，price fixing）及排他性协议（纵向一体化、纵向约束）等被传统理论视为反竞争的"垄断"行为进行了重新阐释，发现这些行为在增进社会福利和提高资源配置效率方面的优势（交易费用范式对垄断和竞争政策一直存在显著影响）①。

合谋性协议的交易费用分析。对卡特尔通过限定价格、产量或划分市场份额的方式获取垄断利润行为的分析几乎成为竞争经济学中"尘埃落定"的论题（Whinston，2006）。成功的卡特尔本身的形成和维持就需要耗费社会成本，而且在获得垄断利润的同时，由于价格高于竞争水平，还会导致社会福利净损失。因此，研究卡特尔的重点不再是它是否存在效率损失，而是卡特尔能否形成及能否长期存在，而对此类问题的分析则需要引入交易费用范式，因为"交易费用方法富有吸引力的特征之一是，它在本质上可以归结为一种对协议的研究"（威廉姆森，1996）。

卡特尔是提供同类产品或服务的企业之间通过确定价格、控制产量、

---

① 威廉姆森（1996）的代表作《市场与科层：分析和反垄断启示》最初的题目定为《垄断理论与政策》，而且在其重要著作《资本主义经济制度》及《治理机制》中都有专门章节论及反垄断问题。

操纵投标、分配顾客、按产品或地区分配销售额、确定贸易惯例、设立共同销售机构等方式谋求垄断利润的联合组织，一个成功的卡特尔是一个能使卡特尔成员获得最大限度利润满足的卡特尔。交易费用经济学从"协议"角度研究卡特尔，认为卡特尔能否成功的关键在于协议的签署、监督和执行。由于签署协议需要对所有成员的成本、决策方式等诸多信息及相互作用进行了解，并明确防范和补救措施，给定有限理性的行为假设，即使卡特尔成员公开的合谋协议被认定为合法的，该协议也只能是一个不完全合同而不是完全合同。不完全合同为协议各方留下了未明确划定的权利的"公共领域"，直接为具有机会主义倾向的卡特尔成员提供了谋求私利的可乘之机。以统一定价的卡特尔为例，由于卡特尔组织确定总产量和价格的原则是组织的利润最大化，而不是单个卡特尔成员的利润最大化。而且由于采用等边际成本的原则在内部分配产量份额，结果低成本成员将获得较多的产量份额，而高成本成员产量份额低，酿成卡特尔内部"分配不公"。此时，从自身利益出发的卡特尔成员便具有了违背协议的动机，因此，监督协议的实施并对"欺骗者"实施有效制裁便成为卡特尔成功的关键。监督的关键是要及时发现违反集体行动的卡特尔成员，面对外部市场的不确定性及不对称信息问题，有效监督需要耗费高昂的测度成本。在卡特尔行为不受法律保护的情况下，协议的实施和监督只能采取非公开的形式进行，因而对"欺骗者"的制裁也只适用于私人秩序（private ordering）而不能求助于法院秩序（court ordering），否则会导致"两败俱伤"的结局。然而私人秩序又面临卡特尔内部所有成员形成"一致行动"的协调成本，因为尽管所有成员可能一致认为发生了某件违反事件，而且该违反者应该受到制裁，但是并非所有成员都愿意参与执行制裁。总之，交易费用经济学认为交易费用的存在制约了成功卡特尔的形成，而且即使是业已形成的卡特尔也可能由于面临高额的监督协调成本而难以长期维持，如果卡特尔难以形成或很快瓦解，将卡特尔列为反垄断的范畴便无必要。

　　排他性协议的交易费用分析。由于前述的交易费用理论已经对纵向一体化进行了详尽的分析，因此本节主要以纵向约束（vertical restraints）为例对排他性协议进行交易费用分析。纵向约束的本质是处于产业链上下游企业之间的契约安排，是介于市场治理和科层治理之间的混合治理的治理结构，其具体形式包括价格约束和非价格约束。常见的价格约束包括零售价格维持（resale price maintenance，RPM）、特许经营费、歧视性价格折扣等，而非价格约束则包括排他性经营区域、排他性购买（或叫排他性经营范围）、排他性销售、搭配销售等。

　　零售价格维持是纵向约束中最具争议性的论题，因为它同时具有促进竞争（pro-competitive）和反竞争（anti-competitive）的双重效应。对于RPM的反竞争效应，传统经济理论已经从RPM容易导致零售商和制造商卡特尔化及设置进入壁垒两个方面进行了分析，因而RPM的交易费用分析主要针对其促进竞争效应。将RPM视为制造商和零售商之间的契约安排，是契约双方基于节约交易费用目的而做出的理性选择，我们就会发现RPM不仅能够有效解决零售商之间相互"搭便车"问题，还能有效降低制造商和零售商之间契约的履约成本。现实中同一制造商的商品往往有多个零售商经销，成功的产品经销不仅要求零售商确定富有吸引力的价格，还要求零售商提供商品展示、营销网络、广告宣传等营销服务。由于这种营销服务具有正外部性，即承担营销服务成本的零售商并不能完全获得相应的收益（不提供营销服务的零售商同样受益），因而会出现零售商之间相互"搭便车"的现象。RPM通过规定零售商销售商品的最低价格，有效遏制了零售商之间的价格竞争，迫使追求更多利润的零售商增加对营销服务的投入，缓解搭便车问题。RPM降低履约成本的优势也与营销服务有关，因为制造商要求零售商向消费者提供的不仅是有形商品本身，还有围绕有形商品的一系列无形服务。鉴于有限理性和高昂的测度成本，即使零售商的行为是可观测的，其是否提供了与制造商理念一致的服务也难以被第三方所证实（如零售商是否微笑服务，是否向消费者详细介绍产品功能和使用说明），制造商便通过 RPM 规定零售商的最低零售价格和需要履行的义务，并以终止契约这种"可信的威胁"保证契约执行。在这里，最低零售价格帮助零售商降低了市场需求不确定性带来的损失，是对零售商忠诚执行协议和提供更多营销服务的激励。简言之，对于类似 RPM 这类具有反竞争和改进效率双重效应的排他性协议，我们需要综合权衡其利弊以决定其是否适用于反垄断制裁。

（四）中国反垄断法与企业边界

反垄断法在市场经济国家具有极其重要的地位，我国的反垄断法是在国家将经济体制改革的目标明确定位为建立社会主义市场经济体制，经济主体呈现多元化和国际化的背景下，充分借鉴吸收国外反垄断法和竞争法的经验，经过多方博弈和艰难的立法进程形成的①。作为一部综合的反垄断立法，反垄断法将对包括企业、个人、组织在内的市场主体的行为产生深远影响，这种制度环境的改变也必然影响具体的制度安排，包括交易的治理模式的选择，改变不同治理模式的效率边界②。

---

① 中国政府高度重视竞争政策，2007 年 11 月 28 日第十届中国欧盟领导人峰会发表的联合声明第 30 条为：双方领导人同意进一步通过竞争政策对话机制，保持密切磋商与对话，在反垄断法执法领域和国际竞争政策上加强合作。欧盟祝贺中国在 2007 年 8 月通过《反垄断法》。欧盟非常重视竞争对话，将继续支持中方相关竞争实体和权力机构执行反垄断法。

② 由于反垄断法与劳动合同法一样属于公共管制立法，因此两者对企业能力影响的作用机理和传导机制并无本质区别。鉴于此，本节不再具体分析反垄断法通过作用企业能力及能力和交易费用共生演化对企业边界的影响，只侧重从交易费用角度研究。

　　《反垄断法》通过政府对经济主体垄断行为的管制以维护市场秩序和保护自由竞争,改善社会福利状况。与所有政府管制一样,垄断的公共管制不仅需要社会耗费资源来建立和维护这套管制制度,还会增加管制当局与被管制者之间的交易费用及被管制者相关经济行为交易的交易费用。包括经济主体与反垄断执法机构之间的谈判费用、服从成本和机会成本在内的交易费用会形成交易障碍,导致全社会交易活动总量减少。当然,由于对垄断的公共管制维护了平等竞争的市场秩序,保障了所有经济主体参与自由竞争的权利,从而为个人创业及中小企业成长创造了良好的市场环境,又具有扩大全社会交易活动总量的效应。因而,总体而言,反垄断对社会交易活动总量的影响是不确定的。反垄断不仅影响社会交易活动总量,还会影响交易活动在不同治理模式之间的配置。由于《反垄断法》普遍将纵向一体化、横向并购等科层治理模式及纵向约束、零售价格维持等混合治理模式纳入反垄断审查范围,势必增加上述交易的交易费用,压缩企业的效率边界。具体到中国的反垄断法对企业边界的影响,我们可以从它的立法原则和目的、法律执行、行政垄断三个方面进行分析。虽然在反垄断法出台之前,中国曾经制定了《中华人民共和国反不正当竞争法》《中华人民共和国价格法》《中华人民共和国招投标法》《中华人民共和国电信条例》等相关的竞争法律和条例,但是在制定综合性反垄断法方面没有成熟的经验,为此制定反垄断法的过程中,充分借鉴了欧美反垄断立法的成功经验,其中最为重要的是坚持将合理原则(rule-of-reason)作为反垄断立法的基本原则。反垄断法中的合理原则是与本身违法原则(per se-rule)① 对应的一种基本立法原则,是指对市场上的某些限制竞争行为并

---

　　① 反垄断法的本身违法原则是指对市场上的某些限制竞争行为,不必考虑它们的具体情况和后果,即可直接认定这些竞争行为严重损害了竞争,构成违法而应予以禁止。

不必然地视为违法，其违法性视具体情况而定。反垄断执法机构应具体地、仔细地考察和研究相关企业限制竞争行为的行为目的、方式和后果，权衡其竞争效应和反竞争效应，以判定其是否违法。在《反垄断法》有关垄断协议、滥用市场支配地位及经营者集中的条文规定中都体现了合理原则。合理原则避免了本身违法原则可能导致地对违反判定过于简单化、过度行政干预等的反竞争效果，将大量的自由裁量权（discretion）留给了反垄断执法机构。由于合理原则并不是一味反对限制竞争行为，而是充分考虑该行为的正反面效应，因而使企业很多竞争效应大于反竞争效应的限制竞争行为受到法律保护，从而有利于企业边界扩张。但是，该结论成立的前提是反垄断执法机构裁量的"公正"和"高效"：公正要求执法机构不滥用自由裁量权，将自由裁量变为自由执法，提供管制"俘获"的机会；高效要求执法机构优化程序、降低调查取证成本。如果上述前提不成立，"政府失灵"可能导致本不是"市场失灵"的行为被界定为违法，或者增加正常交易的交易费用，阻碍企业实施合理的并购、集中和排他性交易，压缩企业效率边界。

《反垄断法》总则第一条明确了反垄断法的立法目的：为了预防和制止垄断行为，保护市场公平竞争，提高经济运行效率，维护消费者利益和社会公共利益，促进社会主义市场经济健康发展，制定本法。就保护竞争、提高经济运行效率和保护消费者利益而言，中国的反垄断法与其他各国并无区别，不同的是我国的反垄断法将维护"社会公共利益"作为立法目的①。由于"社会公共利益"并没有明确界定，而且在第一条中与消费者利益并列，显然这里的"社会公共利益"不包括消费者利益，可能

---

① 而且在第二十八条还规定：经营者能够证明该集中对竞争产生的有利影响明显大于不利影响，或者符合社会公共利益的，国务院反垄断执法机构可以作出对经营者集中不予禁止的决定。

如第十五条列举的"节约能源、保护环境、救灾救助等"。"社会公共利益"概念的模糊定义可能干扰对限制性竞争行为违法与否的判定,导致反垄断法的滥用①,增加企业对反垄断法的服从成本,不利于企业之间实施有效的交易活动。

由于历史因素和我国反垄断执法职能的路径依赖,《反垄断法》在执法机构设置上采用了"双层治理"模式,即成立国务院反垄断委员会协调国家商务部、国家发展和改革委员会及原国家工商总局等部门进行垄断执法。"双层治理"模式维持了有关部门分别执法的现有格局,避免了重新建立独立反垄断执法机构的成本耗费,而且能保证反垄断法公布后及时实施。但是"三足鼎立"的执法机构设置,形成事实上的反垄断执法权分置,如国家商务部主要负责与经营者集中相关的垄断行为的执法②,发展与改革委员会价格监督检查司的主要负责依法查处价格垄断协议行为,原国家工商总局主要负责垄断协议、滥用市场支配地位、滥用行政权力排除限制竞争的反垄断执法(价格垄断协议除外)等方面的工作。执法权分置增加了执法部门之间的沟通成本,而且容易导致执法过程中的"偷懒行为",对某些垄断行为的执法会出现相互推诿,执法不力,而对另一些垄断行为又可能多头执法,执法过度。另外,低效率执法可能导致受利益驱动的当事人不积极诉讼,而是利用诉讼折磨竞争对手或从经济上拖垮竞争对手。总之,执法权分置容易形成执法机构"选择性执法",增加执法的不确定性,导致企业合法行为的交易费用增加,有碍于企业边界扩张。考虑到反垄断执法与国有企业和行业主管、监管部门的关系,反垄断委员

---

① 我国土地管理法中规定为了社会公共利益实施对集体土地的征用,由于社会公共利益定义的模糊性,结果导致了征地违法行为的出现。

② 商务部新成立的反垄断局将其职能定位为:依法对经营者集中行为进行反垄断审查;指导我国企业在国外的反垄断应诉工作;开展多双边竞争政策国际交流与合作。

会将国资委及各行业监管部门作为组成部门。基于我国基本经济制度和经济发展现实，我们可以推定反垄断法的实施不会对国有企业和存在主管、监管部门行业的企业边界带来实质性影响。

《反垄断法》中有关行政垄断条款的规定充分体现了该法的中国特色（西方反垄断法和竞争法中基本没有行政垄断条款），该法在原则规定行政机关和法律法规授权的具有管理公共事务职能的组织不得滥用行政权力，排除、限制竞争的同时，还专设第五章，用第三十二至三十七条对禁止行政性限制竞争作了具体规定，明确禁止实践中较为典型的六类滥用行政权力排除、限制竞争的行为。由于部门本位主义和地方保护主义往往阻碍企业有效率的经济行为，《反垄断法》对妨碍商品跨地域自由流通、限制招投标行动和限制外地经营者在本地投资或设立分支机构的行为予以禁止，有利于减少对企业正常经济活动的行政干预。不言而喻，对行政垄断的限制更加有利于发挥企业作为科层治理的适应性效率、增强其内部行政控制和激励强度，从而有利于拓展企业的效率边界。

第四章
金融制度边界与金融分权

金融制度边界的决定本质是确定金融结构，明晰不同金融治理结构配置金融资源和协调金融交易的范围。政府、企业和市场各自具有协调金融交易的"比较优势"，合意的金融分权能够节约"治理成本"，提升金融制度绩效。政府在中国金融发展和金融资源配置中具有举足轻重的作用，形塑了多个金融领域发展的"中国模式"，贡献了促进金融发展的"中国经验"。

■ 第一节　制度边界视域下金融分权的本质、模式与绩效

金融分权的本质是双重分权，一方面通过政府向市场分权实现金融经济性分权，另一方面在政府内部通过中央政府（高层级政府）向地方政府（低层级政府）分权实现金融行政性分权。与成熟市场经济国家的金融分权不同的是，转型国家的金融分权往往伴随经济性分权和行政性分权

的交织互动进而形成不同的金融分权模式。不同金融分权模式各自具备"节约成本"的比较优势，并不存在唯一最优的金融分权模式，对金融分权模式绩效的评判不能脱离实际的金融需求以及相应的制度环境。基于制度边界的视角透视金融分权，将金融行政性分权和经济性分权建立在统一的逻辑起点，分析两者互动形成的不同的金融分权模式，在此基础上比较不同分权模式的绩效，提出金融体制改革设计应该基于对金融分权模式绩效的客观评判，而不是对集权或分权模式的盲目推崇。

一、金融分权的本质

金融分权是与金融集权①相对应的概念，借鉴较为完善的财政分权理论对财政分权的定义，我们可以将金融分权描述为政府向市场的金融分权以及政府内部不同层级之间的金融分权，前者为金融经济性分权，后者为金融行政性分权。转型国家特殊的制度环境决定分权化改革过程中经济性分权和行政性分权的交织互动，但是现有文献对金融分权的研究很少注重经济性分权和行政性分权的相互关联。金融经济性分权的研究大量存在于金融市场化、自由化的文献中（Mckinnon & Shaw，1973；Mckinnon，1988；1989；1993；1996；1997），这类文献致力于论证政府向市场让渡金融资源配置权的合意性并证明"自由市场体制"的有效性，而很少关注经济性分权的路径、基础条件和互补性制度安排。金融行政性分权的研究，包括麦金龙（Mckinnon，1993）、青木昌彦（1998）和施莱弗等（Rafael La Porta，Florencio Lopezde – Silanes & Andrei Shleifer，2000）、德瓦特庞特和

---

① 钱和罗兰（Qian & Roland，1998）最早提出金融集权（monetary centralization）这个概念，但并没有给出具体含义。

梯若尔（Dewatripont & Tirole，1995）等主要利用委托代理理论和公共选择理论论证政府间金融分权的合理性。虽然国内学者（谢平，1996；张杰，1997；1998；2007；2008；2011；2012；易纲，1996；樊纲，2002；黄达，2009）认识到金融市场化的程度是受制度环境和历史条件制约的，并发现"只有深入政府内部分工、分级才能更好地探讨政府在金融市场化中的作用"（钱颖一，1998；张杰，1996；2002；2012），但是并没有从理论上进一步探讨经济性分权和行政性分权的交互机制。这或许是因为现有金融经济性分权和金融行政性分权的研究几乎采用完全不同的理论路径，而且将更多的精力投入论证分权的合理性，而冷落了比分权合理性更为本源的金融分权的本质问题的研究。现有的研究更多回答的是"为什么要分权？"的问题，而很少关注"分权是什么？"的问题。

一旦我们试图回答"金融分权的本质"问题，就必然寻求能够统一金融经济性分权和金融行政性分权的解释框架，而选择制度边界视角无疑是一次有益的尝试。新制度经济学认为政府、市场和企业的本质是制度安排或交易的治理结构①。基于此，所谓金融经济性分权无非是重新划定政府和市场的边界，让更多的金融资源配置通过市场而不是政府完成。当金融资源的配置主要通过市场进行或者市场在金融资源配置中发挥"决定性作用"时，便形成经济上分权的金融制度安排；反之，当金融资源的配置主要由政府主导，则会出现经济上集权（政府管制和垄断）的金融制度安排。由此可见，金融经济性分权（金融市场化或自由化）的本质是政府边界的收缩和市场边界的扩张。金融行政性分权是政府内部不同层级之间（中央政府与地方政府）的权力分割，是中央政府向地方政府的权

---

① 张五常（2006）认为"市场什么都可以做，只是很多事项，由市场处理交易费用过高，政府从事则可以节约这些费用"，因此，政府的成因与公司的成因原则上没有什么不同，政府和市场同样是替代性的制度安排。

力转移下放。当中央政府将更多的金融管理权力交由地方政府实施时，便形成行政上分权的制度安排；反之，金融管理权主要集中在中央政府则会形成行政上集权的制度安排。因此，金融行政性分权的本质是中央政府（高层级政府）边界的收缩和地方政府（低层级政府）边界的扩张。通过上述分析，我们发现表面似乎并无理论交集的金融经济性分权和金融行政性分权在制度经济学的视野下都还原成了制度边界问题，二者具有了统一的逻辑起点和内在的逻辑关联，金融分权（集权）的本质也变为政府与市场以及政府内部不同层级之间的边界调整。

二、金融分权的模式

金融分权（集权）的本质是政府与市场以及政府内部不同层级之间的边界调整，因而顺乎理论逻辑的边界调整顺序似乎应该为：在划定政府与市场边界的基础上确定政府内部不同层级之间的边界，即在金融经济性分权实施的前提下完成金融行政性分权。然而"真实世界"金融制度边界的调整并没有呈现出理论逻辑上那样的"泾渭分明"，金融经济性分权和行政性分权往往互相交织，政府与市场之间的边界调整与政府内部的边界调整经常互为条件，相互制约，进而形成不同的金融分权模式，如表4-1所示。

表4-1 金融分权模式

金融分权		金融经济性分权	
		集权	分权
金融行政性分权	集权	S_I	S_{II}
	分权	S_{III}	S_{IV}

　　模式Ⅰ（System Ⅰ，以下简称"S_I"）：金融经济性集权和行政性集权结合的高度集权的金融体制。金融经济性集权意味着金融资源配置主要由政府而不是市场完成，实现经济性集权的主要手段是政府严格的金融管制和对金融企业的国有垄断。与金融经济性集权伴随的是普遍的金融抑制，同质化的金融服务，政府对金融剩余的攫取和国家信用对金融风险的隐性担保①。金融行政性集权意味着由政府与市场边界划分确定的政府的金融职能主要集中于中央政府实施，地方政府缺少金融"自主权"。金融经济性集权和行政性集权交互的结果是中央政府统一实施金融管制和对垄断国有金融企业的经营管理，并主导金融剩余的分配。高度集权的金融模式类似构造了一个"超大的金融企业"，金融资源的配置完全由这个"企业"内部的"权威"负责实施，因此该金融模式具备很强的行政控制和协调适应优势②，但却在激励强度和自发适应方面处于劣势。S_I这种模式的有效运转有赖于"权威"的精明计算，因而先天性地面临"致命的自负"导致的体制风险和政府边界扩张带来的高昂的组织成本。

　　模式Ⅱ（System Ⅱ，以下简称"S_{II}"）：金融经济性分权和行政性集权交融的金融体制。金融经济性分权代表政府向市场的权力让渡，是在资源配置领域市场对政府的替代，是政府边界的收缩和市场边界的扩张。经济性金融分权的实现需要政府放松金融管制，实施金融市场化（自由化）并对垄断国有金融企业进行产权多元化的改革，同时将国家信用的隐性担保转变为显性担保。在金融行政性集权的条件下，经济性分权以后政府的金融职能仍然集中于中央政府，但由于政府边界的收缩，S_{II}这种模式相对于S_I能够降低政府的内部的组织成本并减少"致命的自负"产生的体

---

　　①　国家信用对金融风险的隐性担保的本质是金融成为国家的另一种负债方式。
　　②　此处借用威廉姆森对治理结构属性的分析，详细的论述参见：［美］威廉姆森：《资本主义经济制度》，商务印书馆1985年版。

制风险，但同时市场边界的扩张也意味着该模式相比较 S_I 会在行政控制和协调适应方面处于劣势。

模式Ⅲ（System Ⅲ，以下简称"$S_{Ⅲ}$"）：金融经济性集权和行政性分权并存的金融体制。该模式意味着金融资源的配置主要由政府而不是市场完成，与 S_I 这种模式不同的是政府的金融职能在中央政府和地方政府之间进行了分割，地方政府获得某种程度上的金融"自主权"。原本全部由中央政府实施的金融管制和国有金融企业垄断的权力部分转移给地方政府，政府层级内部金融职能的实施实现了"双层体制"。$S_{Ⅲ}$ 这种模式相对 S_I 在政府内部实现了从集中决策到分散决策的转变，有助于低层级政府发挥利用分散信息和本地信息的信息优势，降低选择性干预造成的效率损失。但行政性分权在提高对地方政府激励强度的同时，可能伴随政府内部寻租成本的增加，并降低政府的行政控制和协调适应能力。

模式Ⅳ（System Ⅳ，以下简称"$S_{Ⅳ}$"）：金融经济性分权和行政性分权并行的金融体制。该模式实现政府向市场的分权以及政府内部中央政府向地方政府的分权，政府边界收缩市场边界扩张。金融资源的配置主要由市场完成，政府放松对市场的金融管制和对金融企业的国有垄断地位。与 S_I 模式相比较，$S_{Ⅳ}$ 模式下金融市场化和自由化程度明显提高，地方政府在划定的制度边界范围内获得金融"自主权"。该模式能够有效发挥市场的高能激励（high-powered incentive）功能和低层级政府的信息优势，并具有较强的自发适应能力，但分权的金融体制在行政控制和协调适应能力方面相比较集权的体制却处于劣势。

三、金融分权的绩效

金融分权本质和模式的上述分析表明，在制度边界的视域内，集权金融体制和分权金融体制的区别不过于政府与市场的边界以及政府内部不同层级之间的边界范围差异。金融经济性集分权和行政性集分权组合而成的不同的金融分权模式具有各自的"比较优势",并不存在绝对占优的分权模式①。即使对于高度集权的金融模式 S_I 和高度分权的模式 S_{IV},至少从上述的理论分析我们并不能做出孰优孰劣的评判。由此可见,评判金融分权模式绩效的关键是该模式与金融需求和制度环境相适应的适应性效率,而伴随金融需求和制度环境变化对金融模式的调整,不仅要考虑不同金融模式的"比较优势",还要充分关注金融模式调整过程中的转化成本,实现金融分权的动态效率。

基于制度边界决定的交易费用传统,政府与市场的边界以及政府内部不同层级之间的初始边界取决于交易费用的高低。由此推论,不同金融分权模式对应的制度边界由其交易费用决定,并因为其在完成不同类型金融交易中具有的"节约成本"(economizing cost)的"比较优势"而存在。将四种不同的金融分权模式进一步按照分权程度的高低区分为:高度集权的金融模式 S_I、高度分权的金融模式 S_{IV} 以及介于二者之间的中间模式 S_{II} 和 S_{III}。我们发现模式 S_I 因为具有很强的行政控制和协调适应能力,进而在处理大规模同质性金融交易中具有"比较优势",而高度分权的模式 S_{IV} 因为具有高能激励功能和较强的自发适应能力,进而在完成多样化异质性金融交易中显示出相对优势。由此可见,集权和分权的金融模式都在各自"擅长"的领域内表现出良好绩效。当经济发展战略和收入水平决定相应的金融需求具有同质性及金融功能的单调性时②,集权的金融模式

---

① 从预算软约束的角度同样可以得出与本书分析相同的结论(张杰,2011;Dewatripont & Maskin,1994)。

② 林毅夫(2004)认为"就整个信贷市场结构而言,禀赋结构和发展战略以及对银行业的管制要比法律传统更有解释力"。

相比分权的金融模式具有更好的绩效。我们会在实践中观察到集权的金融模式与"赶超战略"匹配产生的经济绩效，也能见证集权的金融模式在动员储蓄和金融剩余控制方面的强大功能。与此同时，分权的金融模式则与异质性的金融需求和多样化的金融功能相适应。综上所述，对金融分权模式绩效的评判不能脱离具体的金融需求特征，只有与金融需求相适应的分权模式才是"有效"的金融模式。

金融分权模式固然要与金融需求决定的金融交易类型相适应才能成为"有效"的金融模式，但是金融需求并不是决定金融分权模式绩效的唯一因素。由金融需求派生的金融制度需求能否得到满足还受制于金融制度供给，当制度供给的成本超过满足制度需求产生的收益时，与金融需求并不相适应的"次优"的金融分权模式同样成为有效率的分权模式。由此可见，对金融分权模式绩效的评判同样需要恪守约束条件下的极大化原则，只有充分考虑金融分权模式的"约束条件"，才能对分权模式的绩效做出客观的评判。从制度分析的角度看，制度可以分为制度环境和制度安排两个层面。金融分权作为一种制度安排受制于位于更高制度层级的制度环境的影响，我们不能将金融制度安排从其赖以依存的制度环境中分离出来，紧紧"孤立"比较单一制度安排的经济绩效，因为金融制度环境本身构成金融制度安排选择的约束条件。制度的系统性表明只有与制度环境相适应的制度安排才是"有效"的制度安排，制度环境会决定与之相对应的制度安排的组合，因此只有位于该组合范围内的制度安排才具有制度适应性效率，进而表现出良好的经济绩效。正因如此，我们不能单独将集权或分权的金融模式 S_I、S_{II}、S_{III} 和 S_{IV} 从制度整体中"切割"出来，在无视制度环境的情况下简单将其绩效区分为"三六九等"。更不能盲目引进或移植属于"外来物种"的"先进"的金融制度安排，因为那些"有效"的金融制度安排一旦远离其赖以生存的制度环境，就会变得"水土不服"，绩效平平。可以预想，在高度分权的金融模式所需的制度环境和互补性制度安排不具备的前提下，对集权金融模式的激进变革只会带来糟糕的经济绩效。

如果基于金融需求和制度环境对金融分权模式绩效的评判仍然属于对分权模式静态效率的比较分析，则联系金融分权模式转化路径和制度边界演变过程的动态分析无疑给分权模式的绩效标准注入了动态效率的维度。考虑金融分权模式演变过程产生的转化成本，可能导致原本"有效"的目标模式变得"无利可图"，因为高昂的转化成本会抵销金融制度变迁带来的收益，此时介于起点模式和目标模式之间的"杂种模式"反而具有良好的经济绩效，因而对金融分权模式的绩效评判还需考察不同分权模式之间的转化成本。转化成本的高低首先受到制度禀赋产生的路径依赖的影响，即不同金融分权模式之间的转化并不是"可逆"的，从集权金融模式到分权金融模式的转化与分权金融模式到集权金融模式的转化可能具有完全不同的转化成本。"文化渊源决定着一国交易成本的'禀赋'或者初始结构，或者说，一国的交易成本（以及组织成本）结构具有某种程度的'先天性'和外生性"（张杰，2012）。如果一国的制度禀赋中"先天性"的具有对政府的偏好，无疑有利于选择集权的金融模式；反之，如果一国制度禀赋中"先天性"的具有对市场的偏好，则会有利于分权金融模式的建立。转化成本的高低还受制于制度边界调整过程中的治理不可分性。治理不可分性表明制度环境与制度安排之间以及各种制度安排之间存在横向的关联性，金融分权模式必须依赖于制度环境及互补性的制度安排。在金融分权模式转化的过程中，由于与之相关的各种制度安排存在参差不齐的转化速度，最终形成的分权模式可能是既不同于起点模式也不同于目标模式的一种"异化模式"，而是同时包含了集权模式和分权模式中的某些制度要素。但从上述分析可知，这些"异化"的金融分权模式并不是无效率的，它们至少具有增进经济绩效的意义。

在制度边界视域内，包含金融经济性分权和行政性分权双重分权的金融分权的本质不过是划定政府与市场的边界以及政府内部不同层级的边界。对不同金融分权模式静态效率和动态效率的比较分析表明，无论是集权还是分权的金融模式都存在"比较优势"，只要能与金融需求和制度环境相适应，各种金融分权模式都具有良好的经济绩效。本书的研究结果表明，没有理论证明任何一种金融分权模式具有"占优"的经济绩效，金融分权模式不会收敛于某一种模式而是会长期保持多样性。因此，金融体制改革的关键是基于本国的制度禀赋、制度环境和金融需求特征选择适宜的金融分权模式，而不是对"集权至上"或"分权至上"简单奉行。

第二节　地方政府在金融发展中的正向作用：理论与中国经验

如果说政府在经济发展中的作用是经济学、政治学、政治经济学等学科的一个高难问题（吴敬琏，1997），则地方政府在经济发展尤其是在金融发展中的作用则更是一个"由来已久的困惑"（chronic puzzle）（威廉姆森，1985）。传统新古典范式的金融发展理论中，由于将政府与市场视为相互替代的资源配置方式，而且先验性的假设即使存在市场失灵，由其带来的效率损失也远远小于政府失灵，进而认为正是政府的干预阻碍了金融自由化的进程。该种理论对政府在金融发展中的正向作用视而不见，从整体上否定政府的积极作用，当然更不可能看到处于政府层级内部的地方政府的作用。与片面强调金融市场化和金融自由化的新古典金融发展理论不同的是，对发展中国家金融发展进行研究的金融控制论、金融约束论及市场增进论，结合世界范围内尤其是东亚地区金融发展的实践证明，政府与市场并不是天然的替代品，在资源配置上两者可能是互补的。政府因被视作与经济体系相互作用的一个内在参与者，它代表了一整套的协调连贯的机制，而不是一个附着于经济体系之上的、负责解决协调失灵问题的外在、中立的全能机构（青木昌彦，1998）。

鉴于中国是典型的政府主导型的市场经济，政府在金融发展中具有不可或缺的作用，而且无论是解释中国经济成功的财政联邦制（钱颖一等，1998）还是新制度经济学（张五常，2000）都认为地方政府在中国经济金融发展中处于甚为关键的地位。但目前无论是理论界还是实务部门，对地方政府在金融发展中的负面作用阐述和关注较多，但对处于转轨时期类似中国这样的大国经济中地方政府的正面作用则很少提及，这不仅不利于正确认识地方政府的职能，也会导致在具体金融发展政策制定中不能充分实现对地方政府的激励。事实上，地方政府是金融发展中不可抛弃的一分子，因而无论理论研究还是政策研究都不能无视地方政府在金融发展中的正向作用。

一、地方政府在金融发展中的正向作用：理论证据

（一）政府在金融发展中的正向作用

自"重商主义"以来，政府与市场的关系一直伴随经济发展和经济理论的发展，成为经济学的永恒话题。现有基于新古典范式的主流经济学（无论是自由主义还是干预主义）都将政府的作用建立在市场失灵的前提下，认为只有出现市场失灵以后，才需要政府发挥作用矫正市场失灵，除此以外，政府的干预只能是损害市场配置资源的效率。本质而言，这种主

流经济学是将政府作为市场以外的外生因素处理，而不是将政府作为与市场具有相同资源配置效率功能的制度安排同等对待，内生于作为整体的制度环境中。由于基于"完全竞争、完全理性和完全信息"假设的新古典瓦尔拉斯均衡世界并不是现实的真实世界，真实世界中不完全竞争和不完全信息是市场的常态，因而会出现外部性、公共产品及垄断等市场失灵现象，主流分析范式认为政府的作用就在于作为市场的一种替代性的资源配置方式解决市场失灵问题。

具体到政府在金融发展中的正向作用，也是因为信息经济学在金融发展理论中的应用以及拉美国家金融自由化的糟糕实践才触发理论界的重新反思。与麦金龙和肖的金融抑制和金融深化理论反对政府干预的立场相反，赫尔曼、穆尔多克和斯蒂格利茨的金融约束论（Hellmann, Murdock & Stiglitz, 1998）认为政府的选择性干预有利于而不是阻碍金融深化。政府创造租金机会，诱使当事人作出因民间收益和社会收益相背离，民间市场不会产生的经济有效的行动。金融约束论从理论上证实了在经济发展水平和市场化水平较低的背景下，政府选择性干预对金融市场化的推进作用。因为政府选择性干预可以在民间部门创造租金，使其获得超过竞争性市场所能产生的收益。租金实际上为金融部门创造了"特许权价值"，这种特许权价值可以弥补其设置分支机构的固定成本和专用性投资成本，诱使其在偏远地区设置分支机构，改善全社会的金融服务；政府还可以通过这种"相机性租金"在生产部门产生"竞赛效应"，促使企业追求利润最大化的目标。

青木昌彦基于日本和东亚经济金融发展的实践分析认为政府和市场的作用并不是相互替代的，而是相互补充的。其提出的"市场增进论"认为政府的作用不是替代市场机制，而是促进或补充民间部门的协调功能。青木认为民间部门相对政府部门具有信息优势和提供恰当激励的能力，但这些能力在解决市场失灵尤其是发展水平较低的经济体中的市场缺陷的能力是有限的，政府的作用就在于帮助民间部门形成解决协调问题和克服市场缺陷的能力。言下之意，政府并不是直接替代市场行使协调职能，而是创造一种制度环境诱使民间部门的发展，进而解决协调失灵问题。由于政府组织作为一个经济组织的显著特征：政府是对全体社会成员具有普遍性的组织；政府拥有其他组织所不具备的强制力（斯蒂格利茨，1998），因而政府在供给具有共同知识的制度安排上相对民间部门具有比较优势。政府可以将现实中有效率的实践经验上升到规则层面，为民间部门进行创新活动提供激励，而不是直接代替民间部门从事金融市场交易。

（二）地方政府在金融发展中的正向作用

在金融发展的主流文献中并未直接论及地方政府在金融发展中的正向作用，但是在公共经济学、转型经济理论及财政分权理论中政府间分权是近年来理论界高度关注的议题。在世界范围内分权化浪潮形成的趋势下，地方政府在经济发展和经济转型中的作用得到广泛研究。本书认为结合财政分权理论（如奥茨，钱颖一、温加斯特）和上述金融约束论及市场增进论，很容易证实地方政府在金融发展中的正向作用。

地方政府相对于中央政府的特征导致其在金融约束和市场增进方面具有比较优势和更强的激励动机。具体而言，地方政府相对中央政府存在两大显著特点：一是层级较低的地方政府相对中央政府拥有更大的信息优势。由于更加贴近市场和民间部门，地方政府能够更充分地了解辖区内的市场信息和金融需求；二是地方政府之间承受中央政府不具备的竞争压力，蒂伯特（Tibolt，1960）模型中居民"用脚投票"的机制会对地方政府形成更有效的约束机制。地方政府具有的信息优势会便利地方政府在制定金融约束政策时，更加明确需要在什么样的金融部门和生产部门创造租金，以通过租金效应诱导民间产生地方金融需求所需的金融机构，或者通过租金激励诱导现有金融机构提供能够满足本地金融需求的有效金融供给。地方政府具有的信息优势也有利于其更好发挥市场增进功能，因为政府的市场增进功能主要体现在政府能够通过制度建设促进民间部门的发展和市场机制的运行。地方政府在了解辖区内金融市场所需的制度环境及目前制度建设瓶颈方面具有优势，更加清晰地知道提高制度质量和制度效率所需的互补性制度安排的内容，而且能以较中央政府更低的制度成本实现制度变迁，形成有效制度供给。

在单一制国家，中央政府确定有利于经济金融发展的竞争规则后，地方政府受制于相互竞争的压力，会存在更强的动机实施金融约束和市场增进。单一制国家如果实施政治上的集权和经济上的分权体制，则地方政府受到晋升激励的引导相互竞争，为确保在政府间横向竞争中胜出从而获得晋升到更高职位的机会，地方政府在金融发展中会按照中央政府的规则展开"竞赛"，出台相对中央政府范围更广、激励效应更强的金融约束政策和市场增进制度。在联邦制国家，大多在政治和经济上都实行更为规范的分权体制，地方政府的行为更多受制于辖区内民间部门的"民意"的约束。由于辖区内的居民和金融企业或生产企业能真实感受到地方政府的治理水平和服务能力，而且在自由迁徙的背景下，民间部门可以在不同地方政府间流动。"用脚投票"的机制同样激励地方政府之间的相互竞争，竞争无疑会诱导地方政府提供更为有效的制度环境和制度安排。

二、地方政府在金融发展中的正向作用：中国经验

（一）作为"中间扩散型金融制度变迁"主导者的地方政府

一个中央集权型计划经济的国家有可能成功地向市场经济体制渐进过

渡的现实路径是，由改革之初的供给主导型制度变迁方式逐步向中间扩散型制度变迁方式转变，并随着排他性产权的逐步确立，最终过渡到需求诱致型制度变迁方式，从而完成向市场经济体制的过渡（杨瑞龙，1998；杨瑞龙和杨其静，2000）。中国向市场经济转型的模式和金融市场化的模式是政府主导的模式，金融制度变迁的初始条件是高度集权的计划经济体制以及与之相适应的以国有金融体系占绝对控制地位的垄断性金融体制。金融制度变迁的初始条件和政府主导的经济体制特征，预示着地方政府在金融制度变迁和金融市场化过程中具有不可替代的作用。

政府主导和集权型金融体制导致中国金融制度变迁具有与成熟市场经济国家完全不同的制度环境，进而必然有迥异的制度变迁路径和金融模式。中国金融制度变迁的初始条件是缺乏规范的法律制度和严格的产权保护这两个被新古典范式视为现代市场经济要件的条件。在法律和产权制度不完善的前提下，要在国有金融体系占垄断地位的背景下，产生与市场经济体制相适应的民间金融（非国有金融）体系，无疑会遭遇难以逾越的制度障碍。这些障碍导致根本难以在市场经济体制中通过自发交易形成非国有金融机构（体制外金融）体系，而中国经济金融制度变迁的实践表明正是在分权体制下拥有独立利益的地方政府发挥了市场增进功能，充当初级行动集团帮助民间部门克服了制度变迁的障碍。

众所周知，明晰的产权以及与之相适应的对产权的尊重和保护是市场交易的前提，然而这恰恰是中国民间金融（非国有金融）成长初期最为缺乏的制度保障。受制于传统意识形态的影响和赶超战略决定的金融的储蓄动员功能，不容许存在与国有金融体系并行的体制外金融体系，因而非国有金融体系的发展不仅面临产权不受保护的经济风险而且面临更为严重的政治风险。真正非国有金融机构的有效运作需要一个完善的金融市场结构，而后者在渐进改革过程中是不可能具备的（张杰，2000）。正是在这样的背景下，相对中央政府而言地方政府因为其拥有民间部门无可比拟的谈判优势和资源禀赋而成为支持民间金融发展的"初级行动集团"。在缺乏有效的全国统一的对自由市场制度产权实施严格保护的法制环境下，地方政府实际上成为非国有产权（包括非国有金融产权）的保护者。政府权力相较法律手段实施产权保护无疑会滋生政企合谋、地方保护等不良现象，但是在法律手段欠缺的情况下，地方政府的出现无疑具有效率增进功能。地方政府作为"中间扩散型制度变迁"主导者的职能还表现在分权体制下的地方政府不仅存在与同级地方政府的横向竞争还存在与中央政府的纵向竞争。在金融发展中无论是横向竞争还是纵向竞争，都催生了大量旨在降低金融交易费用和促进金融制度创新的制度安排和政策设计。典型如在政府竞争中发展起来的大量的地方金融机构（城市商业银行、信用社、农村商业银行、合作银行及新型农村金融机构），在很大程度上促进了金融竞争和中国金融市场结构的优化，增加了金融市场的有效供给，总体上改善了金融体系的资源配置效率。

（二）作为信用中介的地方政府

金融发展内生于经济发展，整个经济体制由中央计划经济向市场经济转型的过程中，新生的大量非国有经济部门存在强烈的金融需求，这种金融需求在难以通过内源融资机制满足的情况下，理论上只有通过内生于非国有经济部门的外源融资制度来满足才是最有效率的安排（张杰，2000）。作为内生于非国有机构部门的外源融资机制（机构），其基本职能仍然是信用中介，即在不改变货币资本的所有权而只改变货币资本的使用权的前提下实现资本盈余和短缺之间的融通。上述职能的实现有赖于融资机构自身信用（民间信用）的建立，但是在中国长期政府主导的经济体制下，经过长期的制度演进，形成了一种纵向的社会信用联系，整个社会的信用因素被牵系于一种以国家为中轴的框架之中，并通过自上而下的机制来组织（张杰，2000）。在被集权金融体制下形成的纵向的政府信用（实际上是中央政府信用）包围的环境下，自发的民间信用的形成显然面临高昂的制度成本，而此时地方政府的介入，通过地方政府信用培育和提升民间信用，无疑具有"帕累托改进"的市场增进意义。

中国地方政府充当信用中介的典型例证是 20 世纪 90 年代实施的开发性金融及 2006 年作为新型农村金融机构的小额贷款公司的成立。开发性金融由作为我国三大政策性银行的国家开发银行（虽然目前开始商业化改革，但主要业务仍然是政策性业务）具体实施，但在具体的机构设置上，国家开发银行在省级政府以下的行政区内并无分支机构，而是依托地方政府的开发性金融办公室开展日常业务，且所有开发性金融业务都必须以地方政府参与为前提。通过与地方政府签订金融合作协议，借款以政府信用为依托，资金运用以市场规则为基准，组成政府、企业、市场机制相结合的信用主体。开发性金融充分利用了地方政府在项目选择上的信息优势，由地方政府选择和推荐项目经开发银行评估以后，再由地方政府担保从事贷款发放。地方政府充当信用中介的开发性金融模式，有力提升了非国有经济部门自身的经济实力，帮助其成长为能够凭借自身信用获取满足金融需求的市场经济主体。

如果说开发性金融是基于政策性金融业务的本质，要求地方政府充当信用中介，则小额贷款公司的成立和发展则是地方政府在纯粹的商业性金融领域充当信用中介，促进民间金融发展的真实写照。小额贷款公司是 2006 年开始的新一轮农村金融体制改革中诞生的新型金融机构，按照银监会的规定，小额贷款公司是由自然人、企业法人与其他社会组织投资设立，不吸收公众存款，经营小额贷款业务的有限责任公司或股份有限公司。申请设立小额贷款公司，应向省级政府主管部门提出正式申请，经批准后，到当地工商行政管理部门申请办理注册登记手续并领取营业执照。理论上，小额贷款公司除了从事的业务是信贷业务以外，与普通民间资本开办的其他工商企业并无差异，但是无论是从作为金融业务监管部门的银监会还是从作为公司审批部门的省级地方政府出台的小额贷款公司的指导意见中，都无一不要求地方政府信用的介入。银监会要求小额贷款公司的名称应由行政区划、字号、行业、组织形式依次组成，其中行政区划指县级行政区划的名称，实际上将小额贷款公司的业务限制在县域范围内，将县级政府作为小额贷款公司隐形的担保主体。而省级政府在审批小额贷款公司时，并不直接面对出资设立公司的民间资本，而是要求所有小额贷款公司均以县级政府的名义申报。如此运作，类似于开发性金融要求地方政府推荐贷款项目，本质上是要求地方政府遴选民间资本进入信贷市场从事贷款业务，地方政府再次发挥了培育民间金融（体制外金融）的市场增进功能。

　　地方政府在金融发展理论和中国开发性金融及小额贷款公司的成功实践表明，作为转型中的中国，其地方政府能够充分发挥"中间扩散型金融制度变迁"主导者的作用，凭借自身的信用和信息优势推进金融市场化改革、增进金融市场效率。当然，肯定地方政府在金融发展中的正面作用，并不是对其负面作用视而不见，因此问题的关键是建立诱导地方政府从汲取金融到建设金融的制度环境。

第三节　政府在科技金融发展中的作用：理论与中国经验

　　科技金融是促进科技开发、成果转化和高新技术产业发展的一系列金融工具、金融制度、金融政策与金融服务的系统性安排，其目的在于充分实现科技资源和金融资源的深度融合。不同国家和地区由于受不同制度环境的约束以及在科技资源和金融资源配置方式上的差异，产生了多样化的科技金融发展模式。基于科技与金融融合的发生机制的差异，我们可以将科技金融发展模式概括为需求追随型（demand-following）和供给主导型（supply-leading）。在不同的发展模式中科技与金融结合的路径和通道存在差异，进而政府发挥的作用也存在差别。中国科技金融发展经历了从完全的政府主导到逐渐市场化的过程，也将伴随整个科技制度和金融制度的转型实现从供给主导型向需求追随型的转变。理论和中国科技金融发展的经验都表明政府并不仅仅是独立于市场之外的高高在上的市场失灵的矫正者，而是作为一种制度安排的市场的基本构成要素。

一、需求追随型科技金融发展模式中的政府作用

美国经济学家帕特里克（Patrick，1996）在金融发展与经济增长关系的研究中，概括了需求追随型和供给主导型两种经济金融现象。需求追随型金融意味着实体经济的经济增长会引致与之相适应的新的金融机构、金融业务和金融体制的产生，金融体制会伴随经济体制的发展而演化。

（一）需求追随型金融模式特点

需求追随型金融体制的特点在于金融需求完全取决于实际经济增长速度及国民经济不同部门货币化和商业化的程度。实际经济增长速度越快对金融服务需求越大，不同经济部门的增长速度的差异越大越是存在差异化的金融需求，并且会导致金融中介将金融服务从低增长率的部门转移到高增长率的部门，金融的逐利性导致金融中介主要满足经济增长中主导性部

门（产业）的金融需求。需求追随型金融模式中金融中介和金融体制的产生是自主演化的过程，其假设前提是金融企业家对金融需求的变化非常敏感，能够及时洞察潜在的盈利机会并建立相应的金融机构或提供相应的金融服务。基于需求追随型金融模式的上述特点，金融供给内生于经济发展对金融的需求，金融发展是经济增长的结果并通过金融资源优化配置反作用于经济增长。

（二）政府与需求追随型科技金融的发展

需求追随型金融模式将金融资本与产业资本的结合过程理解为市场主导的自发竞争过程，资本的逐利性会实现金融资源与其他生产要素的有机结合和有效配置。这种"哈耶克式"的市场自主演化的机制即使不考虑科技与金融结合的特殊性，要实现资源的最优配置也并不是没有条件的。在真实世界中，市场运用价格机制引导资源配置并不是免费的，市场作为一种制度安排，本身受制于制度环境的影响，而且存在制度运行的交易费用。当"好"的市场需要的制度环境欠缺导致市场交易费用较高时，市场主导的内生于交易主体之间的自发的交易就会因为高昂的交易费用而难以发生，市场便无法完成资源配置功能，此时发挥市场增进功能的政府便有了用武之地。

具体到科技金融发展中，需求追随型的科技金融发展模式意味着金融与科技的结合内生于科技资源对金融资源的需求。由于这种发展模式的动力来源于金融资本的逐利性，因而只有当科技资源（部门或产业）相对于其他资源存在更优厚的利润时，金融资本才会从低利润部门转移到高利润的科技产业中来，实现科技与金融的结合。由此可见，除非作为"第一生产力"的科技产业能够成为国民经济的主导产业（leading industry）并为金融资本创造切实可得的利润，否则难以引来以盈利为目的的金融资源的青睐。除此以外，需求追随型科技金融发展模式还要求存在适宜的法律、制度和经济环境为金融资本的逐利性创造可行外部条件。如果缺乏良性的制度环境，即使金融资本家能够洞悉金融需求带来的盈利机会，也会因为现实的制度障碍而无法将潜在的利润变为现实。因此，需求追随型科技金融发展模式中，政府的作用不仅体现为市场失灵的矫正者，而且是促进市场体系良性运转的制度环境的建设者。

经典的经济金融理论已经昭示政府作为市场失灵矫正者的主要功能在于解决市场交易中存在的外部性、信息非对称、垄断及公共物品问题。需求追随型科技金融发展的现实表明，上述市场失灵现象不仅在科技资源与金融资源结合的过程中广泛存在，甚至由于科技资源和科技产业的特殊性更为凸显。如果将科技活动划分为科技开发、成果转化和科技产业发展三个阶段，则在不同阶段科技金融发展都存在不同程度的市场失灵问题。科技开发阶段不仅涉及科学研究与实验发展，也包括科技产品从研发机构的"小试"到转化为企业和生产领域的"中试"，这个阶段不仅因为科技成果的公共产品属性需要政府供给科技金融服务，而且因为中试过程和结果的高度不确定性，金融资本不会贸然介入，此时政府提供的公共金融服务不可或缺。科技成果转化阶段的政府提供的金融支持则直接决定科技成果在企业中的应用及对经济增长的贡献。在需求追随型科技金融发展中，此阶段政府的主要作用在于解决金融资源与科技资源结合中的信息不对称，通过加快国家信息基础设施建设、支持技术转化机构建设和引导风险投资的发展，缓解科技金融发展中的信贷配给和金融异象。科技产业发展阶段不仅面临无效担保、技术不确定性风险及金融资本退出机制风险，而且由于产业关联性风险导致产业外部性明显，因而需要通过政府管制合理引导风险配置并矫正产业发展外部性对资源配置效率的耗损。由此可见，市场失灵伴随需求追随型科技金融发展的全过程，作为矫正市场失灵的政府力量在科技金融发展的任何阶段都不可或缺。

如果说将政府作用仅仅局限于科技金融发展中市场失灵的矫正者，则只能说明我们在理论上仍然受制于新古典经济学的窠臼，将市场与政府视为相互对立的两种力量，而且视政府为独立于市场的高高在上的全能机构。随着市场形态及市场经济的发展，理论上对市场的理解已经不是"免费"的交易场所或简单的供求关系的总和，而是一整套决定交易的制度安排或交易规则。在这样的市场定义下，现实中形形色色的市场交易被区分为依靠"自我实施"的现货交易和典型如资本市场、货币市场、保险市场、期货市场与外汇市场等复杂类型的市场的"非自我实施型的互利性交易"。这类交易不是现场进行的，而是依靠契约的实施来完成的，属于产权密集型或契约密集型市场交易。在需求追随型科技金融发展中，科技资源与金融资源的结合往往不是"自我实施"的现货交易，而是通过复杂的金融市场实现的产权密集型市场交易，要完成这种交易必须要有法律体系和政治秩序来强制执行合同、保护产权、执行抵押协议，并为长久运转且广泛应用的资本市场提供便利，以提高投资和借贷的流动性。这些都离不开一个有足够的权力去创造和保护个人的财产权利并且能够强制执行各种契约，且自身还受到约束而无法剥夺或侵犯私人权利的政府存在。从初始的科技开发到科技成果产业化形成的整个过程，政府都需要为科技资源与金融资源的市场交易提供可实施的规则。政府需要建立高效的知识产权保护制度，为科技成果收益权的归属制定明确的规范，激励包括科技资源和金融资源所有者在内的利益相关者实现科技与金融的融合。政府需要建立有效的金融风险防范和监管体系，既能消除金融资源与科技资源结合的制度性障碍，又能预防科技产业系统性风险的出现。总之，在需求追随型科技金融发展模式中，要依赖金融资源的逐利性实现其与科技资源的结合，政府作为市场制度环境建设者的作用至关重要。

二、供给主导型科技金融发展模式中的政府作用

基于经济学家帕特里克（1996）的定义，供给主导型金融体制是指金融机构的建立以及金融资产、负债等金融服务的供给先于金融需求（尤其是那些现代部门和经济增长部门的金融需求）而存在。其基本功能在于通过金融体制将金融资源从传统部门转移到现代部门（产业），同时为现代部门的企业家提供激励。

（一）供给主导型金融模式的特点

与需求追随型金融发展模式源于产业资本对金融资本的内生需求不同，供给主导型金融模式是外生于经济或产业资本的金融需求的，是在市场竞争中产业资本（现代部门或经济增长部门）实现的利润不足以吸引逐利的金融资本的条件下，通过提供外在激励实现产业资本和金融资本融合的体制安排。与需求追随型金融发展模式主要出现在发达经济体或产业发展的成熟阶段不同，供给主导型金融模式普遍存在于欠发达经济体和产业发展的初始阶段，因为这个阶段需要外生的激励诱致创新性投资。由于供给主导型金融体制中，具有逐利本性的金融资本一开始并不能通过为产业资本提供金融服务而获得可观的利润，其必然采用有别于需求追随型金融模式的方式实现金融资本与产业资本的融合，典型的方式是：政府直接通过现有的国有金融体系或建立新的国有性质的金融中介为处于发展初期的产业提供金融服务；政府通过为私人金融机构提供直接或间接补贴，诱导逐利的私人金融资本实现与产业资本的融合。

（二）政府与供给主导型科技金融的发展

供给主导型科技金融模式是在科技资源（资本）不足以提供金融资

本所需利润的背景下，利用外在的激励推动金融资源与科技资源的融合。与需求追随型科技金融发展中政府作为市场失灵矫正者和市场交易规则制定者的角色不同，此时政府实际上替代市场（市场不存在或不完善）直接对科技开发、成果转化或科技产业发展提供金融服务，或者利用相关政策对逐利的私人金融资本施加影响间接干预金融资源与科技资源的融合。

政府作为供给主导型科技金融发展中金融服务供给主体的职能主要通过政府组建的国有金融体系来实现。政府主导型经济体中，由于政府相对公民和企业存在的强大政治优势及广泛的资源配置权力，政府往往利用国有金融体系实现对金融资源的控制以实现政府目标。当科技发展成为政府目标或实现政府目标的主要手段时，政府就会将控制的金融资源配置到科技产业，实现金融与科技的融合。从各国科技金融发展的实践看，政府可以利用其行政权力和对国有金融中介的所有权职能对金融资源投向施加影响，迫使国有金融体系向政府期望发展的科技产业增加投入。由于这种行政干预经常伴随国有金融中介的预算软约束，损害金融资源配置效率并产生金融风险，政府会转而寻求建立独立的政策性金融中介的方法实现其目标，譬如由政府出资建立专门的科技银行、科技保险公司、科技产业投资基金等或者要求现有政策性金融中介开展科技金融服务。日本政府以财政注资方式设立国民生活金融公库、中小企业金融公库和商工组合中央金库三家政策性金融机构，负责向包括中小科技企业在内的中小企业提供利率优惠的信贷服务。此外，日本政府还以财政资金为主要资本出资设立信用担保协会，帮助科技企业克服担保不足和转移信贷风险。美国政府专门设立中小企业局为处于成长期的科技企业提供包括直接贷款支持在内的金融服务。英国政府同样通过政府部分投资的英国高科技基金为发展初期的高技术企业提供投资。总体而言，只要科技企业或科技产业仍然处于发展初期，供给主导型科技金融模式就是一种有效的制度选择，政府在此阶段直接提供科技金融服务就具有了效率增进的意义。

利用系列政策激励逐利的私人金融资本提供科技金融服务也是供给主导型科技金融模式中政府发挥作用的常见手段。由于私人金融资本的目标是获取最大利润的经济利益，政府提供的政策激励必须满足激励相容原则才能实现金融资本与科技的结合。意即，政府政策提供的"租金"与科技产业产生的利润之和不能低于金融资本从其他产业获得平均利润，否则由私人资本提供的科技金融服务就会存在"投资不足"。现实的科技金融发展过程中，政府采用的主要政策手段包括金融政策、财政政策、税收政策、产业政策等。政府可以通过差异化的信贷政策引导金融资本为不同的科技行业和处于不同发展阶段的科技企业提供金融服务。常见的手段是政府通过提供贷款补贴激励金融中介为科技发展提供贴息或低息贷款、中长期贷款或通过政府担保转移科技金融服务风险。财政和税收政策是各国政府诱导科技金融发展的普遍手段，为促进金融资源与科技资源的融合，政府一方面财政倾斜和税收减免增加科技企业的留存利润，增强其内源性融资的能力和对金融资本的吸引力；另一方面也对作为科技金融供给者的金融资本通过科技金融服务获取的收益实行税收减免。譬如德国政府为激励从事信息产业的科技企业发展，不仅对科技企业实行10%～50%的税收减免，而且对提供科技信贷的储蓄银行、合作银行、大众银行等商业性金融机构实行类似的税收激励。

政府作为科技金融服务的供给主体固然在推动科技资源与金融资源的融合中发挥着"协助之手"促进作用，但是由于政府提供的金融供给是外生于科技产业的内生需求的，因而在供给主导型科技金融发展模式中，必须努力防范政府干预对科技金融发展可能产生的负面影响。由于任何政府的目标都不是单一的，政府参与科技金融发展既可能是提高科技资源和金融资源的配置效率促进经济增长，为科技产业通过市场吸引金融资本创造条件，也可能是政府利用垄断的行政权力实施管制而谋求管制租金。而且一旦政府通过科技金融供给获得可观的租金收入，在既得利益的驱使下就容易陷入"路径依赖"，此时以谋取政府自身利益为目的的政府管制会严重损害资源配置效率。政府不再是促进科技资源与金融资源结合的"催化剂"，而成为阻碍两者自愿结合的"障碍物"。此外，由于政府本身是一个多层次、多部门的复杂体系，即使政府不作为科技金融的直接供给者，而只是通过政策手段影响科技金融发展，也可能由于政府内部不同利益集团的利益冲突导致各种政策之间相互掣肘，无法形成政策合力。另外，供给主导型科技金融发展模式中科技资源与金融资源融合的程度和效率是由金融资源的供给决定的。在政府主导金融资源配置的条件下，满足科技发展的金融资源的数量和供给方式主要由供给方确定，其结果是科技金融的金融供给可能难以满足真正的科技金融需求，导致金融供给不足或产生大量无效金融供给。由于无论从经济发展还是科技产业发展的规律出发，供给主导型的科技金融发展模式都会逐渐转向需求追随型的科技金融发展模式，政府也必须适时转换自身在科技金融发展中的角色，如此方能推动科技金融可持续发展。

三、政府在中国科技金融发展中的作用

党的十八大报告中提出："经济体制改革的核心是处理好政府和市场的关系。"[①] 中国经济和科技产业所处的发展阶段决定现阶段中国科技金融的发展模式是典型的供给主导型模式，加上中国固有的政府主导型经济

---

① 焦方义：《经济体制改革核心问题是处理好政府和市场的关系》，载于《人民网》2012年12月4日。

特点以及市场经济的转型期特征，政府在科技金融发展的不同阶段自始至终扮演着重要的角色，发挥的不仅仅是供给主导型科技金融发展模式中的政府作用，而且彰显了需求追随型科技金融发展模式的政府特征。

伴随中国经济体制从计划经济向市场经济的转变及金融体制和科技体制的改革，中国科技金融也经历了从计划体制向市场体制、从单纯依赖政府财政投入到广泛利用全社会资源、从单一依赖银行贷款到综合运用资本市场和金融中介提供的创新型金融产品的演化过程。作为典型的供给主导型科技金融发展模式，从政府认识到"科技是第一生产力"的时刻起，就开始利用在计划经济体制下建立起来的庞大的国有金融体系为科技产业提供金融支持。从1985年我国政府开始要求国有商业银行提供专门的科技贷款开始，包括国有商业银行和政策性银行在内的金融中介提供的科技贷款总量持续上升，仅2010年当年金融机构新增科技贷款近800亿元。政府财政注资成立风险投资公司、兴办高科技产业示范区、设立科技中小企业创业投资基金并在证券市场推出中小企业板和创业板市场为科技产业和企业提供直接的投资支持。此外，政府综合运用多种政策手段引导社会资金与科技资源的融合。据不完全统计，截至2010年底，仅国务院和中国人民银行、科技部、财政部等在内的各部委出台的科技金融政策就达27项，① 这些政策囊括国家发展规划、财政税收、金融等科技金融发展的各个方面，有力推动了金融资源与科技资源的融合。由于中国科技金融发展置身于中国作为发展中国家和经济转型国家的大背景下，科技金融发展不仅需要政府提供创新型的金融产品和相关配套政策，更需要政府从制度和规则层面为科技金融发展提供稳定的制度环境。因而转型中的中国政府为支持科技金融的健康发展，积极发挥了制度环境建设者的作用。政府相

---

① 根据中国人民银行发布的货币政策执行报告统计整理。

继推动制定了专利保护法、知识产权法、反垄断法、物权法等有关产权保护和市场秩序的法律规范,为科技金融发展奠定了坚实的法律基础,也为科技金融从供给主导型到需求追随型的发展创造了良好的条件。

基于政府本质的决定性及中国政府主导型转型经济的特点,政府在促进科技金融发展的过程中同样伴随负面效应产生。科技金融发展需要实现科技资源与金融资源的有效配置,但目前一方面中国科技资源具有高度的政府垄断性,另一方面政府内部科技资源不仅过度分散于不同政府部门,而且在不同区域和不同产业科技资源分布严重不均衡。科技资源配置低效率导致科技产业和科技企业在市场竞争中缺乏竞争力,因而难以获得逐利的金融资本的青睐。在依靠庞大的国有金融体系向科技产业提供金融服务的过程中,也暴露出监管不力、风险集中和无效金融供给的弊端。另外,虽然目前出台了多项鼓励科技金融发展的政策,但是这些政策大都是部门规章,由于部门利益分割,科技政策与产业政策、投资政策、金融政策、财政政策之间缺乏有效衔接,甚至相互矛盾相互抵触。转轨过程中,促进科技创新和金融创新的相关制度滞后于科技金融发展,不仅缺乏有效的制度供给而且制度之间的互补性差,缺乏促进科技金融发展的制度环境的顶层设计。我们需要更加完善的制度环境,充分发挥政府在科技金融发展中的"协助之手"的作用。

科技金融发展的本质是科技资源与金融资源的深度融合,在不同经济发展阶段和科技产业发展的不同时期,存在供给主导型和需求追随型两种不同的科技金融发展模式。政府作为一种制度安排的市场的基本构成要素,无论在何种科技金融发展模式中都发挥着不可或缺的作用。

▓ 第四节 科技银行的"中国模式"

　　科技金融的本质是科技资源与金融资源之间的交易，交易的不同治理模式因在节约交易费用方面的比较优势而存在（威廉姆森，1985）。虽然交易类型决定不同治理模式在资源配置中的效率优势，但即使相同类型的交易也会因为交易所处制度环境的不同而存在交易费用的差异。中国现阶段科技金融中介存在科技支行和科技小额贷款公司两种治理模式，并以前者为主导，这种现状并不是人为刻意安排的结果，而是中国金融制度和科技金融发展模式长期演化的结晶，因而在现有的制度环境下也是"有效率"的制度安排。但是，伴随科技金融发展阶段的转化，科技金融需要科技资源与金融资源内生结合的科技银行的产生，突破制度约束将科技小额贷款公司培育为科技银行，应该成为建立科技银行发展"中国模式"制度设计的首要选择。

　　代表美国科技银行的硅谷银行模式同样是美国金融制度长期演化和科技金融发展阶段共同作用的产物，因而并不是全世界科技银行发展的唯一有效模式。中国现阶段出现以科技支行为主导的科技银行发展模式并不是因为"理论研究上的偏颇"（朱鸿鸣等，2011），而是中国科技金融发展特殊的制度环境使然。但这种"有效率"的发展模式仍然属于外生（供给主导型）而不是内生（需求主导型）的科技金融模式。科技小额贷款公司与科技支行的本质区别在于其通过横向信用实现科技资源与金融资源之间的交易，因而属于内生性的科技银行模式，从科技小额贷款公司到科技银行应该成为科技银行"中国模式"的演化路径。

一、制度环境与科技金融中介选择的"中国模式"

基于交易费用经济学的基本理论（科斯，1937；威廉姆森，1985），科技资源与金融资源交易的治理模式，即科技金融治理模式的选择取决于不同治理模式在节约交易费用方面的比较优势。制度环境会决定交易治理模式可供选择的"模式集合"，在相同的制度环境中存续下来的治理模式应该是"有效率"的或者至少具有效率增进的意义。中国科技金融发展的制度环境决定现阶段科技金融中介是以科技支行为主导，科技支行和科技小额贷款公司并存的模式。虽然科技支行与科技小额贷款公司都具有实现科技资源与金融资源交易的功能，并且在科技资源配置中两种治理模式是"互补"而不是相互"替代"的，但是由于二者赖以依存的信用基础各异并具有不同的"比较优势"，因而从本质到效率边界都存在根本区别。

新制度经济学从制度分析的角度将制度划分为制度环境和制度安排两个层次，其中制度安排体现为具体的治理模式（企业、市场及介于两者之间的中间型治理模式），不同治理模式由于在治理不同类型交易中具有不同的"节约交易费用"的比较优势，因而具有不同的效率边界。给定制度环境，不同治理模式之间相互竞争的结果是有效率的治理模式会得以存续。但是一旦制度环境发生改变，在旧的制度环境下有效率的制度安排或治理模式在新的制度环境下往往并不同样有效。基于上述理论逻辑，世界各国在科技金融发展过程中可能面临迥然不同的制度环境，因而必然选择多样化的制度安排，进而在现实中表现为美国模式、欧洲模式、苏联模式、中国模式等。以下尝试从作为科技金融治理模式的科技金融中介选择的角度论述"中国模式"存在的合理性。

现阶段科技金融中介的"中国模式"是以科技支行为主导，科技支行和科技小额贷款公司并存的模式。这种模式存在的合理性在于中国现阶段科技金融整体上处于供给主导型发展阶段以及政府主导型市场经济决定的以国有金融为主导的金融制度环境。将帕特里克（1996）在金融发展与经济增长关系的研究中概括的需求追随型和供给主导型两种经济金融现象应用到金融与科技发展的关系中，我们可以将科技金融发展划分为供给主导型和需求追随型两种类型。供给主导型科技金融是在科技资源（资本）不足以提供金融资本所需利润的背景下，利用外在的激励推动金融资源与科技资源的融合，这种模式普遍存在于欠发达经济体和科技产业发展的初始阶段。在供给主导型科技金融模式下，科技资源与金融资源之间的交易主要依靠政府运营的金融中介直接实现或通过政府为私人金融中介提供补贴的方式间接实现。基于中国现阶段经济发展水平和科技产业在整个产业结构中的地位及其对经济增长的贡献率判断，我国无疑从总体上受供给主导型科技金融模式支配，这种模式是在科技金融中介的选择上主要依赖政府现有银行体系（科技支行、分行）的诱因之一。与供给主导型不同，需求追随型的科技金融发展模式意味着金融与科技的结合内生于科技资源对金融资源的需求。由于这种发展模式的动力来源于金融资本的逐利性，因而只有当科技资源（部门或产业）相对于其他资源存在更优厚的利润时，金融资本才会从低利润部门转移到高利润的科技产业中来，实现科技与金融的结合，因而该模式主要出现在发达经济体或科技产业发展的成熟阶段。现阶段在我国经济发达地区，特别是科技产业发展较为成熟地区出现的科技小额贷款公司①就是需求追随型科技金融模式下科技金融中介的有效组织形式。

仅从科技与金融发展关系的供给主导型科技金融模式着眼还难以为现

---

① 现阶段科技小额贷款公司在江苏较为发达，江苏省政府办公厅专门下发了科技小额贷款公司试点意见。

阶段科技金融中介选择的"中国模式"提供完全有说服力的理论解释，要解释"中国模式"存在的合理性还必须融入政府主导型市场经济体制下特殊的金融制度因素。因为供给主导型科技金融模式这一单一因素并不能解释现阶段大量的科技金融中介以国有银行（国有控股银行和地方金融机构）设立科技支行这一形式出现的原因，同理，需求追随型科技金融模式这一单一因素也不能为科技小额贷款公司的出现提供完整解释，但是上述的理论"苍白"却会因为对中国金融制度的考察而"增色"。中国现行的金融制度是内生于经济发展战略的（林毅夫，1998），服从于国家从整体上进行储蓄动员和控制金融剩余的需要，因而是以国有金融为主导的金融中介体系。国有金融体系的存在为政府大量获取金融剩余输送到体现国家意志和动机的企业和产业提供了通道（张杰，1998），因而中国的金融中介从一开始就不是市场"自发"交换出来的结果，而是政府外生创造的。政府严格的金融管制和高度金融垄断阻止了政府体制之外的私人金融机构的生存空间，因而当"科技是第一生产力"的理念上升为政府理念，当各级政府都将科技产业作为战略性新兴产业发展时，利用现存银行体系为新兴科技产业输送金融资源无疑会成为政府的不二选择，由此我们可见由国有金融机构特别是地方性金融机构组建的大批科技支行成为科技金融中介的主导。科技小额贷款公司作为科技金融中介的出现，同样是中国金融制度变迁的结果，是 2006 年开始的农村金融增量改革的衍生物。农村金融增量改革为民间资本进入金融领域开辟了通道，村镇银行、贷款公司、小额贷款公司和农村资金互助社等新型农村金融机构为民间资本投资金融领域提供了平台①。科技小额贷款公司充分利用政府为民间资本进

---

① 截至 2011 年底，中国小额贷款公司达 4282 家，村镇银行 627 家，民营资本申请小额贷款公司非常踊跃。

入金融领域开辟的制度空间，将原本用于改善农村金融服务的小额贷款公司模式引入科技金融领域，实现了在国有金融中介主导下民营科技金融中介的突破。我们可以大胆假设，如果不是因为农村金融改革为民间资本设立正规金融中介创设制度前提，即使如江苏科技产业那般发达也不会出现科技小额贷款公司这类创新性的金融中介。

二、科技银行的演化路径：科技小额贷款公司到科技银行

既然科技金融中介选择的"中国模式"是由现阶段我国科技金融发展模式和金融制度环境决定的，因而无论是由国有银行设立的科技支行还是由民间资本发起的科技小额贷款公司都应该是现有制度环境下"有效率"的科技金融中介或者至少具有效率增进的意义，但是这两种模式距离科技银行的"理想模式"仍然存在差距。因而，在明确科技支行与科技小额贷款公司存在的合理性之后，进一步理清两种模式之间的区别①，对于设计中国科技金融中介的演化路径和培育未来科技银行具有不言自明的现实意义，而科技小额贷款公司具备的内生性金融交易的本质决定应该以之为基础培育真正意义的科技银行。

（一）为什么是科技小额贷款公司而不是科技支行

对于中国科技银行的性质（商业银行还是政策性银行?）、科技银行

---

① 现有研究中国科技金融和科技银行的文献中，朱鸿鸣、赵昌文（2011；2012）等对科技支行和科技小额贷款公司进行了全面比较并在此基础上提出三个假设，对两种模式孰优孰劣给予了评判。然而在制度经济学（制度金融学）的视域内，上述作者关于两种模式的区别都是表面的（《中国人民银行货币政策执行报告》，2012 年第一季度）。

的发展路径（是选择科技支行还是科技小额贷款公司培育未来的科技银行？）理论界仍然存在不同的观点（朱鸿鸣等，2011）。本书认为科技小额贷款公司和科技支行本质区别在于其金融交易的信用基础不同，由于科技小额贷款公司是以民间横向信用为基础的内生性金融交易，因而应以科技小额贷款公司而不是科技支行为基础培育未来的科技银行。

在新制度经济学（金融学）的视域内，科技支行与科技小额贷款公司的本质完全相同，即二者皆是不同于金融市场的金融中介。根据交易费用经济学的金融中介理论（Allen & Santomero，1998），金融中介存在的原因在于通过市场进行金融交易面临高昂的交易费用，是因为金融中介相对于市场在节约交易费用方面的成本优势导致金融中介的产生。建立在交易费用理论基础上的金融中介理论关于市场与金融中介"二分法"的原理同样可用于解释多样化的金融中介的存在，依此逻辑，不同金融中介是因其在治理不同类型金融交易中具有的节约交易费用的比较优势而存在。科技支行和科技小额贷款公司的根本区别在于决定其比较优势和效率边界的金融交易类型的不同，金融交易的实质是信用交易，在此，科技支行和科技小额贷款公司依赖两种完全不同类型的信用交易：前者是以政府信用为基础的纵向信用交易，后者是以民间信用为基础的横向信用交易（张杰，2000）。

顾名思义，科技支行是现存的商业银行成立的专门提供科技金融服务的分支机构，由于科技支行不具备实体法人资格，因而其进行金融交易的信用基础完全源于母行。中国现有的金融体系是与政府主导型市场经济相适应的金融体系，充分的储蓄动员和对政府偏好的项目提供资金支持仍然是金融机构的主要职能。由于金融机构事实上成为政府动员全社会储蓄的代理机构，因而政府（中央政府和地方政府）成为金融机构的委托人和最后贷款人，"整个社会的信用因素被牵系于一种以国家为中轴的框架之中，并通过自上而下的机制来组织"（张杰，2000）。正是存在政府信用担保，居民即使在单个银行账面价值已经资不抵债的情况下，仍然"毫无顾忌"地与之从事金融交易。在经济开发区、高科技园区和中小科技企业聚集地区设立的科技支行，实际上是现有商业银行依赖业已形成的政府纵向信用联系从事"科技金融业务"。由于纵向信用联系是依赖"某种集权体制或国家权威的外在约束力维持的"（张杰，2000），因而以此为信用基础的科技支行只不过是目前部门主导改革的模式下，"体制内"金融短期内促进科技金融发展的权宜之计。在中国的整个金融改革进程中，当监管部门面临改革创新和金融风险控制的两难抉择时，往往会偏重金融风险而抑制金融创新，因而选择以现有商业银行为主体开办科技金融服务，利用母行的风险控制经验对科技金融服务风险进行防范，而不是单独设立从事科技金融服务的科技银行显然更符合监管部门的利益①。

但是现有商业银行是否有足够的能力承担监管部门赋予的科技金融风险监督责任？有证据表明，虽然各商业银行从 2004 年以来进行了公司治理结构和内部风控机制的改革，但是其监督效率并没有明显提高（洪正，2011）。因此我们没有充足的理由相信现有商业银行在科技金融服务中相对其他金融机构拥有信贷技术优势，可能也正是认识到上述不足，首家中外合资的具有独立法人资格的科技银行成立②。浦发硅谷银行是浦发银行和美国硅谷银行共同出资的国内首家具有独立法人资格的科技银行，该行

---

① 2009 年由银监会和科技部颁布的《关于进一步加大对科技型中小企业信贷支持的指导意见》明确规定将银行分支机构作为科技金融试点，而不是由科技部提出的单独设立科技银行。

② 2012 年 8 月 15 日，经过漫长的审批过程后，中国首家具有独立法人资格的科技银行——浦发硅谷银行成立。

的成立实现了中国科技金融中介从"科技支行"到"科技银行"的历史跨越，也有利于充分吸收国外科技银行的管理经验。其更具"创新性"的意义在于，就本质而言浦发硅谷银行实现了从单一依靠政府信用（浦发银行仍然是国有股份占主导地位的银行）到依靠政府信用和民间信用（外资）相结合的转变，是在目前的金融制度环境下地方政府推动的有效率的科技金融制度变迁。但同时该模式也是"过渡性"的科技银行模式，因为该模式的产生仍然依赖于强大的政府信用①，它是在国内民营金融和民间信用不发达背景下的应对模式。作为金融改革的顶层设计应该努力培育民间信用，为未来理想的完全以民间信用（即使合资也应该是国内民间资本与外资的合资）为基础的具有独立法人资格的科技银行创造制度条件②，如此不仅更有利于为国内民间资本进入金融行业提供强激励，也更有利于提高科技金融服务水平和防范科技金融风险。

科技小额贷款公司是面向高新技术开发区（园区）内企业，提供小额贷款和创业投资业务的有限责任公司或股份有限公司。从表面上看，科技小额贷款公司与科技支行的最大区别在于前者是不吸收公众存款的"非银行金融机构"，其用于提供科技金融服务的资金完全来源于自有资本。而掩盖在这一表面现象下得更为本质的区别在于，作为 2006 年开始的农村金融增量改革的小额贷款公司的衍生产品，科技小额贷款公司具有完全不同于科技支行的信用基础。正是由于科技小额贷款公司是民间资本进入金融领域的产物，其金融交易的信用基础来源于横向的民间信用，才导致在制度设计上小额贷款公司不能与科技支行一样吸收公众存款，因为

---

① 试想，如果不是浦发银行背后的政府信用存在，美国硅谷银行是否会做出成立合资银行的选择？

② 由于下文所述的制度变迁的复杂性和曲折性，类似浦发硅谷银行的以政府信用和民间信用结合的科技银行模式可能会长期存在，这一点作者会在后续研究中专文论述。

在政府主导的国有金融体制本质上会排斥非国有或竞争性的金融机构对存款市场的进入①。当然，从主导金融改革的金融监管当局看，将民间资本排斥在存款市场以外无疑更有利于金融风险的防范，并且在制度设计上将小额贷款公司的审批监管责任划归地方政府也减轻了作为垂直管理的金融监管部门的监管责任。由于科技小额贷款公司不再是"体制内"金融体系的延伸，而是不同于存量金融的内生性增量金融，其信用基础完全来源于自有资本，因而只有民营资本和科技产业发达的地区才会演化出这种创新性的金融中介②。

科技支行和科技小额贷款公司的上述比较为为什么选择科技小额贷款公司而不是科技支行作为培育科技银行的载体提供了理论证据。基于科技金融会从供给主导型演化到需求追随型的发展规律以及科技与金融的结合应该更加依赖内生性成长机制的要求，未来的科技银行必然以科技对金融的内生需求为动力，科技金融赖以存在的信用交易也应该是科技经济主体自发的民间信用交易。基于此判断，如果以科技支行作为培育未来科技银行的载体，其结果无非是进一步强化现已存在的由国家纵向信用控制的存量金融体系。此举不仅无助于在长期内防范科技金融风险和提高科技、金融资源配置效率，而且不利于以民间信用为基础的内生性科技金融中介的成长。相反，科技小额贷款公司由于以民间信用为基础并且植根于科技资源与金融资源结合的内生需要，因而更适于作为未来科技银行的"种子"进行培育。概言之，中国科技银行的成长路径应该是从科技小额贷款公司——科技银行而不是科技支行——科技银行，选择这样的

---

① 实际上政府即使在制度设计上不存在对非国有金融机构的"偏见"，这些金融机构也难以与垄断性的国有金融机构有效竞争。

② 目前现状看，科技小额贷款公司并不像科技支行无论在经济发达欠发达地区都有分布，而是主要集中在江苏等民营经济和科技产业发达地区。

路径就要求科技金融制度设计和政策安排必须将科技小额贷款公司作为科技银行培育的重点，而不是基于短期利益考量选择科技支行代替科技银行。当然，由于不同区域科技金融发展所处阶段不同以及不同科技金融中介在从事不同类型金融交易中的比较优势差别，未来中国的科技金融中介也不会是科技银行这种唯一的形式，而是科技支行、科技小额贷款公司和科技银行并存的多样化、多元化的模式。

（二）科技小额贷款公司发展为科技银行的制度约束

如果说现有制度设计中至少为小额贷款公司转变为村镇银行，从不能吸收公众存款的"非银行"金融机构转变为存款性金融机构提供了合法性和可能路径①，则科技小额贷款公司改制设立科技银行在现阶段几乎没有制度空间。由于现阶段形成的以科技支行为主导，科技支行和科技小额贷款公司并存的科技金融中介的"中国模式"是基于现有制度约束的选择，因而在现阶段仍然是"有效率"的。要将科技小额贷款公司培育为科技银行，并建立以科技银行为主导的科技金融中介模式，必须改变科技小额贷款公司发展的制度安排并从根本上突破科技金融发展所处的制度环境。

在制度安排层面上，需要将科技小额贷款公司与解决农村金融问题的小额贷款公司同等对待，制定科技小额贷款公司改制设立科技银行的规则。如此，从短期解决科技小额贷款公司完全依赖自有资本经营的资金来源困境，长期可以为民间资本进入金融领域提供稳定的预期和激励。由于整体金融改革仍然是"供给主导型"和自上而下的改革模式，民间资本

---

① 现有小额贷款公司管理规定，小额贷款公司可以改制设立村镇银行，但前提是必须有现有商业银行作为主发起人。

在制度博弈中仍然处于弱势地位，因而必须借助地方政府的谈判力量推动制度安排的变革。此外，由于制度本身的系统性特征，单项制度安排的变革必须辅以互补性制度安排的变迁方能实现。与科技小额贷款公司培育为科技银行相关的重要的互补性制度安排是创业投资制度。由于未来的科技银行是专司科技金融业务的金融机构，必须有一整套针对开展科技金融服务、防范科技金融风险的不同于传统银行业务的信贷技术。而创投机构在上述领域具有先天的比较优势，因而是未来科技银行的主要发起人，科技小额贷款公司能否顺利改制为科技银行有赖于是否存在大量具有竞争力的创业投资机构。因此，进一步建立和完善创业投资机构的进入和退出机制，实现与科技小额贷款公司制度的有效衔接，形成制度合力应该成为短期内改变制度约束的可行选择。

由于在整个制度体系中制度安排是由更上层的制度环境决定的，因而仅仅改变制度安排而不触动更为深层次的制度环境，科技小额贷款公司要转变为科技银行仍然不具备制度保障。前文已经述及科技金融中介发展模式由科技支行主导转变到由科技小额贷款公司发展而成的科技银行主导，其本质是全社会的金融信用体系必须由纵向信用联系为主转向横向信用联系为主。这一转变意味着整个科技金融的制度环境必须调整，即由目前国有金融为主导的外生金融转向以民间金融为主导的内生金融。而这种转变不仅受制于金融制度变迁的路径依赖效应，现有金融制度下的受益者会阻碍制度变迁，增加制度变迁成本，而且受制于政府退出金融信用体系可能引致的高昂的社会成本。因为，民间横向信用联系的建立是渐进的，纵向信用联系的突然解体只会导致整个金融信用体系的崩溃，根本无助于横向信用联系的发展。具体到科技金融中介选择上，现阶段如果仓促摒弃科技支行模式建立以民间信用为基础的科技银行，不仅在技术路径上不可行，而且会损害科技金融服务的可及性和服务效率。由于"横向信用联系的建立不仅是边际性的，而且还具有反复性与曲折性"（张杰，2000），因此从科技小额贷款公司到科技银行的演化过程不可能一蹴而就，科技银行替代科技支行成为主导性的科技金融中介也不是短期内可以完成的转变。但至少制度设计上，我们应当选择正确的演化路径，避免将诸如科技金融这样的新兴金融业务不断纳入外生的存量金融体系而阻碍内生增量金融体系的壮大。

中国现阶段以政府主导的国有金融体系为特征的金融制度环境决定中国科技金融中介的模式为：科技支行为主导，科技支行和科技小额贷款公司并存。由于科技支行实质为现有商业银行以国家纵向信用联系为基础从事科技金融业务的分支机构，而科技小额贷款公司则是以横向信用联系为基础的科技金融中介，因而无论从科技金融本身的发展阶段还是其内生性发展要求评判，选择科技小额贷款公司而不是科技支行培育未来的科技银行才是可行有效的路径。但是由于科技金融中介模式的演化涉及制度安排和金融制度环境的整体变迁，因而科技银行的演化过程具有渐进性、反复性和曲折性，浦发硅谷银行作为首家中外合资的具有独立法人资格的科技银行的出现，就是这种渐进性的体现，当然，作为制度的"顶层设计"应尽量降低制度变迁渐进性、反复性和曲折性导致的效率损失，为科技银行的演化设计正确的路径。

第五章
制度边界与地方政府债务治理

地方政府债务膨胀是近年来学术界和实务部门关注的热点问题。中国式分权的特定背景下，基于债务控制权的行政发包制的地方政府债务治理模式伴随制度环境的变化而演进。在约束条件下具备"比较优势"的不同债务治理模式的竞争与转化，划定了治理模式的"制度边界"，进而决定债务治理模式的绩效。

第一节 中国式财政分权背景下的地方政府负债

2008 年以来的此轮地方政府债务扩张被视为地方政府债务"问题"而成为国内外经济学家关注的焦点。2009 年地方政府债务余额比上年增长 61.92%，随后几年虽然债务余额增长速度放缓，但截至 2016 年末，地方政府债务规模仍接近 16 万亿元左右。[①] 对欧美发达国家主权债务危机

---

① 资料来源：《2017 年中国财政年鉴》。

后果的忌惮及中央政府密集出台的对地方政府债务的严格管控措施，进一步凸显了地方政府债务"问题"的严重性。由于地方政府债务天然诞生于财政分权制度环境中，因而基于财政分权理论和软预算约束理论探究中国地方政府债务问题成为理论界"自然而然"的选择。

如果将 1979 年作为分权制度环境下地方政府负债的"元年"[①]，直到 2014 年《预算法（2014）》赋予地方政府自行举债的权力，此间长达 35 年的时段内中国地方政府负债一直在法律禁止或法律空白的环境中隐蔽生长，并在 2012 年末竟然成为唯一地方政府债务超过中央政府的国家（姜子叶，2016）。截至 2016 年末，我国地方政府债务 15.32 万亿元，仍然超过同时期 12.01 万亿元的中央政府债务。[②] 中央政府如此长期容忍地方政府负债的事实显然不能简单归咎为软预算约束的"无效率"。而如果将地方政府债务置于"中国式财政分权"的整个制度环境考察，便可以窥见地方政府负债不是地方政府的个体问题，也不仅仅是政府财政的个体问题，而是牵涉央地关系和财政金融体制的整体问题。如此一来，即便是软预算约束诱发了地方政府债务问题，这样的软约束也是"中国式财政分权"制度环境中一系列制度安排共同作用的内生结果。循此逻辑，企图脱离具体制度环境通过单方面硬化地方政府预算约束治理地方政府债务膨胀的举措不仅实施困难，恐怕还会遭遇短期内"去杠杆"和"稳增长"的"两难困境"。因此，治理中国地方政府债务膨胀，并不能单向度硬化地方政府预算约束，而是要寻求特定的制度环境下最优的预算约束强度（softness），进而谋求合意的制度均衡并实现整体的制度效率。

---

① 1979 年，8 个县区当年举借了政府负有偿还责任的债务（中华人民共和国审计署审计结果，2011 年第 35 号全国地方政府性债务）。

② 资料来源：《2017 年中国财政年鉴》。

一、中国地方政府负债的特殊表征

由于地方政府债务天然内置于财政分权的制度环境，因而中国地方政府债务并不是因为 2008 年全球金融危机突然"从天而降"的。只是受到危机治理政策影响，地方政府债务规模增速在 2009 年达到历史高位，随后债务余额出现持续膨胀的趋势，地方政府债务才在这个特殊的时点被作为"问题"引发广泛关注。事实上，如果将对中国地方政府债务关注的焦点从当下推演到过去，进入地方政府负债演进的历史进程，我们会发现中国地方政府负债呈现与别国迥然不同的特征事实。在此视角下，当下看似严重的地方政府债务"问题"似乎只是历史的重演，只是这次是由"大衰退"（the great recession）这种外部冲击触发而已，地方政府债务的本质并没有发生变化。

（一）中国地方政府负债长期在国家法律禁止或法律空白的环境中隐性展开

中国相对持久和稳定的分权化开始于 1978 年党的十一届三中全会以后①，相比较没有分权的计划经济体制下地方政府、企业和居民等社会主体的资金完全由中央政府划拨管理不同，以"放权让利"肇始的分权化改革划分了中央政府和地方政府的事权和财权，地方政府成为具有一定财政收入和支出权的相对独立的政府主体。分权化改革进程伴随产生地方政府债务，1979 年仅有 8 个县区当年举借了政府负有偿还责任的债务，到

---

① "大跃进"前期及 20 世纪 70 年代初期都曾出现不同程度短暂且不稳定的分权改革。

1996 年全国所有省级地方政府普遍举债，近 90% 的市县级地方政府举债，截至 2010 年底，全国只有 54 个县级政府没有举债政府性债务。由此可见，地方政府债务一直伴随分权化改革的整个历史进程，各层级地方政府相继成为负债融资主体。既然地方政府负债是分权化改革的必然结果，因而中国地方政府债务长期存在实属"情理之中"。但值得关注的"特殊性"在于，中国地方政府负债长期是在国家法律禁止或法律空白的环境中"隐性成长"。1979～1985 年，地方政府负债是在缺乏法律法规约束的环境下小规模展开的，1986～1993 年国务院则通过相关法规禁止地方政府发行债务，到 1994 年公布并于 1995 年施行的《中华人民共和国预算法》明确规定地方"各级政府应做到收支平衡，不列赤字""不得发行地方政府债券"，从国家法律的高度明确禁止地方政府自行举债。但法律的禁令并未阻止地方政府事实的负债行为，亚洲金融危机后的 1998 年地方政府债务余额增长率一度高达 48.2%，2008 年全球金融危机后的 2009 年地方政府债务余额增长率甚至飙升至 61.92%。① 地方政府债务长期以"隐性"方式累积，构成中国地方政府债务的重要特征事实。

由于相当长的时间里，中国地方政府的负债行为受到法律法规严厉禁止，因而不断"创新"名义上的负债主体以"合法"渠道实现"隐性"负债便成为"理性"的地方政府的重要选择。1996 年实行"抓大放小"的国有企业改革之前，由于中央实行"利改税""拨改贷"以及若干财政包干制度改革，地方政府获得大批中央政府下放的国有企业的管理权并通过这些国有企业提供政府的公共服务。为充实资本金并维持企业运转，国有企业开始大规模举债，这些债务事实上都成为地方政府债务。因而该阶段，国有企业是地方政府债务的事实上的负债主体，

---

① 根据中国财政年鉴整理计算。

"隐性"的地方政府债务表现为"合法"的国有企业债务。1996 年大规模国有企业改制，实现企业债务与政府债务脱钩，此时早在 20 世纪 80 年代就已存在的地方政府融资平台替代国有企业成为地方政府债务主要的"承载主体"。1988 年，国务院成立六大专业投资公司已经具备融资平台的雏形，并迅速成为地方政府争相效仿的举债方式。1997 年和 2008 年两次金融危机放大了地方政府融资平台的负债功能，不仅国债转贷地方借助融资平台，很多政策性银行贷款还将融资平台作为唯一的举债主体。2009 年以来，地方政府"隐性"债务的将近50%均通过融资平台"合法"实现。与地方政府债务事实上的负债主体不断调整不同的是，地方政府"隐性"负债的主要举债渠道基本保持稳定。从 1985 年实施"拨改贷"开始，无论是借助国有企业还是地方融资平台举债，地方政府债务融资的主要渠道一直是银行信贷。在国有商业银行贷款代替国家财政投资为国有企业提供资本金的改革阶段，银行贷款本金甚至一度作为企业资本金长期使用。在 2010 年的全国地方性债务审计中发现地方政府债务的 79.01%通过银行贷款实现，2012 年银行贷款占比仍然高达 78.07%。①

（二）中国地方政府债务资金的投向及非危机年份的债务余额增长率一直保持相对稳定

审计署 2011 年和 2013 年公布的地方政府债务审计结果显示，将近 90%的地方政府债务资金均投向包括市政建设、交通运输、土地收储整理、保障性住房及其他公益性、基础性投资项目，而非用于政府经常性开支。由此可见，中国地方政府债务资金投向一直"自觉"践行政府举债

---

① 根据中华人民共和国审计署 2011 年、2013 年全国政府性债务审计报告整理。

的"黄金法则"（golden rule）——政府债务资金应投向具有长期效益的资本项目而不应用于补贴经常性赤字。此外，中国地方政府债务余额高速增长的峰值（债务非正常状态）分别出现在 1997 年和 2008 年金融危机以后，主要是由于危机外部冲击引致扩张性财政政策所导致（见表 5 - 1）。1998 年为应对亚洲金融危机，中央政府实施积极财政政策，增发 1000 亿元国债（占当年 GDP 的 1.3%，财政收入 7% ~ 8%），并将其中 500 亿元通过商业银行转贷地方政府，触发地方政府债务增长的首个峰值。2009 年的 4 万亿经济刺激计划中，地方政府需承担 2.82 万亿元，巨额资金需求迫使地方政府通过大规模举债解决，由此造成当年地方政府债务余额急剧攀升。2007 ~ 2013 年，中国全国政府性债务的总负债率由 41.8% 提高到 49%，上升 7.2 个百分点，年均提高 1.2 个百分点（李扬，2015），地方政府性债务负债率则维持 20% 左右的年增长率以远高于全国政府性债务增长率的速度快速增长。其结果是，近年来中国地方政府债务规模一直高于中央政府债务。与此同时，不可忽略的事实是，即使将考察时间推进到 1997 年的亚洲金融危机，撇开存在严重金融危机的外部冲击的特殊年份，中国地方政府债务余额年增长率虽然远超全国政府性债务余额增长率，但基本稳定在 20% 左右的水平（债务正常状态），并未因为政府"隐性"或显性举债方式的变化而呈现显著波动性，这无疑是中国地方政府负债的另一"特殊"表征。

表 5 - 1　　　　　1997 年以来全国地方政府性债务增长率变化情况

年份	1997	1998	2002	2007	2008	2009	2010	2013
债务余额增长比率（%）	24.82	48.20	33.32	26.52	23.48	61.92	18.86	19.97

资料来源：作者根据审计署 2011 年、2013 年全国地方政府性债务审计报告整理。

二、中国地方政府负债的理论逻辑

为解释中国地方政府负债在历史演进中呈现的上述特征事实和"特殊"表征，需要构建逻辑一致的理论框架探寻中国地方政府负债的特殊机理及制度内涵。本书尝试引入双重软预算约束理论解释中国地方政府债务长期存在的客观事实，在此基础上，结合"中国式财政分权"的制度环境，进一步将预算软约束区分为制度性预算软约束和政策性预算软约束，探寻中国地方政府债务资金投向"自觉"践行"黄金法则"和保持负债增长率相对稳定的特殊机理。最后，基于中国单一制政治体制下全能政府特征和政府负债的财政金融渠道密切关联的事实，推定地方政府债务膨胀更多是分权化改革中政府负债主体的内部替代引发的"债务腾挪"，是"父子争议"（中央政府与地方政府争议）和"兄弟竞争"（地方政府之间相互竞争）中多方博弈形成的制度均衡（樊纲，1990）。

（一）债权方和债务方双重软预算约束驱动地方政府债务膨胀

软预算约束的形成必须同时存在软预算约束体（budget constraint organization，BC - Organization，以下简称"BCO"）和软预算约束支持体（supporting organization，S - Organization，以下简称"SO"）（Kornal，2003）。显然地方政府债务膨胀中的软预算约束是作为软预算约束体的地方政府（债务方）和向其提供金融供给的软预算约束支持体的金融机构（债权方，主要是国有商业银行）"合力"造就的。地方政府和金融机构的双重软预算约束，为地方政府举债融资提供了宽松的约束条件，并激励其做出债务扩张的理性选择。由于社会主义经济体制下普遍存在的"父爱主义"（Kornal，1986）、政策性负担、公有产权等因素，中国地方政府软预算约束长期存在。财政分权改革伴随出现的纵向财政失衡进一步加大中央政府对地方政府的破产救助预期，地方政府基于自身在全国经济中的特殊地位形成的"大而不能倒""特殊而不能倒"（郭玉清，2016）"多而不能倒"（陈健，2007）的倒逼机制会进一步软化地方政府的预算约束。而且，由于在20世纪80年代的农村合作基金会兑付危机、1997年亚洲金融危机及2008年全球金融危机中中央政府多次事后救助的先例以及即使《预算法（2014）》施行后仍对地方政府债务实施的行政控制的管理模式，都造成中央政府对地方政府债务的隐性担保，进而导致地方政府有激励进行债务扩张。当然，地方政府软预算约束形成的债务扩张的动机要变成现实，必须要存在SO的融资支持。此时，以商业银行为主体的金融供给者便扮演起"雪中送炭"的角色，在这种"银行主导型"的金融体制下，地方政府作为债务融资方的主要资金来源渠道必然依赖银行信贷。而国有（国有控股）银行为主体的垄断性金融体制、国有银行承当的政策性贷款职能、中央政府对处于危机的银行救助的先例以及地方政府对银行信贷的干预和诱惑，导致商业银行预算软约束。面临软预算约束的商业银行自然缺乏积极甄别信贷项目质量的动机，因而在地方政府"创新"地找到国有企业和地方融资平台等将隐性负债合法化的信贷主体时，自身面临软预算约束的商业银行便自然成为同样面临软预算约束的地方政府的SO。如此，债务方和债权方的双重软预算约束共同发力，以不断变化的合法负债主体攫取作为公共资源的银行信贷实现地方政府隐性债务的累积。

（二）中国式分权的制度环境激励地方政府遵循举债的"黄金法则"

中国地方政府债务在双重软预算约束驱动下持续膨胀的同时，债务资金投向却"自觉"践行着"黄金法则"，这显然源于双重软预算约束内在的互动机制及其赖以存在的"中国式财政分权"的特殊制度环境。"中国式财政分权"一方面通过财政分权为地方政府积极拓展本地财源提供财政激励，另一方面则通过任命制为地方政府官员提供政治激励。当中央政府选择以国民生产总值（GDP）为导向，以地方政府相对经济绩效为标准的强激励竞争合约时，面临软预算约束的地方政府会加入一场"为增长而竞争"的"兄弟竞争"。"兄弟竞争"的竞争规则内在决定追求绩效的地方官员将其举债资金投向能够直接拉动经济增长、并彰显任期内政治绩效的投资项目，而不会用于过度支持福利性支出、应付经常性赤字等有损政治竞争力的开支。"中国式财政分权"造就的激励模式引致地方政府强烈的GDP偏好，进而引导其将软预算约束条件下累积的债务资金更多用于生产性公共物品的投资，自发实现了政府举债投资的"黄金法则"。当然，"黄金法则"实现的前提是作为债务方的地方政府能够获得对具有长期回报的公共投资项目的资金支持，而地方政府的金融需求正好由作为债权方同样面临软预算约束的商业银行"自动承接"完成。因为与硬预算约束条件下选择"短期快"的投资项目不同，面临软预算约束的商业银行更偏爱"长期慢"的投资项目（Dewatripont & Maskin，1995）。中国国有垄断性的金融体制下，处于软预算约束环境的商业银行尽管将信贷资产投向了不少的短期项目，但是相比自由竞争的银行体制，这些商业银行更倾向于为客户提供长期的金融支持与流动性服务。因而便能理性选择充当 SO 让"好"的长期项目获得再融资，助力地方政府实现债务资金投向的"黄金法则"。

（三）中国式分权的制度环境内生存在制约面临双重软预算约束的地方政府过度举债冲动的机制

双重软预算约束固然驱使中国地方政府债务膨胀，但是除去两次金融危机期间债务余额增长率陡然攀升的债务非正常状态，多数时间内地方政府债务均维持 20% 左右年增速的债务正常状态。如果我们将危机期间的债务非正常状态归咎于中央政府相机抉择的财政政策诱发的地方政府政策性软预算约束，而将债务正常状态视作制度性软预算约束驱动的结果①，就会发现面临双重软预算约束的地方政府并未表现肆意过度举债的行为，中国地方政府的负债仍然处在中央政府管控的范围内。这正印证了"软预算约束并不必然导致地方政府过度支出和债务累积"（Goodspeed，2003）的理论洞见，反映了"中国式财政分权"的制度环境对冲动态承诺不一致问题的独特优势。"中国式财政分权"中的财政激励和政治激励意味着中央政府对于违背中央意图的地方政府进行事后惩罚的威胁是动态一致而且是可置信的：一方面，中央政府可以充分利用转移支付手段在对财政过度支出地区增加财政援助的同时，对没有过度支出地区同样增加财政援助，这构成对过度支出地方政府的变相惩罚；另一方面，中央政府能够充分利用任命制的晋升激励机制，对事后发现的违背中央政府政策意图的地方官员进行问责追责。置身中央政府主导的晋升激励的地方官员，要在"为增长而竞争"的"兄弟竞争"中胜出，必然不能充当过度扩充地方政府债务让中央政府"兜底"的"出头鸟"。由此可见，"中国式分权"的制度环境内生存在制约面临双重软预算约束的地方政府过度举债冲动的机制，能够保持地方政府负债处于合意稳定水平。

三、中国地方政府债务膨胀的治理思路

（一）硬化地方政府预算约束的单向度治理会遭遇"去杠杆"和"稳增长"的治理困境

双重软预算约束和地方政府负债的制度内涵意味着，对地方债务膨胀

---

① 制度性软预算约束和政策性软预算约束的详细讨论见崔之元（2000）。

的治理不能简单套用新古典范式的逻辑思路实施单向度的硬化预算约束。因为硬化地方政府预算约束会导致其更加偏爱"短期快"而淘汰偿债压力大但具有中长期回报的长期项目，进而削弱地方政府进行生产性、公益性基础设施投资的积极性，引致"投资不足"，使地方政府债务治理陷入"去杠杆"和"稳增长"的"两难困境"。硬化商业银行的预算约束同样驱使商业银行更加钟爱"短期快"的项目，而摒弃对"长期慢"项目的信贷支持。如此，同时硬化债权方和债务方的预算约束，无疑会加剧"去杠杆"和"稳增长"的矛盾，导致满足地方政府融资需求的金融供给出现"断崖式"下降，恶化债务治理效果。由此可见，既然双重软预算约束的制度安排是支撑中国经济长期增长的中国式分权制度环境的有机构成部分，因而它本身并不是无效率的，而是至少具有增进制度效率的意义。在中国式分权的制度环境短期难以改变的前提下，为避免地方政府债务治理困境，脱离制度环境一味强调硬化地方政府预算约束并不是最优选择，也不是治理地方政府债务膨胀的最优制度安排。况且在单一制的政治体制下中央政府与地方政府的"父子关系"也导致其难以完全摆脱对地方政府债务的救助责任。因而，中国地方政府债务治理的要害在于中央政府需要在这场债务治理的"父子之争"中，将对地方政府债务的"隐性无限责任"转化为"显性有限责任"，进而有效掌控自身救助责任，牢牢把握政府整体负债的主动权。

（二）寻求合意的预算约束强度是实现地方政府债务治理转型的明智之举

既然地方政府负债是在中国式分权的制度环境下中央政府、地方政府及其他利益相关者多方博弈的制度均衡，而双重软预算约束只是存在于这一具体制度环境中，并受制于多项互补性制度安排掣肘的主观制度安排。

因而，企图脱离具体的制度环境和互补性制度安排确定的制度约束，依靠改变单一的制度安排遏制地方政府债务膨胀的治理思路即使能在短期内约束地方政府的过度举债行为，也仅能发挥债务治理的治标功能而难以实现治本功效。软预算约束既然并非无效的制度安排，也就意味着地方政府的预算约束强度并不是越硬化效率越高。实现地方政府债务治理转型，必须基于国家的经济发展战略和发展阶段以及自身的制度禀赋，寻求与经济发展和制度禀赋相适应的合意的预算约束强度，并据此设计地方政府债务管理模式和治理对策。具体到中国地方政府债务管理的实践，2014年《预算法（2014）》将地方政府负债方式唯一限定为发行地方政府债券，彻底切断了地方政府债务与融资平台债务、国有企业债务之间的关联，实现了地方政府长期"隐性"负债显性化，强化了中央政府对地方政府举债的制度管控。这是在单一制政治体制和全能政府模式框架下，中央政府有效改变债务信息不对称，明确自身可能的救助负担和救助责任的长期有效的基础性制度安排。而在短期内，受制于"银行主导型"金融体制和地方政府债务管理行政控制模式的制度禀赋下，为避免地方政府存量债务风险的集中释放，作为一种应急债务管理措施，目前采用三年内完成存量地方政府债务置换并选择向特定债权人进行定向承销的模式实现存量债务重构，硬化地方政府预算约束的过渡性制度安排，能有效防止债务治理滑入"去杠杆"和"稳增长"的"两难困境"，实现缓释地方政府债务风险的治标功能。未来，伴随中国式分权整体制度环境的演变及相关财政金融互补性制度安排的调整，中国地方政府债务治理也必将在不断调适最优预算约束强度中实现治理模式转型和治理政策转向。一旦与地方政府债务治理相关的预算法等基础性制度安排确立，地方政府债务发行方式、发行规模、债务资金用途等基本举债规则明确以后，地方政府债务治理模式就能伴随制度环境改变在相机抉择中不断优化，进而实现债务治理制度安排的整体制度效率。

第二节　地方政府债务治理机制

虽然按照国际通行的债务预警指标，中国地方政府债务风险总体可控，但风险防范控制的压力仍然不容小觑。近年来，中央政府通过"开前门""堵后门"不断加大对地方政府债务的控制力度，实施终身问责，倒查责任。自 1998 年国债转贷到 2009 年试点地方政府通过"代发代还"发行地方政府债券，直至 2015 年《预算法（2014）》明确给予省级政府举债权，将发行政府债券为地方政府唯一合法举债方式，中国地方政府债务管理的外部制度环境逐步完善，并开始形成基于债务控制权的行政发包制的稳定的地方政府债务治理机制。本节引入基于控制权配置的行政发包制理论（周雪光和练宏，2012），对新中国成立初期、"大跃进"时期及 2009 年三次地方政府债券发行，尤其是 1998 年国债转贷至今地方政府债务治理机制的历史演进提供逻辑自洽的整体性解释框架。通过将债务控制权分解为债务指标设定权、债务监管权和激励分配权三维度，打开债务控制权的"黑箱"。并以债券控制权的三维度在多层级政府之间的组合配置将地方政府债务治理机制区分为直控型、自治型和行政发包制三种类型①，进一步打开行政控制模式的"黑箱"，研究在不同制度环境下行政控制模式内部治理机制的演进与选择。

---

　　① 本书综合了（周雪光和练宏，2012；周雪光，2015）的成果，并基于本书的研究目的将基于债务控制权配置的治理机制区分为直控型、自治型和行政发包制三种类型，而未沿用（周雪光和练宏，2012）中高度关联型、松散关联型、行政发包制和联邦制的分类名称。

研究中国地方政府债务治理模式的现有文献都基于米娜西恩和克雷格（Minassian & Craig, 1997）总结的行政控制（administrative control）、规则控制（rule-based control）、协商控制（cooperative control）和市场控制（market control）四种模式，并几乎"一致同意"将现阶段中国地方政府治理模式界定为行政控制模式（邓淑莲，2013；马金华，2011），缺乏对不同制度环境和不同层级政府之间行政控制模式内部治理机制演变的进一步分析。少数学者（王永钦等，2015）注意到地方政府债券的不同发行方式（代发代还、自发代还、自发自还）存在的效率和福利差异，但并未探究选择不同发行方式的内在激励机制。与现有文献笼统将中国地方政府债务治理模式界定为行政控制模式，仅仅研究中央地方两层级政府不同，本书借助基于控制权配置的行政发包制理论，透视行政控制模式下中央政府、省级政府（中间政府）及省级以下政府（基层政府）举债权配置的差异。如此，不仅为新中国成立以来的三次地方政府债券发行提供统一的理论解释框架，也有助于正确评价中国地方政府举债权配置模式的绩效并为未来的地方政府债务治理贡献建设性的指导意见。

一、基于控制权配置的行政发包制理论的理论架构

基于控制权的行政发包制理论（周雪光和练宏，2012；周雪光，2015）受到行政发包制理论（周黎安，2004；2007）的启发，将组织理论中的不完全契约理论（Grossman & Hart, 1986; Hart, 1995; Hart & Moore, 1988; Tirole, 1994）应用于政府内部权威关系的分析，认为"政府内部上下级关系可以看作是一个委托方—管理方—代理方各方之间的契约关系"（周雪光，2015）。由于契约参与方的有限理性、未来的不确定性及第三方难以证实等原因，各方无法在事前通过完全契约规定未来的行为和权利，因

而契约具有不完全性。周雪光和练宏（2012）引用组织理论中剩余控制权的概念，将政府组织内部契约未能规定的权力定义为控制权，并秉承梯若尔（Tirole，1994）"政府组织结构可以看作各种控制权分配形式"的论点，认为控制权在不同层级地方政府之间的配置形成不同的政府治理模式，而不同的政府治理模式具有不同的目标导向和控制成本。基于控制权的行政发包制理论完善和修订了行政发包制理论，并在环境治理（周雪光和练宏，2012）、项目制分析（周雪光，2015）和社会组织发展（黄晓春和周黎安，2017）等诸多领域的理论分析中得到广泛应用。

　　基于控制权的行政发包制理论的理论要义在于政府组织内部体现上级政府权威的控制权并不是单项权力，而是可以分解为目标设定权、检查验收权和激励分配权三项维度的权力束。控制权的三维度在中央政府（委托方）、省级政府（管理方）和省级以下政府（代理方）之间存在不同的配置组合，进而形成政府内部不同的治理机制（周雪光和练宏，2012）。当委托方保留所有三维度的控制权通过管理方实施其权威时，该类型治理机制为高度关联型；当委托方设定目标和政策取向，而将任务"发包"给下属管理方，由管理方在所辖区域内行使政策执行和激励分配权时，此时的治理机制为行政发包制；而当委托方仅保留目标设定权，将检查验收权和激励分配权下放给管理方时，治理机制为松散关联型；另外一种类型的治理机制为联邦制，即委托方将所有控制权下放给管理方。在周雪光（2015）的后续研究中进一步根据项目制的特点将治理机制区分为直控式、承包式、托管式和自治式四种类型①。不同治理机制存在不同的成本和收益，并受制于外部制度环境的约束，而且会伴随制度变迁和组织内

————————————

　　① 直控式、承包式、托管式和自治式的内涵分别与高度关联型、行政发包制、松散关联型和联邦制基本一致。

部参与各方的互动策略的改变引致控制权的重新配置，实现治理机制的转化。

二、中国地方政府债务的控制权类型与行政发包制债务治理机制的生成

基于控制权的行政发包制理论为分析中国不同层级政府之间的关系提供了抽象的一般理论和概念性的分析框架，该理论能有效应用于地方政府债务管理问题的研究。中国地方政府债务是涉及包括中央政府（委托方）、省级政府（中间政府、管理方）、省级以下政府（基层政府，代理方）多层级政府之间的制度安排，这种中央威权下采用行政控制模式的政府内部治理机制显然具有不完全契约的特点。新中国成立以来，三次地方政府债券发行虽然都遵循行政控制模式，但在不同阶段和不同外部制度环境下，债务控制权在不同层级政府之间的配置存在显著差异，进而形成行政控制模式内部不同的债务治理机制。借鉴周雪光、练宏（2012，2015）关于控制权和治理机制的分类，本书将债务控制权分解为债务目标设定权、债务监管权和激励分配权三维度，依据控制权三维度的配置进一步将债务治理机制区分为直控型、自治型和行政发包制三种类型，如表 5-2 所示。在行政控制型的地方政府债务治理模式中，债务目标设定权是上级政府为下级政府设定债务目标的控制权，目标设置包括债务预警指标、债务上限、举债资金用途甚至债券发行方式、期限、利率等事项，新中国成立以来，该项控制权一直被作为债务治理委托方的中央政府保留。债务监管权是对债务目标任务完成情况的检查验收权，是在债务目标设定权的基础上派生的，既可能被委托方保留，也可能由委托方"发包"给作为管理方的省级政府（中间政府）。激励分配权是"针对管理方下属的代理方

的激励设置以及考核、奖惩其表现的权力，也包括契约执行中的组织实施、资源配置等控制权"（周雪光和练宏，2012）。债务控制权中的激励分配权是对基层政府落实债务规定目标进行绩效评价和实施奖惩的权力，该控制权既可由委托方（中央政府）保留，也可下放给作为管理方的省级政府（中间政府）。

表 5 – 2   债务控制权类型与债务治理机制

治理机制 \ 控制权类型	直控型（新中国成立初期；1998～2011 年）	自治型（1958 年"大跃进"时期）	行政发包制（2011 年至今）
债务目标设定权	中央政府	省级政府	中央政府
债务监管权	中央政府	省级政府	省级政府
激励分配权	中央政府	省级政府	省级政府

（一）直控型债务治理机制

直控型债务治理机制是指在实施行政控制模式的地方政府债务治理中，作为委托方的中央政府保留包括债务目标设定权、债务监管权和激励分配权在内的所有债务控制权。该模式由中央政府对地方政府债务实施高度集权管理，包括省级政府在内的所有下级政府在举债额度、举债方式等所有债务事项中无任何自由裁量权。在中华人民共和国成立以来地方政府债务治理的实践中，中华人民共和国成立初期 1950 年东北生产建设折实公债管理以及 1998～2011 年地方政府债务治理都采用该模式。为东北进行大规模经济恢复建设筹集资金，经中央人民政府政务院批准，东北人民政府发布《一九五零年东北生产建设折实公债条例》。此次新中国成立以来首次地方政府债发行完全在中央政府的控制之下，债务的认购方式、本息计算及偿还方式都经中央人民政府批准确定，显然属于直控型债务治理机制。1998 年为应对亚洲金融危机对宏观经济的冲击，在 1994 年《中华人民共和国预算法》明令禁止地方政府在未经中央授权举借债务的情况下，中央政府采用国债转贷地方的方式为地方政府提供债务资金支持。2009 年在应对国际金融危机的"4 万亿投资计划"推出之时，中央政府对地方政府债务开始实施由"转贷"到"代发"的转变，2009 年、2010 年地方政府债券均由财政部代理发行，代理还本付息，即所谓的"代发代还"方式。由于无论是 1998 年开始实施的国债转贷还是 2009 年首次在国务院文件中出现"地方政府债券"的字眼，并开始实施"代发代还"的地方政府债券发行方式，中央政府都完全保留地方政府债务目标设定权、监管权和激励分配权，因而仍然是典型的直控型债务治理机制。中央政府保留债务控制权的三维度，具体表现为无论国债转贷资金还是"代发代还"筹集的债务资金都只能用于中央政府确定的投资范围，省级及以下地方政府不能自由配置债务资金。1998 年《国债转贷地方政府管理办法》规定，国债转贷资金要直接落实到具体项目，而且省级财政部门与有关的同级主管部门或下级人民政府签订《建设项目利用转贷资金协议》。该办法还对转贷资金的拨付、使用和偿还进行详细明确的规定。《2009 年地方政府债券资金项目安排管理办法》《2009 年地方政府债券预算管理办法》虽然允许债券收入用于省级本级支出及转贷市县级政府使用，但同时规定债券资金"主要安排用于中央投资地方配套的公益性建设项目以及其他难以吸引社会投资的公益性建设项目"，地方政府债务仍然由中央政府实施高度集权控制。

（二）自治型债务治理机制

自治型债务治理机制是在实施行政控制模式的地方政府债务治理中，作为委托方的中央政府仅仅保留名义上的债务目标设定权，而将事实上的债务目标设定权、债务监管权及激励分配权全部"发包"给省级政府的债务治理机制。此类债务治理机制中中央政府的权威仅仅具有象征意义，是彻底的债务分权治理模式，仅仅短暂出现在 1958 年"大跃进"时期。为支持"大跃进"时期"工业化"资金的需求，1958 年中共中央做出《关于发行地方公债的决定》，并颁布实施《中华人民共和国地方经济建设公债条例》（以下简称《条例》）。《条例》规定，"省、自治区、直辖市认为确有必要的时候，可以发行地方经济建设公债，由各该省、自治区、直辖市人民委员会统一办理""地方经济建设公债的发行，应当由省、自治区、直辖市人民委员会拟订具体办法，经本级人民代表大会通过后执行，并且报国务院备案"。《条例》仅包含八条内容，而且明确规定，省级地方政府根据自身需要确定举债事宜，只需报国务院备案。在随后人民日报配发的《为什么要发行地方经济建设公债》的社论中还指出，"经济建设公债由地方政府发行，就会更好地发挥地方的生产积极性，发挥人民群众的积极性"，"不必由中央规定指标，避免造成分配数额过多或过少的情况"[1]。由此可见，按照《条例》规定及地方经济建设公债实际发行情况，中央政府在此次地方债券发行中仅仅对债券发行利率及期限做了原则性规定，保留了形式上的债务控制权。债务目标设定权、债务监管权及激励分配权的债务控制权三维度悉数下放给了省级政府。这种在特殊放权时期形成的自治型债务治理机制，也必将伴随整个政治制度和财政管理体制恢复到正常秩序而终止。

（三）行政发包制债务治理机制

行政发包制债务治理机制是介于直控型债务治理机制和自治型债务治

---

[1] 《为什么要发行地方经济建设公债》，载于《人民日报》，1958 年 6 月 6 日，转引自万立明（2017）。

理机制之间的混合形态。此类治理机制下，作为委托方的中央政府保留债务目标设定权，而将日常的债务监管权和激励分配权下放给作为管理方的省级政府。行政发包制债务治理机制在 2011 年中央决定试点地方政府债券"自发代还"时开始具备雏形，后经 2014 年地方政府债券"自发自还"，到 2015 年《预算法（2014）》明确授予省级政府举债主体资格，演化至今形成稳定的中国地方政府债务常态治理机制。从 2011 开始实施的地方政府债券"自发代还"，2014 年开始实施的地方政府债券"自发自还"试点，都赋予了试点地区在中央批准的债务限额内自行确定地方政府债券相关事项的权力。无论是《2011 年地方政府自行发债试点办法》还是《2014 年地方政府债券自发自还试点办法》都明确试点地区在国务院批准的发债规模限额内，自行组织本地区发债工作。相比 1998 年的国债转贷和 2009 年的地方政府债券"代发代还"，地方政府获得债券"自发"授权后，债券资金用途不再受限于中央政府确定的配套项目，而是由具备举债权力的省级政府在遵循举债资金法定用途的前提下自行配置。从 2011 年至今，中国地方政府债务治理已基本形成中央政府确定省级政府的债务目标，省级政府在举债限额内对所辖基层政府进行地方债转贷，并实施债务风险属地管理，"谁家孩子谁家抱"的稳定的债务治理机制。虽然其间 2016 年财政部印发《财政部驻各地财政监察专员办事处实施地方政府债务监督暂行办法》赋予专员办查处违规举债的权力，但从中央政府发布的关于地方政府债务治理和风险防范的多项政策看，都一直不断强化省级政府作为债务监管者和风险担当者的责任。显然，面对地方政府举债"开前门"以后规模日益庞大的地方举债需求，仅仅依赖中央政府的直接监管已力不从心。实施债务控制权分权，中央政府仅仅保留债务目标设定权，而由省级政府担当任务承包商的角色，负责地方政府债务日常监管和评估绩效考核无疑是理性的债务治理机制选择方案。

三、基于债务控制权的行政发包制的债务治理机制的绩效

中国地方政府债务的治理机制在行政控制模式的总体框架约束下，伴随外部政治经济等制度环境的演变，债务控制权在多层级政府内部不断调适，历经直控型债务治理机制、自治型债务治理机制的演化并最终形成稳定的行政发包制的债务治理机制。这种基于债务控制权的行政发包制因其恰当嵌入中国政府治理的总体制度环境、制度安排和治理机制，进而形成当下稳定的地方政府债务治理机制。无论基于治理机制与制度功能和制度环境的适应性效率考量，还是基于不同债务治理机制转化成本的比较，行政发包制的地方政府债务治理机制作为一种制度均衡，都是有效的或至少具有效率增进意义的制度安排。当然，债务治理机制并不是僵化的，行政发包制中债务控制权三维度在多层级政府间的配置必然是动态调整过程，行政发包的范围和程度并不是一成不变的。现存制度环境和制度安排下的行政发包制也仍然存在通过制度变革提升制度绩效的完善空间。

（一）基于债务控制权的行政发包制的债务治理机制实现了预设的制度功能

制度设计的根本目的是实现既定的制度功能，中国地方政府债务治理机制是行政发包制在地方债务治理中的具体运用。虽然在行政发包制作为中国政府治理模式的目标选择上存在"治理效率论"（周雪光，2012；周黎安，2015）与"风险论"（曹正汉，2017）的争论，但是在债务治理领域，上述二者是统一的。债务治理机制设计的根本目的无疑在于防范债务风险，基于债务控制的行政发包制的中国地方政府债务治理机制的制度绩

效首先体现为对地方债务风险的有效防范。即使参照国际通行不考虑国别差异的债务警戒指标：地方政府债务率（债务余额/综合财力）为国际货币基金组织确定 90%～150% 的控制标准参考值，赤字率为财政赤字占 GDP 的 3% 两个临界值，中国地方政府债务风险总体上都在可控的范围内。截至 2015 年末，我国地方政府债务 16 万亿元，以债务率衡量地方政府债务水平，2015 年地方政府债务率为 89.2%。2016 年末，我国地方政府债务余额为 15.32 万亿元，控制在年度地方政府债务限额 17.19 万亿元以内，地方政府债务率为 80.5%[①]。如果进一步考虑作为公共风险的债务风险的仅仅是在"财政收不抵支"的情况下导致经济社会损失的可能性，则公共风险的发生与否与应对风险的公共资源密切相关。对于具有更强风险忍受度和高储蓄的国家，可以承受更高的政府负债水平，比如日本政府债务负担率长期远高于国际警戒线标准，但并未发生债务危机。中国社会长期形成的"超稳定结构"以及政府对包括金融资源在内的公共资源的有效控制，都意味着中国政府有较强的公共风险应对能力，因而也能容忍较高的政府举债空间。因而，纵然认可对中国地方政府债务率的偏高估计，认为地方政府债务率已达到 100%[②]，至少截至目前，中国并未发生地方债务危机，足以说明地方政府债务治理的"中国模式"是有效的。此外，自 2015 年中央政府对地方政府债务实施限额管理以来，2015～2017 年三年地方政府债务规模一直控制在债务上限内，而且全国所有省级政府无论是一般债务规模还是专项债务规模都在债务限额管理内得到有效控制。2017 年全国地方政府债务限额为 188174.3 亿元。其中，一般债务限额 115489.22 亿元，专项债务限额 72685.08 亿元。截至 2017 年 11 月末，全国地方政府债务余额 165944 亿元控制在全国人大批准的限

①② 资料来源：财政部网站。

额之内①。综上所述，基于债务控制权的行政发包制有效控制了地方政府显性债务风险，实现了预设的制度功能，具有良好的制度绩效。

（二）基于债务控制权的行政发包制的债务治理机制是有效的制度均衡

现行稳定的基于债务控制权的行政发包制的地方政府债务治理机制是在制度长期演化中逐步形成的，是包括中央政府在内的多层级政府互动博弈的制度均衡，是现有制度约束条件下能够节约交易费用的有效制度安排。给定外生的制度功能，实现制度功能的制度安排和治理机制具有多样性，而能够在具体的制度环境中存续下来的制度安排才是有效的制度安排。行政发包制的地方政府债务治理机制是历经直控型债务治理机制和自治型债务治理机制演化，现今仍然存在的地方政府债务治理机制，因而必然因其能够节约交易费用②而具有良好的制度绩效。能够有效节约交易费用（治理费用或治理成本）的治理机制必然是与现有制度环境和制度安排相适应的。制度环境和制度安排会决定相应的治理机制的选择集合（崔兵，2011a），行政发包制的债务治理机制一方面与行政发包制的政府治理模式相适应。另一方面，由于地方债务治理机制明显受制于财政、金融体制等制度约束，由于无论是我国现行财政分权体制还是金融分权体制，几乎都是中央政府发包到省级政府，省级政府作为承包商履行多层级政府中"管理方"的职责。如此派生出基于债务控制权的行政发包制的债务治理机制，由作为委托方的中央政府确定省级政府债务限额，而省级政府作为

---

① 资料来源：中华人民共和国财政部预算司地方债管理数据。

② 行政发包制的理论基础在于交易费用经济学和不完全契约理论的企业理论，借鉴威廉姆森交易费用经济学的分析范式，行政发包制理论以行政交易作为基本的分析单位，并以交易费用节约作为治理机制有效性的判定标准。

"管理方"对所辖基层政府实施地方债转贷。如此,在政府科层内部引入保留"行政"权威的同时,引入具有市场强激励作用的"发包"机制,既能有效防范债务治理风险,又具有节约治理成本的比较优势。中国目前的地方政府债务治理中只是在中央政府与省级政府之间实现"发包",而在省级政府以下仍然实行地方债转贷的"行政"控制,现行治理机制下省级以下的市县级政府并不具备合法举债权。依据行政发包制理论,行政发包范围和程度取决于公共服务的质量压力和统治风险与治理成本之间的权衡(周黎安,2014)。行政发包制的地方政府债务治理机制显然也是权衡债务风险和治理成本滞后的理性选择。其实,基于修订的交易费用经济学企业理论(崔兵,2011b),还能发现行政发包范围和程度的确定还与政府的行政能力有关。改革开放以来,中国地方政府债务治理之所以实现直控型向行政发包制的演化,还与中央政府和省级政府债务治理能力的提升有关。伴随2015《预算法(2014)》的颁布实施和一系列地方政府债务管理办法的出台,中央政府作为行政权威控制地方政府负债的能力显著增强。与此同时,因为经过代发代还、自发代还直至自发自还,省级政府在"干中学"过程中累积了举债管理经验,日益具备债务监管的行政能力。从不同省级政府地方债发债成本差异也反映了市场开始认可并评估地方政府的债务治理能力。中央政府对地方政府举债的控制能力和地方政府作为举债主体债务治理能力的提升,促使中央政府与省级政府的债务治理关系发生从国债转贷的"行政"集权控制到自主发债的"发包"分权管理的转变,建立了债务治理的有效制度均衡。

(三)基于债务控制权的行政发包制的债务治理机制的制度变革与绩效改进

中国地方政府债务治理的基本模式是行政控制模式,该模式的基本特征是在举债过程中存在上级政府对下级政府的隐性担保,而现阶段地方政府债务治理机制的形成过程恰恰是中央政府不断弱化对省级政府隐性担保的过程。利用在委托方—管理方—代理方之间债务控制权的配置组合,中央政府通过赋予省级政府债务治理承包商的自由裁量权,逐步赎回对省级政府债务的隐性担保。省级以下地方政府举债仍然实行地方债转贷,事实上暗含省级政府对其所辖市县政府举债的隐性担保。在行政发包制债务治理机制具体运行过程中,作为委托方的中央政府仍然保留了对省级以下层级政府举债的债务监管权。这一方面是因为市县级政府的债务规模占整个地方政府债务的比例远超省级政府负债,另一方面是因为债务风险极易演化为公共风险,进而导致经济社会损失。中央政府对地方负债的监管权通过财政部各地监管局的职能得以实现。但正是这样一种旨在强化中央政府债务监管的设计,反而弱化了行政发包制中作为管理方的省级政府的债务监管动机。对于包括300多个地市级行政区和2800多个县市级行政区的庞大的省级以下地方政府债务的监管,必须强化对行政发包制中作为承包商的省级政府的行政威慑,让举债的终身问责制落到实处,确保承包商切实贯彻中央政府的意图。因此,中央政府在"发包"省级政府债务治理任务的同时,还需加大对省级政府债务监管控制不力的处罚力度,充分体现中央政府债务控制的权威。此外,治理机制或制度安排的绩效还表现在适应性效率上,即一定的治理机制或制度安排是否具有与变化的制度功能或制度环境动态适应的能力。在此意义上,现阶段行政发包制的中国地方政府债务治理机制,确定的发包范围和发包程度也会伴随制度约束条件的转化而调整。当未来包括市场力量、社会力量在内的多项监管能力的强化,势必会减弱债务治理中对来自政府内部单一行政力量的依赖,如此可能导致行政发包制中发包程度的进一步拓展。而且伴随中央和地方财政责任进一步法制化、规范化以及财政分权、金融分权体制的演变,市县级政府债务治理能力的提升，类似财政体制"省直管县"，在债务控制权配置中进一步赋予省级以下政府举债权，将债务监管权和激励分配权进一步发包到市县级政府也并非不可能的选择①。但如前文所述，地方债务治理机制是制度长期演化和央地政府长期互动博弈的结果，现阶段形成的基于债务控制权的行政发包制具有较强的稳定性，行政发包程度和范围的调整都不是一蹴而就，而注定是渐进甚至在"行政"与"发包"之间不断摇摆、反复的过程。

借助基于控制权的行政发包制理论这一分析工具，本书同时打开中国地方政府债务治理中的债务控制权"黑箱"和行政控制模式"黑箱"，为新中国成立以来三次地方政府债券发行提供了整体性的解释框架。通过将债务控制权分解为债务目标设定权、债务监管权和激励分配权三维度，研究三维度在中央政府、省级政府及市县级政府之间的配置组合，本书发现中国地方政府债务治理机制在整体遵循行政控制模式的前提下，历经直控型债务治理机制、自治型债务治理机制的演化，形成了目前较为稳定的基于债务控制权的行政发包制的债务治理机制。当下的地方政府债务治理机制因为实现了预设的防范债务风险的制度功能，同时与现存制度环境和制度安排相适应而具备交易费用节约优势，因而是有效的或至少具有效率增进意义的制度安排。由于行政发包制中发包的范围和程度并不是一成不变的，因而地方政府债务治理机制仍然存在制度变革的空间，也有进一步提升制度绩效的必要。

本书的研究结论对于地方政府债务治理的对策具有启示性意义。由于基于债务控制权的行政发包制是现有制度约束条件下的理性选择和制度均

---

① 关于举债权在多层次政府配置的少数现有研究中，已有学者（张婉苏，2017）注意到地方政府举债层级化合理配置问题，并提出进一步赋予省级以下政府举债权。

衡，因而改善债务治理机制的绩效必须注重影响债务治理机制的外部制度
环境。理论表明，中央和地方政府的财政分权、财政责任进一步规范化、
法制化以及金融分权体制的完善，都有利于提升债务治理机制的绩效。而
在外部制度环境短期难以改变的前提下，通过强化行政发包制内部作为中
央政府债务治理目标任务承包商的省级政府的监管责任，防范债务治理中作
为管理方的省级政府和作为代理方的市县级政府的共谋行为，无疑会改善行
政发包制债务治理机制的治理绩效，有效遏制地方政府债务风险的发生。

第三节　行政控制型地方政府债务治理模式研究

　　2015 年施行的《预算法（2014）》明确授予地方政府举债融资权，并
随后对地方政府负债实施债务上限管理，由此构建了有制度保障的稳定的
行政控制型地方政府债务治理模式。尽管对地方政府债务治理的行政控制
模式存在褒贬不一的看法，但不可否认的事实是，按照国际通行的债务警
戒指标，中国现阶段对地方政府债务的总体控制是有效的。而且保罗
（Paolo，2013）对工业化国家和新兴市场国家地方政府债务治理模式的研
究发现，1990 年以后选择行政控制型债务治理模式的国家数量处于递增
的趋势。基于此，理论上需要正面回答为什么行政控制型地方政府债务治
理模式是有效的，或者为什么一国会选择行政控制型地方政府债务治理模
式。对该问题的回答将有助于厘清各国政府选择行政控制模式进行地方政
府债务治理的内在原因，客观评价该模式的债务治理绩效，进而为地方政
府债务治理模式的选择贡献合理化的对策建议。

　　现有研究地方政府债务治理模式选择及绩效的文献大多采用米娜西恩
和克雷格（2007）的分类，将债务治理模式划分为行政控制（administra-

tive control)、规则控制 (rule-based control)、协商控制 (cooperative approach) 和市场控制 (market discipline) 四种模式，并通过比较不同模式必须具备的外部政治、财政、金融等条件论证一国选择某类型债务治理模式的原因。虽然，地方政府债务治理模式实证研究的文献发现 (Singh, R. & Plekhanov A. ，2006)，不存在一种债务治理模式在任何情况下都处于绝对占优地位，每种治理模式都存在各自的"比较优势"。但从"比较"视角研究地方政府债务治理模式的文献，尤其是针对行政控制模式的研究，几乎都存在市场控制模式优于行政控制模式的先验性判断，认为一国采用行政控制模式的原因是不具备市场控制模式产生的外部条件 (邓淑莲，2013；马金华，2011)。言下之意，各国应努力创造市场控制模式适用的外部条件，似乎一旦该条件具备就应"理所当然"从行政控制模式转向市场控制模式。出现此类先验性误判的根本原因在于受"市场至上论"的潜在影响对政府与市场关系的偏颇理解，因为行政控制与市场控制的本质区别在于，前者依赖政府而后者依赖市场作为债务治理的主导力量。由此可见，只有秉承政府与市场关系的正确认识，才能洞察选择行政控制模式和市场控制模式的内在机理，客观评价不同地方政府债务治理模式的绩效。

　　本章节基于青木昌彦等 (青木昌彦、穆尔多克、奥野正宽，1996；青木昌彦，1998) 提出的"市场增进论" (market-enhancing view)，界定政府在行政控制型地方政府债务治理中的作用，探寻一国选择该模式的内在原因，并通过举债供求模型分析行政控制模式中隐性担保的作用及最优隐性担保水平的决定机制，对地方政府债务治理的行政控制模式的绩效进行客观评价。本章节第一部分介绍市场增进论的主要理论观点，在此基础上明确政府在行政控制模式中的信用增级功能，阐述选择行政控制型地方政府债务治理模式的内在原因；第二部分构建地方政府举债的供求模型，分析上级政府对下级政府的隐性担保在缓解下级政府举债融资困境中的作用和最优隐性担保水平的决定机制。

一、政府的市场增进功能与行政控制模式的选择

"市场增进论"是在将政府在东亚经济发展中的现实作用上升为理论层面的研究中，摒弃"市场—政府""二分法"和将市场与政府置于对立面的"亲善市场论"（market-friendly view）及"国家推动发展论"（developmental state view）的基础上提出的。"市场增进论"并不是将政府和市场仅仅视为相互排斥的替代物，而是试图诠释政府和市场之间合理的兼容关系，认为政府是经济体系相互作用的一个内在参与者，其作用在于促进或改善民间部门的协调功能并克服其他市场缺陷（青木昌彦、穆尔多克、奥野正宽，1996）。在此意义上，政府并不是独立于市场的外生因素，而是与市场同时内生于制度环境中的互补性的资源配置手段或制度安排。具体到金融领域，政府的市场增进功能表现为"在金融发展过程中，政府因素则可在市场不发达、市场机制不能完全满足金融资源配置需要的条件下担当市场机制的培育者和促进者"（张杰、谢晓雪，2008）。言下之意，政府并不是要代替市场机制进行金融资源配置，而是通过制度建设促进金融市场机制的完善和金融市场主体的成长。由于金融交易的本质是信用交易，因而政府在金融领域的市场增进功能集中广泛体现为政府的信用增级功能，即在金融市场主体信用记录不完善或信用级别较低的情况下，通过政府信用的注入背书创造达成金融交易的基本条件。各国金融实践中，普遍存在的国有银行制度、东亚经济中的"关系银行"制度以及中国的开发性金融制度都是政府金融市场增进功能的具体例证。

透过"市场增进论"的理论视角，不难发现在地方政府债务治理中被主流理论广为诟病的行政控制模式的弊端——软预算约束及政府隐性

担保①，反倒成为选择行政控制模式的内在原因。因为与地方政府债务治理的市场控制、规则控制和协商控制三种模式相比，行政控制模式的突出优势就在于上级政府为下级政府（通常是中央政府为地方政府）提供隐性担保②，实现了对下级政府举债融资的信用增级，提升了下级政府的举债融资能力并能有效降低下级政府的举债融资成本。换言之，行政控制模式以政府作为债务治理的主导力量，恰恰充分利用了政府在债券市场的市场增进功能。世界范围内地方政府债务治理模式的运行实践中，行政控制模式往往被单一制国家普遍采用的事实，也不失为上述理论论点有力的现实证据。单一制国家的中央政府往往掌控政府拥有的财政资源、金融资源等重要的公共资源，并长期实行有利于满足中央政府金融需求的金融制度安排。如此培育了作为金融资源供给者的金融机构和社会公众与作为金融资源需求者的中央政府之间长期的金融交易关系，并形成有关中央政府金融交易的长久信用记录和信用等级评价的经验认知。在此背景下，即使中央政府授予地方政府举债融资权，但由于债券市场缺乏地方政府举债能力和信用状况的信息，地方政府这个债券融资市场的"初来乍到"者，也会被金融机构和社会公众当作"不成熟"的金融市场主体不予认可。为缓解地方政府在债券市场的举债融资困境，由先期具有良好信用记录的中央政府为其提供隐性担保无疑具有效率增进的意义。当地方政府逐步建立起与金融资源供给者的金融交易关系，日益成为被市场主体认可的"合格"交易对象后，中央政府的"市场增进功能"逐渐弱化，并可择时从地方政府的金融交易中退出。

---

① 经典理论早已证实，软预算约束并不必然就是缺乏效率的制度安排（Dewatripont E. Maskin，1995），预算约束也并不是越硬化越好。

② 行政控制模式相对其他债务治理模式的另一优势还在于能更有利于协调政府宏观经济政策和统一内外债政策。

中国地方政府债务治理模式属于典型的行政控制型，自新中国成立以来的三次地方政府债券发行都充分体现了行政控制模式下中央政府的市场增进功能。中华人民共和国成立初期1950年东北生产建设折实公债管理、"大跃进"时期地方经济建设债券发行及2009年开始的地方政府债券"代发代还"都利用了中央政府对地方政府的隐性担保功能。由于中国是典型的政府主导型经济体，对债券市场存在长期抑制。地方政府负债的本质是"家庭内债务腾挪"（崔兵，2017），体现为中央政府家长制的权威控制下地方政府对中央政府举债权的部分替代，是举债权在"家庭成员"内部的下放转移。由于金融机构和社会公众长期与中央政府开展金融交易，形成了对中央政府的信任关系和信用联系，并积累了信用评价经验，因而由其充当地方政府的信用增级中介能有效弥补地方政府的信用缺失。而当地方政府通过中央政府市场增进功能的长期培育，历经地方政府债券"代发代还""自发代还"的"锤炼"逐渐成长为成熟的市场主体后，中央政府也适时选择"自发自还"退出对省级地方政府的隐性担保。这一过程从2009年地方政府债券发行初期，地方政府债券利率与同期国债利率基本保持一致，到现在不同省级政府举债成本差异化以及地方债券利率与同期国债利率出现利差的事实得到充分验证。由于省级以下地方政府在现阶段仍然属于"不成熟"的债券市场融资主体，因而在省级以下仍然实行"地方债转贷"模式，由省级政府接替中央政府继续行使市场增进功能，逐步将市县级政府培育成债券市场认可的金融交易主体。

二、行政控制型地方政府债务治理模式——一个简化模型

行政控制型的地方政府债务治理模式中，上级政府为下级政府提供的

隐性担保弥补了市场缺陷，有效缓解了下级政府的举债融资困境。本节建立存在政府隐性担保的举债供需模型，进一步证明政府在行政控制模式中的市场增进功能，解释行政控制下地方政府债务需求上限管制与隐性担保的均衡组合以及外部冲击导致的债务规模扩张与最优隐性担保水平的决定机制。在此基础上，对行政控制型地方政府债务治理模式的绩效进行客观评价。

如图 5−1 所示，由债券利率（横轴 r 表示）和举债水平（纵轴 b 表示）构成的地方政府举债供求模型中，不存在中央政府隐性担保的情况下，地方政府面临向上倾斜的举债供给曲线（用 S_m 表示）和向右下方倾斜的举债需求曲线（用 D_b 表示）。此时，市场出清的均衡点为 e_m，对应的举债额度和举债成本分别为 b_m，r_m（可以假定地方政府没有中央政府隐性担保无法通过市场举债的极端情况，即举债供给曲线与坐标轴横轴重合，而假定通过原点向上倾斜的举债供给曲线并不失一般性），地方政府面临高昂的举债成本。为缓解地方政府举债困境，中央政府注入自身的信用为地方政府举债行为背书，如此导致举债供给曲线由 S_m 向上平移至 S_g（guarantee）。由于中央政府的隐性担保，即使出现利率为零的极端情况，对地方政府举债资金的供给仍然存在，因而 S_g 曲线的纵轴截距大于零。给定地方政府的举债需求曲线 D_b，中央政府提供隐性担保后地方政府举债成本从 r_m 下降至 r_g，相应的举债规模从 b_m 上升到 b_g。由此可见，中央政府的隐性担保刺激了地方政府的举债需求，导致其债务规模扩张（这正是行政控制模式被广为诟病的软预算约束）。中央政府为防范地方政府利用其"市场增进功能"产生的道德风险，会在提供隐性担保的同时实施债务上限管制。而鉴于中央政府提供的隐性担保水平取决于其对地方政府能够负担的举债融资成本的判断，一旦中央政府明确地方政府的举债成本，就可据此设定自身的隐性担保水平，即确定举债供给曲线至 S_g 的位置，并进而确定与隐性担保水平相一致的地方政府举债上限（ceiling）b_c（$b_c = b_g$，b_g 为存在中央政府隐性担保时，市场出清的地方政府举债规模）。进一步考察外生冲击（shock）对地方政府负债和中央政府隐性担保水平的影响，类似 1998 年、2008 年金融危机或不确定性公共风险爆发的外生冲击会导致地方政府举债需求曲线右移至 D_b^s。面对外生冲击，如果中央政府保持危机前不变的隐性担保水平，则地方政府的举债成本和举债融资规模都会因为外生冲击分别上升至 r_s 和 b_g^s。假定中央政府并不关心地方政府因为外生冲击承担的额外的债务融资成本（$r_s - r_g$），则可据此确定与此对应的举债上限 b_g^s。更加接近现实的是，实际经济运行中的中央政府大多是"仁慈"的，不会让地方政府负担全部的额外举债成本。给定中央政府力图让地方政府维持外部冲击前的举债成本 r_g，则需提升自身的隐性担保水平至举债供给曲线 S_g' 所需的程度，并重新设定地方政府的债务上限 b_c^s。显然，此时地方政府的举债规模大幅膨胀，增幅为 $b_c^s - b_c$。此处再进一步彰显了中央政府的市场增进功能，如若不存在中央政府的隐性担保，应对外生冲击的地方政府企图维持冲击前的举债成本，就只能通过隐性举债满足债务增幅 $b_c^s - b_c$。由于外生冲击的不确定性，一旦此类事件发生中央政府和地方政府会共同分担责任，因而可以预期冲击发生后地方政府的举债成本会介于 $[r_s，r_g]$ 的区间内。相应地，中央政府据此确定的隐性担保水平也会框定地方政府债务上限落在 $[b_c，b_c^s]$ 的范围内。但无论何种情况，我们都能观察到外生冲击发生后，中央政府隐性担保水平和地方政府债务上限被突破的事实。

基于对行政控制型地方政府债务治理模式的上述简化模型分析，我们能进一步对该模式的治理绩效进行客观评价。由于在"市场增进论"的视域下，中央政府的隐性担保是克服缺陷促进地方政府在债券市场成长的

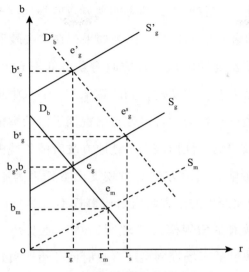

图 5-1　存在隐性担保的地方政府

工具，因而就不能先验性地判定隐性担保的无效性，而是要确定与市场环境和市场主体能力匹配的最优隐性担保水平。一旦地方政府成长为"成熟"的市场主体，就意味着地方政府的举债供给曲线 S_m 和 S_g 是重合的，此时中央政府的市场增进功能已然实现，便可选择政府退出。诚然，模型分析揭示了中央政府隐性担保存在诱发地方政府债务膨胀的无可争辩的事实（此即为主流理论批判的行政控制型债务治理的无效的软预算约束）。但即便我们习惯性认定软预算约束是无效的制度安排（实际上理论和现实都证明事实并非如此），隐性担保是导致地方政府债务膨胀的唯一"祸害"因素，软预算约束导致的债务膨胀也只是中央政府实施市场增进功能的"负效应"。既然不存在"免费"的制度安排，只要"市场增进功能"的"正效应"能够抵消其"负效应"，经过权衡后选择的软预算约束及与其相联系的隐性担保就不必然是无效的，也就不能据此否定行政控制债务治理模式的有效性。其实，模型分析还提供了除隐性担保之外的地方政府债务规模变化的另一解释原因，即影响地方政府举债需求曲线的因素（刘尚希，2016；刘尚希等，2017a）。因为如果存在中央政府不提供隐性担保的地方政府举债供给曲线由 S_m，地方政府获取低于 r_m 的举债成本还可以通过举债需求曲线左移得以实现，如此意味着，一旦中央政府能减轻地方政府的财政支出责任，作为履行财政支出责任手段的举债需求就会随之降低。而给定中央政府的隐性担保水平，地方政府债务规模扩张明显受制于财政支出责任的影响，当地方政府财政支出责任因为制度性因素而加大（比如中国财政分权产生的地方政府财权事权不对等）或不确定性外生冲击发生时，地方政府举债规模会"理所当然"地上升。正因如此，即使像美国这样实行典型的市场控制型地方政府债务治理模式的国家，政府债务上限近年来也屡屡被突破。由此可见，我们更加不能将地方政府债务膨胀的"罪名"强加在行政控制模式下的软预算约束或中央政府的隐性担保之上，也更不能以此认定行政控制型债务治理模式的无效性。

基于"市场增进论"，选择行政控制型地方政府债务治理模式的内在原因在于中央政府或上级政府的市场增进功能。由于政府与市场之间并不是相互对立的替代物，而是功能互补的资源配置的制度安排，因而在地方政府或下级政府不能作为"成熟"的市场主体进入债券融资市场时，中央政府或上级政府通过隐形担保促进市场主体的培育和市场机制的完善就具有效率增进的意义。行政控制型地方政府债务治理模式中，中央政府通过隐性担保实现对地方政府的信用增级，有助于缓解地方政府债务融资困境。行政控制模式的简化模型分析认为中央政府对地方政府举债能力（能够承受的举债成本）的判断，影响其为地方政府提供的隐性担保水平。而为防范隐性担保造成的地方政府债务膨胀的道德风险，中央政府会在提供隐性担保的同时实施债务上限管理，据此，中央政府存在隐性担保水平和债务上限的均衡组合。一旦，影响地方政府债务需求曲线的因素发生改变，中央政府的隐性担保水平和相应的地方政府债务上限也会随之调整。由此可见，现实社会发生的地方政府债务上限不断突破，债务规模持续扩张的事实并不能全部归咎于软预算约束或中央政府的隐性担保，我们应该对行政控制型债务治理模式的绩效进行重新地客观评价。本章节引入"市场增进论"探寻选择行政控制型地方政府债务治理模式的内在原因，弥补了现有研究中仅从债务治理模式适用的外部条件"比较"论证选择行政控制模式，并存在先验性判定行政控制模式无效的研究缺陷。而且通过简化的模型分析，初步调和了地方政府债务治理中的制度主义和行为主义的"冲突"（刘尚希，2017b），为债务治理模式的政策选择和绩效评价贡献了启发性的思路。需要再进一步明确的是，本章节基于"市场增进论"对行政控制型地方政府债务治理模式"优势"的分析，并不否定该模式存在的缺陷。既然地方政府债务治理的四种模式都存在各自的"比较优势"，就意味着任何单一的债务治理模式都不是完美的和具有占优的制度效率，行政控制型模式也毫无例外存在效率改进的空间。

第四节　行政控制与规则控制比较的一个分析框架

一、信用、声誉与模式选择

不同债务监管模式选择的背后是中央与地方、政府与市场、国家与社会、政府与公民角力的结果，他们既影响着债务监管模式选择的偏好，也决定着一国制度的可能性边界。在经济活动中，具有自利潜质的各行为主体，其行为均会受到互动的利益激励和利益约束左右。信用，作为经济主体基于还本付息承诺以及兑现这一承诺的债权债务关系建立结清的经济活动、或以协议、契为保障的不同时间间隔下的经济交易行为，其产生和维系同样受制于信用参与主体间互动的利益激励和利益约束（曾康霖，1993）。换言之，利益约束、利益激励构成信用产生、维系的利益基础。政府举债即政府信用，作为特定层面的金融资源配置，也会有激励与约束，它直接关乎政府举债可能性的问题。广义上看，中央对地方是否主动合理举债、遵守规则的信任、地方对中央是否严格执行财政规则的信任、公民对政府举债是否高效利民的信任、社会对国家治理的信任等，不仅是各地方政府债务监管模式发挥作用的基础，更是决定不同债务监管模式下各行为主体选择自身最优行为的关键。

声誉模型把经济主体的声誉描述定义为一种"认知"，即在信息不对称条件下，一方参与人对于另一方参与人是某种类型（偏好或者可行性行为）的概率的一种认知，且这种认知不断地被更新以包含两者间的重复博弈所传递的信息。声誉能够增加承诺的力度，声誉机制的作用在于为关心长期利益的参与人提供一种隐性激励以保证其短期承诺行动。因此，声誉不仅能反映出了不同债务监管模式下各主体对于其他主体的行为信用的认知，更能通过基于声誉的博弈，看待信用在各主体之间的激励与约束。这为我们分析具体模式选择的比较，提供了良好的分析框架。

在行政控制和规则控制中，中央政府都在不同程度上发挥了监管地方政府的作用，不同的是举债权。博弈的声誉模型（Kreps，1982）发现，监管和被监管者双方承诺的可信度直接影响博弈行为，进而影响债务监管模式的绩效，因而直接关乎各国政府监管实践中行政控制模式和规则控制模式的选择。在地方政府债务膨胀问题上，作为监管当局的中央政府与地方政府之间存在信息不对称，行政控制和规制控制两种模式中声誉发挥作用的方式及效果也会不同。本节将运用博弈的声誉模型，从声誉角度分析两种债务监管模式的内在机理。

二、行政控制模式下声誉模型的构建

假设博弈参与人为中央政府和地方政府，地方政府债务风险仅取决于其举债（暂不考虑其他因素）。定义地方政府博弈行为：合规举债（B = 0）、违规举债（B = 1）。地方政府分为低债务风险型和高债务风险型两种类型：当 D = 0 时，地方政府严格合规按需举债，债务风险低；当 D = 1，地方政府为了扩大自身财政自由度，发展地方经济，存在无限扩张债务的原始冲动，甚至通过非法手段违规举债，风险较高。在信息不对称情况下，作为监管当局的中央政府无法准确知道地方政府的真实类型，仅能通过其举债后是否出现债务违约来调整对其类型的判断，并将其作为下阶段制定监管措施的依据。由于地方政府偿债能力有限，一旦违规举债超过其潜在偿还能力，就可能引发债务违约风险。在行政控制模式中，中央政府有绝对的审批权和监管权，不仅能审批合规举债途径下的债务规模、使用、发行，而且对存在违规举债且发现债务违约现象的地方政府能及时限制其举债融资的资格，并将其视为高风险对象强化监管。

声誉是中央政府判定地方政府为低风险类型的概率，进一步理解为中央政府对地方政府不会发生严重债务危机的信任程度较高。在地方政府举债之前，中央对于其类型的判断存在先验概率 P_1，但随着地方政府举债行为信号的释放，中央政府会不断更新对其声誉的判断。行政控制模式下，中央政府掌握地方政府举债权，因此高风险地方政府基于对债务限额、监管力度以及自身融资效率等隐形激励的考量，清楚知道中央政府对其声誉（低风险类型）的判断能为其带来更大的未来利益。假设监管当局只有理性这一种类型，采取"冷酷策略"，即一旦发现地方政府有债务违约，就会彻底失去对它声誉的信任，同时利用自身的审批权对地方进行举债限制和惩罚。

为便于分析，借鉴巴罗（Barro，1986）的方法，构建出地方政府的利益空间，即地方政府单阶段效用函数：

$$W(B) = -\frac{1}{2}B^2 + D(B - b) \qquad (5-1)$$

该函数中，$-\frac{1}{2}B^2$ 表示监管当局对违规举债的地方政府处罚的态度和力度；b 为审批制下中央政府允许的举债限额；$D(B - b)$ 表示高风险的地方政府违规举债所带来的效益，即超出监管当局预期判断的部分。根据以上对地方政府和监管当局的假设，构建出地方政府与监管当局的博弈过程，如图 5-2 所示。

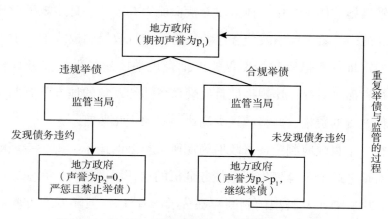

图 5-2　行政控制模式下地方政府与监管当局的博弈

理性的地方政府会基于自身效用最大化而采取不同的举债方式，监管当局只能通过其举债行为来修正最初判断。面对采取"冷酷策略"的中央政府，地方政府若合规举债，监管当局会修正对其风险类型的判断，地方政府声誉提高（$P_2 > P_1$）。随着地方政府声誉增高，一方面，中央政府在下期审批中会给予地方政府更多的债务量空间并且放松对其监管；另一方面，投资者对于地方政府债务的投资意愿增强。如果地方政府因违规举债出现债务违约，其声誉将会变成 0（$P_2 = 0$），如果其试图继续举债，势必付出更大成本。中央政府若能通过声誉机制使高风险地方政府获得比违规举债更低的成本和更高的收益，就能增强高风险地方政府转为低风险地方政府的动机，并主动修正对其声誉判定。具体的博弈过程分析如下：

在单阶段博弈中，对式（5-1）求导，得 $\frac{\partial W}{\partial B} = -B + D$，高风险（D = 1）地方政府的最优选择是违规举债（B = 1）。这是因为在单阶段博弈中，理性的高风险地方政府可以通过突破债务限额实现效用最大化，而在监管当局债务限额内的合规举债所带来的资金短缺不利于其实现效用最大化。监管当局根据地方政府是否出现债务违约来修正对地方政府的声誉判断，因此地方政府只要不发生债务违约，博弈就可以无限重复下去。只要地方政府有长期博弈的耐心，就不会选择违规举债从而承担监管当局识别出其债务违约的后果。直觉来看，在行政控制模式下，中央政府对地方政府的声誉判断发挥极大的激励作用，高风险的地方政府出于获得长期收益目的会合规举债转为低风险地方政府，直至最后一个阶段才暴露类型，最终降低整体的地方政府债务风险。基于此，监管当局只需采取两个措施：一是根据声誉确定债务限额；二是识别违约行为且限制举债。

在重复博弈（存在 T 个阶段）中，定义 P_t 为在 t 阶段监管当局认为地方政府是低风险的概率，Y_t 为 t 阶段高风险的地方政府选择合规举债保持自身声誉的概率；X_t 为监管当局认为地方政府会选择合规举债来保持声誉的概率。当中央政府能准确知道高风险的地方政府为了保持声誉采取合规方式举债的概率时，即实现均衡（$X_t = Y_t$），博弈双方都知道均衡且均衡是共同认知。

1. 地方政府类型的后验概率分析

假设在 t 阶段中，地方政府违规举债的行为并未被监管当局察觉，根据贝叶斯法则，监管当局在 t + 1 阶段认为地方政府是低风险且声誉好的后验概率为：

$$P_{t+1}(D = 0/B_t = 0) = \frac{P_t \times 1}{P_t \times 1 + (1 - P_t) \times X_t} \geq P_t \qquad (5-2)$$

从式（5-2）可以发现，一旦地方政府的违规举债行为未被监管当局发现，那么监管当局将认为其是低风险的，并且地方政府会继续获得监管当局对其信任，在 t + 1 期阶段中，地方政府被认为是低风险的后验概率会上升。如果地方政府的违规举债行为在 t 阶段被监管当局发现，按照模型假定，监管当局会立即降低其声誉，此刻，地方政府被认定为是高声誉低风险的后验概率为：

$$P_{t+1}(D = 0/B_t = 1) = \frac{P_t \times 0}{P_t \times 0 + (1 - P_t) \times X_t} \qquad (5-3)$$

从式（5-3）可以发现，地方政府一旦违约并被发现，其在下一阶段的声誉将直接为 0。因此在最后一个阶段之前，理性的高风险地方政府不会选择自己违规举债，即使试图违规举债，也会选择规避监管及避免出现债务违约。为了更好地分析高风险地方政府的行为选择及其影响因素，下文主要分析博弈的最后两个阶段。

2. 地方政府 T 阶段策略

在博弈的最后阶段即 T 阶段，地方政府没有维护声誉的必要性，因此低声誉地方政府（D = 1）的最优选择为违规举债（$B_T = 1$），监管当局对地方政府违规举债所产生负债水平的预期判断为 $b_T = 1 - P_T$。此阶段，高风险地方政府的效用水平是：

$$W_T(1) = -\frac{1}{2}B_T^2 + D(B_T - b_T) = -\frac{1}{2} + 1 - (1 - P_t) = P_T - \frac{1}{2} \quad (5-4)$$

对式（5-4）求导，得 $\dfrac{\partial W_T}{\partial P_T} = 1 > 0$，这意味着高风险地方政府的长期效用最大化取决于监管当局在长期博弈过程中不断修正对地方政府低风险类型的判断，因此高风险的地方政府有建立良好声誉的激励。

3. 地方政府在 T−1 阶段的策略分析

地方政府在 1 阶段到 T−1 阶段的最优策略取决于 T−1 阶段的策略选择。假定高风险的地方政府在 1 到 T−2 阶段伪装为高声誉类型，在 T−1 阶段选择是否继续维持声誉，则博弈主要分析 T−1 阶段高风险地方政府放弃声誉（$Y_{T-1} = 0$）和继续保持声誉（$Y_{T-1} = 1$）两种纯策略情况，只有当放弃声誉和维持声誉所带来的效用值相同时，地方政府才会采取混合策略，假定知道了最优纯策略的条件也就知道了混合策略的条件。

当低风险的地方政府在 T−1 阶段选择放弃声誉时，满足 $Y_{T-1} = 0$，$B_{T-1} = 1$，根据式（5-3），监管当局能辨认出其是高风险的类型，在 T 阶段对其声誉判断为：$P_T = 0$。考虑到时间性（地方政府的折现因子 δ），折现因子意味着地方政府的耐心程度，也是其认为保持的声誉对自身的长期利益的影响。高风险的地方政府在 T−1 阶段和 T 阶段的总效用为：

$$W_{T-1}(1) + \delta \times W_T(1) = -\frac{1}{2}B_{T-1}^2 + D(B_{T-1} - b_{T-1}) + \delta \times W_T(1)$$

$$= -\frac{1}{2} + 1 - b_{T-1} + \delta \times \left(0 - \frac{1}{2}\right)$$

$$= -b_{T-1} + \frac{1}{2} \times (1 - \delta) \quad (5-5)$$

下面考虑第二种情况，即高风险的地方政府在 $T-1$ 阶段选择继续维持声誉合规举债，即 $Y_{T-1}=1$，$B_{T-1}=1$。由式（5-2）可知，$P_T>0$。同样考虑贴现因子，高风险的地方政府两阶段的总效用为：

$$W_{T-1}(0)+\delta \times W_T(1)=-\frac{1}{2}B_{T-1}^2+D(B_{T-1}-b_{T-1})+\delta \times W_T(1)$$

$$=-b_{T-1}+\delta \times \left(P_T-\frac{1}{2}\right) \qquad (5-6)$$

通过比较两种情况下的效用水平，能够判断出地方政府的最优策略。由于存在折现因子，无法直接判断式（5-5）和式（5-6）大小，只能寻找满足式（5-6）>式（5-5）的条件，即：

$$-b_{T-1}+\delta \times \left(P_T-\frac{1}{2}\right) \geqslant -b_{T-1}+\frac{1}{2} \times (1-\delta) \qquad (5-7)$$

即：

$$P_T \geqslant \frac{1}{2\delta} \qquad (5-8)$$

当 $Y_{T-1}=X_{T-1}=1$ 时实现均衡，将此条件代入式（5-2），解得：

$$P_{T-1} \geqslant \frac{1}{2\partial} \qquad (5-9)$$

从式（5-9）中可以发现，在 $T-1$ 阶段中，若监管当局认为地方政府是低风险的概率不小于 $\frac{1}{2\partial}$，则高风险的地方政府在此阶段选择维持声誉即通过合规举债实现效用最大化，反之则反。此博弈阶段还可以扩展到 $T-2$，$T-3$，$T-4$，……1 阶段。基于上述分析，可以发现地方政府对声誉的重视与声誉的作用呈现良性互动，尽管最后一期地方政府会选择放弃声誉，暴露类型，但此时的总效用大于不重视声誉的效用。因此，为最大化其收益，高风险的地方政府会始终选择建立声誉，并以此为其均衡策略。

基于上述声誉博弈模型分析可得出以下结论：在单阶段博弈中，如果不考虑长期收益，高风险的地方政府有违规举债的天然冲动，因为违规举债相比于合规举债收益更高成本更低。如果考虑长期效应，扩展到多阶段重复博弈，此时声誉（即中央政府对地方政府举债是低风险的信任程度）对高风险地方政府的行为将起到很大的激励作用，上一期地方政府博弈的行为将直接影响到监管当局对其风险的判断及管控程度，更新后的风险概率又直接影响到下一阶段的效用，即高风险低声誉的地方政府在 T 阶段中的收益是 T－1 阶段建立起来声誉的增函数，而现阶段的高声誉意味着未来阶段会有较大的效用。基于声誉的激励作用，高风险的地方政府为实现长期效用最大化，可能会放弃现阶段的违规举债行为，从而主动合规举债，如此有利于降低地方政府债务的整体风险。行政控制模式下，中央政府掌控地方政府的举债权能更好地发挥声誉机制的约束和激励作用，即一个监管有力、举债权力集中的中央政府能通过下放债务限额，切实提高地方政府的声誉来达到强化地方政府自我约束的目的。

三、规则控制模式下声誉模型的构建

假设博弈参与人同样仅包含中央政府和地方政府。规则控制模式中，地方政府被赋予自主发债的权利，但发债规模不再需要中央政府审批，而通过中央政府事前制定的财政规则实现。假设财政规则仅包含两项财政纪律：一是不救助条款，即中央政府不会通过转移支付等形式救助地方政府；二是惩罚条款，即地方政府的债务率需要控制在 b 以内，否则受到惩罚。在该模式下，由于信息不对称，中央政府不知道地方政府是否有超过约定债务率举债的冲动，地方政府也不知道中央政府是否严格执行规则，面对地方政府违规不救助且惩罚。因此，该模式发挥约束作用的条件不仅包括财政条款本身，还包括规则是否严格恪守。中央政府和地方政府都能在博弈当中相机选择，地方政府可以选择是否按照财政规则举债，中央政府可以根据地方整体的举债行为选择是否严格执行财政规则，以及在博弈最终阶段是否救助。对比行政控制模式下的地方政府声誉由中央政府单向判断，在规则控制模式下，中央政府和地方政府存在着双向声誉激励机制，即中央政府根据地方政府的风险程度及救助成本决定是否救助，同时地方政府根据判断中央政府承担地方政府债务违约偿还责任的可能性大小选择负债规模。

假设地方政府认为中央政府的期初声誉为 π_1，π_1 表示中央政府不承担地方债务违约偿还责任的概率，进一步理解为地方政府对中央政府严格执行财政规则不救助的信任程度。地方政府只能通过观察中央政府是否执行财政规则来判断中央政府是否有最终承担债务违约偿还责任的动机，π_2 为修正后的中央政府声誉。中央政府的策略空间包含：执行财政规则（C=0），即中央对地方不救助且惩罚；执行财政规则（C=1），即中央救助且不惩罚。博弈参与者的博弈顺序为：地方政府在 T−1 期根据对中央政府先验声誉的判断决定负债量 B_{T-1}；中央政府在 T 阶段判断地方政府声誉（低风险的概率）高低选择是否执行财政规则；地方政府在 T+1 阶段，根据中央政府上阶段行为决定新一轮负债 B_{T+1}，只要中央政府不暴露承担债务违约偿还责任的类型，博弈就会持续进行下去。假设地方政府在观测到中央政府执行财政规则情况后采取"冷酷策略"，若中央政府不执行规则，就丧失对中央政府的信任（π=0），判定中央会最终承担债务违约责任，从而继续扩大负债量；若中央政府严格执行规则就提高对中央政府声誉的判断，控制举债规模。规则控制模式下地方政府与监管当局的简易博弈框架如图 5−3 所示。

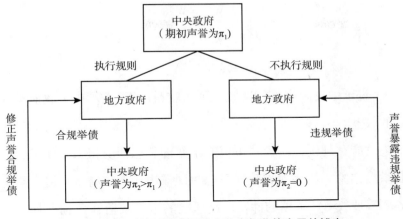

图5-3 规则控制模式下地方政府与监管当局的博弈

基于上述博弈过程，中央政府规则控制约束力的强度取决于地方政府不断强化其不救助声誉的判断，而强化中央声誉的唯一途径就是无论面对"大而不能倒""多而不能倒"还是"特殊而不能倒"，都严格执行事前确定的规则，对其惩罚且不救助。中央政府作为博弈参与人只是基于自身利益最大化（救助成本最小）选择是否最终承担债务违约偿还责任。假定中央政府执行财政规则收益为 W，最终选择承担债务违约责任的概率为 σ。中央政府救助债务困境的地方政府，承担的成本包含两部分：不救助形成的金融成本，即拖欠债务对经济中其他部门形成的金融外溢性；不予救助形成的分配成本，即中央政府需要面对由地方纳税人或债权人而非国家纳税人承担地方政府的违约债务时的差量成本。是否救助取决于各个国家面对地方政府债务违约风险时需要承担的两项成本的大小（冯静和石才良，2006）。成本越小收益越大，当执行规则坚决不救助的收益大于救助的收益时，必然选择执行规则，最终不承担地方政府债务违约偿还责任（σ=0）；当且仅当救助和不救助的收益相同时，中央政府才会选择混合策略，即：

$$\sigma = \begin{cases} 0, & W^{ne} > W^e \\ 1, & W^{ne} < W^e \\ 0 < \hat{\sigma} < 1, & W^{ne} = W^e \end{cases} \tag{5-10}$$

其中，W^e 表示中央政府执行财政规则的收益；W^{ne} 表示中央政府不执行财政规则的收益。

中央政府在规则控制模式下仅有不救助和惩罚的权力，而不会限制地方政府举债权力。如果地方政府考虑短期效用最大化就有不遵守规则（超过债务率警戒线 b）举债的冲动。高风险的地方政府在负债前期就认为中央政府承担债务违约偿还责任的可能性极大，如果在早期博弈阶段就能通过负债行动验证中央政府低声誉的猜想，将会继续强化高负债动机，并持续将债务违约偿还责任转嫁给中央政府。在多阶段博弈中，地方政府后验概率对地方政府举债行为有重要的影响，该概率不仅取决于对中央政府声誉的先验判断，还取决于中央政府通过是否执行规则所释放的不兜底信号强弱，遵循贝叶斯法则，可以定义为：

$$\pi 2 = \begin{cases} \dfrac{\pi 1}{\pi 1 + (1 - \pi 1) \times (1 - \sigma)}, & C = 0 \\ 0, & C = 1 \end{cases} \tag{5-11}$$

在规则控制模式下，中央政府与地方政府基于声誉的博弈更加复杂，两者间存在着双向的声誉激励机制，即中央政府根据地方政府举债后不会发生较大风险的信任程度考虑是否救助并估算救助成本，同时地方政府根据中央政府是否承担债务违约偿还责任的信任程度选择负债规模。尽管对于大部分国家来说，中央政府都是仁慈的，在出现危机时不会袖手旁观，但是只要中央政府释放不兜底不救助的信号，地方政府就会认为中央政府有不承担债务违约偿还责任的可能性，强化对中央政府的信任，从而控制负债率并主动防范债务违约风险。规则控制模式的缺陷在于，中央政府下放举债权利削弱了自身对地方债务的管控，债务警戒线会诱使抗风险能力弱的中央政府提前暴露承担债务违约偿还责任的声誉。中央政府财政规则执行的不确定性是规则控制失灵的关键所在。

四、两种模式的比较

行政控制模式与规则控制模式都包含着央地之间的长期动态博弈过程，基于声誉模型发现，行政控制和规则控制模式在规范地方政府举债行为和降低风险上的机理和实现条件上存在差异。行政控制模式的关键在于中央能通过行政审批制度修正对地方政府风险的判断并核准适度发债规模，在强化自身监管能力的同时，通过建立声誉机制强化地方政府的自我约束。同时不能忽视，地方政府声誉提高的同时，也是培育地方政府获取社会融资信任的基础，更能倒逼地方政府提高财政等信息的透明度，为公民参与债务监督、未来依赖金融市场实现融资提供打下信用基础。规则控制模式的关键在于双向的声誉激励，地方政府通过观察中央政府是否严格执行财政规则修正对中央政府的声誉判断，从而决定后期举债行为；中央政府通过判断地方政府声誉高低决定是否承担债务偿还责任。在规则控制模式下，博弈双方的行为是彼此信任的试金石，信任一旦经得起考验，两者才能双赢，即各自都严格恪守规则且不怀疑对方会违背规则，才能实现抑制债务膨胀目的。在中央政府低声誉、抗风险能力弱的条件下，规则控制不但不能有效约束地方政府，还会在地方政府的诱使下提前暴露低声誉。因此，若要避免被验证声誉低，中央政府就需要有足够的耐心和能力严惩违规举债并坚定不救助。

第五节　地方政府债务置换：模式选择与制度绩效

　　2008 年以来伴随地方政府债务持续膨胀，地方政府债务风险日益成为全社会关注的热点问题。为有效应对潜在债务风险，2014 年 9 月，国务院办公厅发布《关于加强地方政府性债务管理的意见》（以下简称《意见》），要求"对甄别后纳入预算管理的地方政府存量债务，各地区可申请发行地方政府债券置换，以降低利息负担"。2015 年 3 月财政部下发首批 1 万亿地方政府债务置换额度，然而获得置换额度的地方政府置换过程并不顺利。鉴于此，2015 年 5 月，财政部、人民银行和银监会联合印发《关于 2015 年采用定向承销方式发行地方政府债券有关事宜的通知》（以下简称《通知》）对债务置换对象、置换方式及置换价格等做了具体规定，并要求首批置换于 2015 年 8 月完成。《通知》颁布以后，2015 年 3 批累积 3.2 万亿元的债务置换顺利完成。《通知》明确的"采用定向承销方式发行地方政府债券"的债务置换模式显然是地方政府债务管理行政控制模式和相应互补性制度安排约束下的应有之义。然而，这种应急债务管理措施具体的政策设计仍然体现了中央政府致力于消除对地方政府债务的隐性担保，硬化地方政府预算约束的长远追求。

一、地方政府债务置换的模式选择

　　从国务院办公厅发布《意见》将地方政府债务置换明确为一种地方政府债务处置方式，到三部委联合发布《通知》对地方政府债务置换进行具体政策设计，并使债务置换进入实质性的操作层面，此次地方政府债务置换模式基本定型。整体债务置换模式的设计包括置换额度、置换方式及置换价格等具体内容，这些置换模式的政策设计无一不浸透债务置换模式选择的制度约束，体现政策设计者面对约束条件最大化目标利益的政策意图。

（一）地方政府债务置换模式设计

2015 年地方政府债务置换选择向特定债权人定向承销的模式，该模式设计涵盖债务置换额度确定、债务置换方式选择及债务置换价格确定相互关联的政策模块。

债务置换额度的确定一方面需要中央政府（财政部作为其代理人）决定地方政府债务置换的总体规模，另一方面需要决定置换额度在不同地方政府之间的分配。此次债务置换是在《预算法（2014）》约束下进行的，《预算法（2014）》明确地方政府"可以在国务院确定的限额内，通过发行地方政府债券举借债务的方式筹措。举借债务的规模，由国务院报全国人民代表大会或者全国人民代表大会常务委员会批准"。按照《预算法（2014）》确定的地方政府债务限额管理的原则，2015 年财政部下达3.2 万亿置换债券额度，用于偿还审计确定的、截至 2013 年 6 月 30 日政府负有偿还责任的债务中 2015 年到期的债务本金。既然债务置换总额度是严格按照债务置换标的确定（地方政府 2014 年底 16 万亿元债务总量中20% 在 2015 年到期），并在事实上实现了对当年到期债务的全覆盖，因而各地方政府债务置换额度的分配必然服从其 2015 年到期债务规模。如此置换额度分配方式意味着，无关其整体债务规模和负债率高低，2015 年到期债务绝对规模越大的地方政府将获批更多的债务置换额度。

债务置换作为应对债务风险的危机管理措施，发达市场经济体通常采用直接公开市场发行、央行直接购买及财政部发行特种国债、央行间接购买的方式进行。由于《意见》并未明确地方政府债务置换的具体方式，在江苏省采取公开市场发行方式置换债券受阻后，为推动地方政府债务置换更加高效便捷，三部委联合发布的《通知》"对于地方政府存量债务中的银行贷款部分，地方财政部门应当与银行贷款对应债权人协商后，采用定向承销方式发行地方债予以置换。对于地方政府存量债务中的信托、证券、保险等其他机构融资形成的债务，经各方协商一致，地方财政部门也可采用定向承销方式发行地方债予以置换"。选择定向承销方式进行债务置换意味着置换债券直接由作为债权人的商业银行持有，虽然暂时不进入银行间交易市场进行交易，但置换债券可以作为抵（质）押品向中央银行申请流动性。由此可见，此次债务置换是在政府部门行政主导下实现的地方政府债务债权方和债务方之间的直接"交易"，并未采用发达经济体常用的债务置换方式。

债务置换价格，即置换债券利率的高低是关乎债权人权益、决定置换成败的重要因素。在金融市场化程度高、地方债券市场发达的情况下，债务置换价格理应由市场机制或置换交易双方按照"契约原则"商定，即使采用定向承销方式也仍然可以通过置换交易对手双方"协商确定"。但在 2015 年债务置换中，《通知》明确规定"发行利率区间下限不得低于发行日前 1 至 5 个工作日相同待偿期记账式国债收益率平均值，上限不得高于发行日前 1 至 5 个工作日相同待偿期记账式国债收益率平均值上浮30%"。三部委对置换债券价格下限和上限的规定，明确了债务置换的价格区间，限定了债券交易对手的自由定价选择权，是对置换债券价格的行政管制。这种价格管制措施是囿于短期应急需要，在地方债券市场尚未建立、置换交易对手双方对价格缺乏敏感性的背景下，加快债务置换进程的"被迫"选择。

（二）地方政府债务置换模式选择的制度约束

2015 年地方政府债务置换模式的设计，无论是对债务置换额度的确定和分配、债务置换方式的选择还是置换价格的确定，无一不体现行政控制地方政府债务管理体制下的"行政摊派"特征。然而作为短期应急管理措施，这种"中国特色"明显的债务置换模式的选择无疑受到我国现行地方政府债务管理体制的路径依赖性和相应关联性制度安排决定的治理不可分性的多种制度约束。

地方政府债务置换模式的选择受制于债务管理体制的路径依赖性。从 1995 年颁布的《中华人民共和国预算法》明确规定"除法律和国务院另有规定外，地方政府不得发行地方政府债券"，到 2009 年为应对金融危机采取财政部代理发行地方政府债券，2014 年 5 月财政部发布《2014 年地方政府债券自发自还试点办法》，2014 年 9 月新修订的预算法明确"可以在国务院确定的限额内，通过发行地方政府债券以举借债务的方式筹措"。地方政府债券发行经历了禁止发行、财政部代理发行、自发自还的演变过程，直至以法律形式规定实行限额管理，我国地方政府债务管理的行政控制模式得以完整规范形成。行政控制意味着中央政府会对地方政府举债额度、方式、渠道等实施直接控制，此次债务置换模式的设计具有明显"行政"特征的原因在于行政控制的地方政府债务管理模式的路径依赖性约束。由于地方政府债务置换赖以存在的制度禀赋或初始制度安排是一直以来存在的中央政府对地方政府债务的行政控制制度，在该制度惯性下便难以产生市场化的债务置换方式。2015 年债务置换中对置换债务总额度的确定及在地方政府之间的分配显然是行政控制债务管理模式的当然逻辑。

地方政府债务管理制度的路径依赖性只能解释债务置换模式设计中的额度控制，而对债务置换方式和置换价格确定的解释必须借助于地方政府债务置换模式相关的关联性制度安排决定的治理不可分性。行政控制的地方政府债务管理模式并不必然要求采用定向承销的置换方式和对置换债务价格实行行政管制。因为按照行政控制模式框定地方政府债务置换额度以后并不排斥公开市场发行、央行直接购买及发行特种国债、央行间接购买等债务置换方式的选择，选择向商业银行定向承销债券的置换方式源于地方政府债务管理模式之外的其他互补性制度安排，这其中至为关键的就是与财政制度紧密关联的金融制度。基于治理不可分性，制度作为一个系统集成的"规则集合"，相互之间存在掣肘，单项制度安排的选择往往受制于关联制度安排的约束，我国银行主导型的金融体制决定了债务置换的定向承销方式。排除央行直接或间接购买置换债券，无论是公开市场发行还是定向承销，商业银行无疑都是置换债券的主要交易对手，这是由银行间交易市场的本质决定的。

二、地方政府债务置换的制度绩效

《通知》迅速推进了地方政府债务置换进程，债务置换工作获得事实进展 2015 年财政部下达的 3.2 万亿元债务置换额度，截至 12 月已完成 3.18 万亿元，占下达总额度的 99%。具有发债资格的 31 个省（自治区、直辖市）和 5 个计划单列市中的多数主体以定向置换的方式发行了部分地方债券，其中湖北省和江苏省获准发债额度居全国前两位，前者获批 1387 亿元，后者获批 1055 亿元。湖北省 1387 亿元债务发行规模中置换债券达到 1200 亿元，已经超过了 2015 年该省到期债务规模。各省置换债券价格位于《通知》管制的价格区间，多数成交价格为"发行日前 1 至 5 个工作日相同待偿期记账式国债收益率平均值上浮 15%"。在实现短期风险缓释应急目标的同时，向特定债权人定向承销的债务置换模式设计作为硬化地方政府预算约束的过渡性制度安排，兼顾了长期的制度功能，并表现出与制度环境和关联性制度安排的制度相容性。

《预算法（2014）》明确的地方政府债务管理的行政控制模式，相对市场控制、规则控制及协商控制三种债务管理模式更易引发地方政府的道德风险和软预算约束问题。行政控制模式下中央政府对地方政府债务额度的审批实际隐含了对地方政府的隐形财政担保，在该模式难以突破的前提下，债务置换模式设计要努力降低中央政府对地方债务的兜底责任，逐步实现硬化地方政府预算约束的长远制度功能。2015 年定向承销的债务置换模式设计体现了政策设计者硬化地方政府预算约束的政策意图。由于硬化预算约束的前提是提高地方政府债务的透明度和规范性，在历经多次审计仍然对地方政府债务规模统计数据准确性"信心不足"的背景下，中央政府需要通过机制设计获取"真实"数据。此次债务置换并不是针对地方政府的所有债务，而是主要通过商业银行贷款负债并得到中央政府认可的债务才能作为置换标的。如此设计会诱导争取置换额度的地方政府将原本不透明、不合法举债方式获取的债务暴露出来。进而，一方面，实现地方政府举债方式从不透明、政府企业负债责任不清的间接融资到政府企业责任边界明了的直接融资的转变；另一方面，缓解地方政府债务信息的非对称分布，即使难以完全硬化地方政府预算约束，也至少能对中央政府的兜底责任做到"心中有数"。

为努力实现与地方政府债务的"责任切割"，此次债务置换没有采用央行直接购买，也没有通过发行特种国债央行间接购买的方式，而是通过地方政府向商业银行定向承销，以"牺牲"商业银行利息的损失来降低地方政府负担。如此，显示"父爱主义"的中央政府不会为地方政府和商业银行这对"默契兄弟"坏账埋单的"威严"。对债务置换价格的行政管制进一步彰显中央政府"赎回"兜底责任的急切心态，行政管制相对市场协商表现出的高适应性效率有效降低了债务置换的搜寻成本、谈判成本等交易费用，促成债务置换任务圆满完成。由此可见，本轮债务置换模式设计中各个政策模块相互协同，通过降低对地方政府债务的隐性担保，或至少是将隐性担保显性化，将硬化地方政府预算约束的长远目标向前推进了实质性的一步。此次债务置换面临单一制下威权的政治体制和地方政府债务管理的行政控制模式构成的制度环境，银行主导型金融体制所构成的关联性制度安排的制度约束，选择行政性而非市场化的债务置换模式是中央政府通过权衡地方政府债务风险和商业银行资产损失，实现了约束条件下债务置换总福利最大化的"最优"选择，因而是"暂时"有效的。

鉴于过渡性制度安排的"混合治理"特征短期"最优"的债务置换模式于长期而言是"次优"的制度安排，必然存在"效率改进"的空间。2015 年定向承销的债务置换模式既然是硬化地方政府预算约束的过渡性安排，就只是在当前给定制度条件下最好的形式，其制度绩效也只是表现为现阶段"约束下的最优"。由于总体上过渡性制度安排作为"混合"治理在绩效方面总是"次优"的，始终是不完美的，因而存在制度改进的空间。给定地方政府债务管理制度的制度功能是硬化地方政府预算约束，为实现这一目标，我国现阶段行政控制的债务管理模式应逐渐向规则控制的债务管理模式转变。伴随这种制度环境的转变，未来的地方政府债务置换（虽然是应急措施，但并不排除未来仍会出现）模式也将面临更多选择。

第六章
行为经济学视角下的制度与制度边界

制度本身是规制性、规范性和认知性的统一存在，传统新制度经济学的制度分析主要关注制度的规制性和规范性，而对制度的认知性着墨较少。伴随行为经济学的崛起，从认知视角重塑制度理论逐渐得到关注，制度的认知观为理解真实世界的制度现象开辟了新的思维进路。

第一节　理解刚性兑付的新视角：投资者软预算约束

2012 年以来，由于银行、证券、基金、信托、保险、期货等金融机构资产管理业务的迅猛发展，中国开始步入"大资管时代"，2016 年底，各行业金融机构资产管理业务规模已达 60 多万亿元。当 2014 年上海超日太阳能科技股份有限公司发行的"11 超日债"成为国内首例债券违约事

件以后，中国人民银行于当年发布的《中国金融稳定报告 2014》中开辟
专栏"有序打破理财产品的刚性兑付"，直指刚性兑付对金融市场的危
害，又在 2017 年陆续发布的《中国金融稳定报告 2017》和《2017 年 2 季
度货币政策执行报告》中分别开设专题和专栏强调打破刚性兑付，促进资
产管理业务规范健康发展。2017 年 11 月，"一行三会"与国家外汇管理
局联合发布《中国人民银行、银监会、证监会、保监会、外汇局关于规范
金融机构资产管理业务的指导意见（征求意见稿）》对刚性兑付行为的认
定及监管要求进行明确规定。另据 Wind 数据显示，从 2014 年刚性兑付被
打破至 2017 年第 3 季度，共有超过上百只债券发生违约，涉及企业数十
家，其中包括作为公募公司债第一单非上市企业（五洋建设）违约的五
洋债（15 五洋债、15 五洋 02）。多起公司信用债券实质性违约昭示刚性
兑付渐行渐远，但这种"渐行渐远"似乎更多源于经济下行压力下融资
人暂时被动的无奈选择，而非"卖者尽责、买者自负"长效市场交易规
则使然。因而，有序打破中国金融市场长期存在的刚性兑付潜规则，切实
维护金融市场各相关利益主体的合法利益仍然任重道远。

一、文献综述

"刚性兑付"的理论研究是追随现实金融市场日益凸显的刚性兑付问
题而日益丰富完善的。从 2007 年信托业获得突飞猛进发展到 2012 年中国
全面进入"大资管时代"，刚性兑付就成为金融理论界和实务界挥之不去
的话题。现有文献对刚性兑付的研究主要集中于以下几个方面：刚性兑付
的概念、刚性兑付的成因及影响、刚性兑付的破解对策。

（一）刚性兑付概念的研究

基于信托产品刚性兑付的事实和《中华人民共和国信托法》的相关

规定，程波、高杨（2013）基于法律角度定义了信托行业的刚性兑付，认为刚性兑付"是指信托产品按照当时合同约定的期限到期之后，无论信托产品中的项目是否成功，信托公司都必须按照约定的高收益率向投资者支付本金及投资收益"。谢春贵（2015）基于法律角度区分了债券市场的刚性兑付与信托、银行理财等资管产品的区别，认为"债券刚性兑付应被理解为合同义务的履行"，债券本金、利息的强制兑付与资产管理产品的"刚性兑付"有着根本上的不同。中国人民银行《中国金融稳定报告2014》基于理财产品，明确了刚性兑付的官方定义："当理财资金出现风险、产品可能违约或达不到预期收益时，作为发行方或渠道方的商业银行、信托公司、保险机构等为维护自身声誉，通过寻求第三方机构接盘、用自有资金先行垫款、给予投资者价值补偿等方式保证理财产品本金和收益的兑付。"中国银监会在《中国银行业理财市场报告2016》明确只有非保本理财产品才属于真正意义上的理财产品，保本理财产品作为结构性存款，视同存款管理。因而人民银行2014年明确要打破的刚性兑付显然针对非保本理财产品。唐彦斌、谢识予（2015）明确了刚性兑付的经济学本质，认为基于法理依据或契约基础的刚性兑付行为（储户到期兑付、债务人按时偿还本息）在金融市场一直存在，而广受争议的"刚性兑付"实际上是"对于非保本的直接债务型融资工具到期兑付上，本应根据产品合同明确由投资人承担的到期可能损失的风险，最终会由发行人通过各种方式完成对投资人的本金以及预期收益率的兑付"。王占浩（2016）在对影子银行风险的分析中，将刚性兑付定义为所有金融产品到期后，金融公司对产品收益的兜底处理。由此可见，饱受诟病的"刚性兑付"的准确内涵是非保本型理财产品（资管产品）的兜底行为，对具有法理依据的债务型金融产品，债权人要求刚性兑付本就在法理之中，无可厚非。

（二）刚性兑付成因及影响的分析

刚性兑付被视为中国金融业健康发展的最大障碍（吴晓灵，2015）。唐彦斌、谢识予（2015）、马晋芳（2016）运用博弈论模型解释了刚性兑付形成的原因，认为监管者、金融机构和投资人之间的信息不对称造成事后的刚性兑付，并认为刚性兑付是博弈各方选择的均衡结果。蔡英玉、孙涛（2017）运用 KMRW 声誉理论，通过建立多阶段博弈模型并对模型的实证检验，证明由于前期声誉产生未来收益，导致信托公司选择刚性兑付。李将军、范文祥（2014）认为监管机构维护区域金融稳定的动机及金融机构维护自身声誉的动机驱动刚性兑付形成。有关刚性兑付利弊的分析，张朝阳（2014）认为刚性兑付作为我国特定金融发展阶段的产物，短期内保障了投资者利益。李将军、范文祥（2014）发现刚性兑付在一定的时间内，在一定程度上可以起到连接金融功能资金循环链的作用。邹晓梅（2014）、中国人民银行《中国金融稳定报告 2014》则认为刚性兑付导致金融产品收益风险不匹配，市场无风险利率上升，进而增加了金融体系的整体风险并诱发投资者和金融机构的道德风险，扭曲了金融资源配置。因此，必须遵循金融规律，有序打破刚性兑付。

（三）有序打破刚性兑付的对策研究

有序打破刚性兑付是理论界和实务界的共识，基于对刚性兑付成因的分析，现有研究分别针对投资者、监管者和金融机构提出打破刚性兑付的建议。蔡英玉、孙涛（2017）、邹晓梅（2014）等都认为应该加强投资者教育，帮助投资者形成正确的风险意识，掌握理性投资的专业知识。唐彦斌、谢识予（2015），蔡英玉、孙涛（2017）、《中国金融稳定报告 2017》都强调监管机构应该统一金融产品信息披露并优化金融监管评级，引导金融机构消除多层嵌套、抑制通道业务。同时为防止刚性兑付打破时的市场恐慌，应当建立应急预案，防范危机蔓延扩散。蔡英玉、孙涛（2017）、张朝阳（2014）、《中国金融稳定报告2017》等认为应当强化金融机构的内部治理，明确划分投资者和受托金融机构的职责，真正回归"受人之托，代人理财"的资产管理业务的本源。同时建立健全独立的账户管理和托管制度，充分隔离不同资产管理产品之间以及资产管理机构自有资金和受托管理资金之间的风险，着力提高金融机构自身风险防控能力。

　　现有文献虽然对刚性兑付涉及的重要问题进行了广泛研究，但仍存在需要进一步完善之处：刚性兑付的定义中，现有的界定主要是描述性的，是通过列举刚性兑付的行为来定义刚性兑付，而鲜有超越现象罗列而直指刚性兑付的本质分析。虽然借用博弈论等主流分析工具解释了刚性兑付的成因，但现有分析仅对个别金融机构或某类金融产品的刚性兑付有较强的解释力，而难以解释刚性兑付为什么会演化为中国金融市场的潜规则，且如此广泛存在于几乎所有资产管理业务领域。更为缺憾的是，现有文献对刚性兑付的研究缺乏统一的逻辑分析架构，没能采用自洽的逻辑主线一以贯之地分析刚性兑付的本质、影响及破解对策，进而难以为"有序"打破刚性兑付的政策共识提供具有解释力的理论佐证。本章节研究认为，刚性兑付的打破或许是渐进曲折的长期过程，因而廓清为什么要"'有序'打破？如何'有序'打破？"的理论逻辑无疑具有重要的实践价值。为此，我们将刚性兑付的本质界定为投资者的软预算约束，尝试用软预算约束理论解释刚性兑付的成因、利弊及有序破解对策，为刚性兑付的研究开辟一个新的视角并提供逻辑一致的分析框架。

二、刚性兑付的本质：投资者软预算约束

　　软预算约束的概念由科尔奈（Kornai，1979；1980；1986）在解释社

会主义国家短缺问题时最早提出。在后续对软预算的概念进行提炼和分类的过程中，科尔奈（Kornai，2003）认为软预算约束的主体可能包括公司、金融中介、地方政府、非营利组织，甚至主权国家也有可能因为国际组织的救助而出现软预算约束。虽然软预算约束的概念直接取材于经典微观经济理论对消费者（居民）预算约束的分析，但相对软预算约束理论在解释国有企业、金融部门、地方政府等相关主体行为的"火爆"应用，软预算约束理论对家庭部门的行为分析却显得格外"冷清"①。

　　然而考察科尔奈（1980）对软预算约束的初始定义，即"当一个经济实体（企业、家庭等）的收入和支出之间的紧密联系变松时，软预算约束便产生了，因为支出可以由其他的机构来支付"，我们发现家庭部门并没有被排斥出软预算约束的范围。因此，科尔奈在 2014 年软预算约束的分析中，专题讨论家庭部门的软预算约束问题：从狭义（narrower interpretation）的消费信贷的角度看，当中央政府采用非正常手段干预，减轻家庭信贷负担便产生软预算约束问题；从广义（wider interpretation）角度来看，科尔奈认为一旦居民依赖家长式的政府和社会救助便会产生软预算约束综合症（syndrome）②。譬如，在非市场化的社会保险体系中，那些受到损害或陷入困境的人收到了公共资金（政府救助）支付的所有保费收益，但这种收益并非以支付保费获取保险金的商业化和市场化交易行为为基础。

　　基于科尔奈对家庭部门软预算约束的广义理解，我们很容易将对家庭部门消费行为的软预算约束分析拓展到对家庭部门投资行为的分析。众所周知，家庭部门在做消费决策时，其面临的是由家庭收入和产品价格共同确定的消费者预算约束。理性的家庭部门基于效用最大化的决策原则，确

---

① 家庭部门一直被认为是预算约束最硬（hard）的部门。
② 综合症是科尔奈对软预算约束系列现象的描述。

定在预算约束之下的消费组合选择。而当家庭部门进入金融市场从事投资活动时，遵循的基本原则是通过权衡风险和收益，确定金融资产的配置以实现期望效用最大化。家庭部门投资行为的软预算约束则意味着投资者收益风险不匹配，投资者获得投资收益并没有承担对等的风险。根据马科维茨（Markowitz，1952）的投资组合理论（均值—方差模型），不同风险偏好的投资者会基于市场确定的共同的投资有效前沿（资产选择集），确定风险资产和无风险资产的配置。如图 6 – 1 所示，横轴 o′ 为度量风险的标准差，纵轴为期望收益 $E(R)$，CAL（capital allocation line）为加入无风险资产后的资本配置线，CAL 在纵轴的截距为无风险收益 RF（risk-free），IC（indifference curve）为投资者的无差异曲线。当投资者面临硬预算约束（HBC，hard budget constraint），均衡点位于资本配置线（CAL^{HBC}）和无差异曲线（IC^{HBC}）的切点 E^{*}，此时投资者承担 o'^{*} 的风险并获得 $E(R)^{*}$ 的回报。一旦投资者预算约束软化，势必抬高市场无风险收益水平，导致 CAL 从 CAL^{HBC} 向上平移到 CAL^{SBC}。此时面临软预算约束的投资者会选择在 E^{**} 处实现均衡，承担不变的风险 o'^{*} 的并获得 $E(R)^{**}$ 的回报。

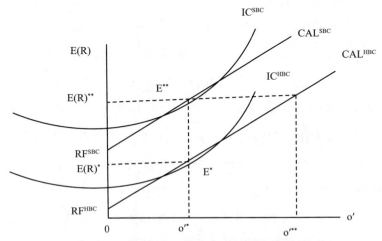

图 6 – 1　刚性兑付的本质：投资者软预算约束

以对非保本型理财产品的投资者利益进行事后兜底处理为特征的刚性兑付本身不具备法理依据和契约基础，因为非保本型理财产品的产品属性已经在事前约定了产品投资者应当承担的风险和损益。事后金融机构或第三方对投资者的刚性兑付本质上是一种"非常规"的救助手段，属于软预算约束综合症的表现。这种救助直接导致投资者突破自身风险承受能力的约束，将风险损失转嫁给金融机构（救助机构），获取与风险程度不对等的投资收益。图 6 - 1 直观地表明，与不存在刚性兑付的硬预算约束相比，软预算约束的刚性兑付导致投资者获得了 $E(R)^{**}$ 但仅仅只是分担了小于 o'^{**} 的风险 o'^{*}。

三、刚性兑付的成因与利弊

既然刚性兑付的本质是投资者的软预算约束，我们便可顺理成章通过分析软预算约束形成的原因来解释刚性兑付的成因，并进一步评价刚性兑付的利弊。基于软预算约束理论（科尔奈，2003），软预算约束的形成必须同时存在软预算约束体（budget constraint organization，即 BC - Organization，以下简称"BCO"）和软预算约束支持体（supporting organization，S - Organization，以下简称"SO"），BCO 和 SO 都存在软预算约束的动机，从而"合力"造就了事实上的软预算约束。科尔奈（2003）认为 BCO 存在软预算约束的动机是不言自明的，因为任何自利的经济主体都追求自身利益最大化，期望负盈不负亏，只享受收益不承担风险本在情理之中。关于软预算约束支持体 SO 的动机存在"外因论"和"内因论"两种不同解释，近年来"父爱主义"外因论的解释逐渐内生化处理，融入"动态承诺不一致"的内因论分析中。即在 BCO 软预算约束动机明确的前提下，软预算约束产生的根本原因在于 SO 的动态承诺不一致问题，是由于软预算约束支持体 SO 没有形成可置信的事后不救助的威胁所致。

（一）刚性兑付的成因

基于软预算约束的形成逻辑，在刚性兑付中，显然资产管理产品的投资者属于 BCO，而提供刚性兑付的金融机构或第三方属于 SO。我国金融市场的投资者存在刚性兑付动机，虽然也是作为自利的软预算约束体 BCO 的本质使然，但也与长期以来我国国有垄断性金融体制以国家信用为担保主要提供存款类金融产品的金融供给有关。由于绝大多数投资者习惯存款类产品本息的刚性兑付，也就逐渐形成对所有金融产品都存在国家信用隐性担保的兑付预期。当然，这种刚性兑付的预期只有获得软预算约束支持体 SO 的支持才能成为现实。因此，刚性兑付产生的关键在于金融机构或第三方充当 SO，提供"非正常"救助的动机。换言之，SO 的动态承诺不一致问题是引发刚性兑付的根本因素。

充当软预算约束支持体 SO 的金融机构或第三方对投资者提出的刚性兑付要求给予支持的原因是多方面的：一是金融机构迫于市场竞争压力的自主选择，二是监管机构监管竞争传导的外部压力，三是政府维护社会稳定的政治压力。单个金融机构或某类金融机构选择刚性兑付的原因显然在于自身利益最大化的考量，面临行业内竞争压力，打破刚性兑付意味声誉受损并招致未来客户流失，甚至面临金融牌照吊销的巨大风险（蔡英玉、孙涛，2017）。而在包括银行理财、信托、基金、保险等各个资产管理行业普遍存在刚性兑付的原因则在于行业间竞争以及事实上产品跨行业的多层次嵌套。资产管理行业内子行业之间的竞争形成刚性兑付的"囚犯困境"，使刚性兑付成为金融机构博弈的占优均衡（dominant equilibrium）。产品多层次嵌套更是形成事实上的混业经营，将名义上的分业金融机构捆绑为维持刚性兑付的利益共同体。从监管机构的角度考量，我国目前仍然实行分业经营分业监管模式，因而银行理财、信托、基金、保险等资产管理业务的监管机构之间存在监管竞争。监管机构以维护监管领域的金融稳定及防范风险外溢为目标，以监管评级和金融牌照吊销为手段塑造了金融机构向投资者刚性兑付的潜规则。此外，由于政府干预导致的金融机构刚性兑付在我国广泛存在，特别是地方政府迫于维护区域社会稳定的压力，会通过行政手段强制或诱使金融机构为投资者提供刚性兑付。虽然地方政府缺乏金融监管的权力，但由于其掌握庞大的经济资源和金融资源，足以对违背其意愿不进行刚性兑付的金融机构实施"制裁"。综上所述，在投资者普遍存在刚性兑付预期的前提下，软预算约束支持体 SO 基于自身的利益考量和迫于监管机构压力、地方政府的行政干预会存在"自觉"维持刚性兑付的动机，进而促使刚性兑付成为中国金融市场普遍存在的潜规则。

（二）刚性兑付的利弊

认可刚性兑付的本质是投资者软预算约束，而由于软预算约束并不是百害而无一利的，刚性兑付对金融市场的影响并非全部都是负面的。事实上，就像软预算约束广泛存在于发达的资本主义体制一样（崔之元，2000），刚性兑付在发达金融市场的影子银行领域同样存在（邹晓梅，2014；马晋芳，2016）。在存在利率管制的情况下，刚性兑付会增加投资者购买非存款类金融产品的积极性。我国信托产品、银行理财产品、保险产品及互联网金融产品发行初期，都因为顺应投资者刚性兑付的预期而获得快速发展。资产管理行业的刚性兑付实现了强大的金融资源动员功能，在一定程度上满足了实体经济和不同融资偏好融资者的金融需求。而且，既然刚性兑付是金融机构的理性选择，金融机构也就不会全然置金融产品的风险于不顾。根据银监会发布的理财产品市场报告，银行理财产品的发展表明，虽然银行发行的非保本型理财产品的占比持续攀升，到

2016 年接近 80%，但是到期亏损的理财产品占比稳定维持在 0.05% 的范围内，远低于同期银行不良贷款率水平。

当然，作为软预算约束的刚性兑付的负面影响是显而易见的。投资者软预算约束意味着投资风险损失的成本外部化，因而会形成负外部效应，提高金融市场无风险利率水平，导致金融市场价格机制失灵。刚性兑付导致风险向金融机构集中，而收益由投资者占有，造成投资者道德风险，进而激励投资者追逐高风险投资。如此必然导致金融资源大量向存在刚性兑付的金融行业转移，引致金融业务表外化并对信贷市场和资本市场产生"挤出效应"，破坏金融市场的稳定结构。刚性兑付的存在还会在金融市场产生逆向选择问题，由于违背高收益高风险的基本原则，投资者仅仅以收益高低判断金融机构或发行人的信用能力，如此必然将低风险的发行人排斥出市场，形成"劣币驱逐良币"的金融生态。由于在我国，资产管理产品的主要投资对象是债券市场，刚性兑付形成的逆向选择也导致债券发行人的信用等级下降，甚至出现同一债券发行人反复多次违约的金融市场异象。

四、有序打破刚性兑付

打破刚性兑付的共识和决策意味着，在现阶段刚性兑付的负面效应已超过其对金融市场的正面影响。但既然刚性兑付的本质是投资者软预算约束，是由软预算约束体 BCO 和软预算约束支持体 SO "合力"造就的，而且是在现有信息结构和激励相容约束条件下的博弈均衡，改变软预算约束动机产生的环境，打破刚性兑付就不会是一蹴而就的。况且，预算约束强度并不是越硬越好，刚性兑付也就不能简单一破了之，打破刚性兑付的过程实际上是要寻求金融市场合意的预算约束强度，在兼顾金融市场参与者各方利益的前提下，逐步建立起"卖者尽责，买者自负"的市场规则。

由此可见，刚性兑付作为投资者软预算约束的本质决定了"有序"应该成为中国金融市场打破刚性兑付的关键词。只有洞察明晰刚性兑付本质，从理论上厘清了刚性兑付的成因利弊，破解刚性兑付的对策才具备稳固的逻辑支撑，并在实施中发挥行之有效的作用。

（一）有序打破刚性兑付源于投资者软预算约束动机转变的渐进性

上文已经述及，我国资产管理产品的投资者作为软预算约束体 BCO 存在软预算约束的动机除了自利的理性经济人的本能驱使以外，也与我国长期实施垄断性的国有金融体制及金融市场长期提供单一存款类金融产品的产品结构有关。国有银行以"国家声誉"入股的方式为储户塑造了"永不破产"的预期，实现了国家对居民储蓄的广泛动员并由此获得丰厚的金融剩余（张杰，2003）。金融市场长期只是提供由国家信用担保的单一存款类金融产品，"培养"了居民要求金融产品刚性兑付的习惯心理。即使 2015 年我国建立了市场化的存款保险制度，但金融机构仍然缺乏实质性的市场化退出机制。为了与存款类产品竞争，作为替代品的资产管理产品发展初期几乎都将刚性兑付视为运作的潜规则。信托产品、银行理财产品等资管产品的刚性兑付先例会强化投资者刚性兑付的预期，因为软预算约束理论表明一旦存在救助的先例，软预算约束的动机就会进一步强化（龚强，2015）。即使 2012 年银监会颁布商业银行理财产品管理办法以后，银行理财产品刚性兑付的比例仍然高达 90% 左右，而在信托产品、债券市场等领域刚性兑付的比例同样居高不下。由此可见，在我国金融市场真正建立市场化的风险收益分担机制还任重道远。在政府信用隐性担保和行政干预仍然扭曲金融市场，金融消费者权益缺少有效法律保证和信用基础的环境下，消除投资者软预算约束动机恐怕只能循序渐进。由此决定，短时间彻底打破刚性兑付不仅不现实，甚至可能导致金融市场挤兑，破坏金融市场稳定。只有以投资者的承受能力为限，有序打破刚性兑付，才能缓释金融风险，重建金融产品交易的市场规则。

（二）有序打破刚性兑付源于金融机构（或第三方）软预算约束动机转变的渐进性

金融机构或第三方作为软预算约束支持体 SO 的软预算约束动机的消除同样是渐进甚至反复的过程。由于 SO 进行刚性兑付的动机既是金融机构迫于市场竞争主动的理性选择，也是迫于应对监管机构和地方政府压力的被动应对，因而消除 SO 的软预算约束动机需要各方的共同努力方能实现。在投资者软预算约束动机尚未普遍消除，利率管制仍然存在的前提下，作为发行存款类替代产品的金融机构要打破刚性兑付的"囚犯困境"，必须改变金融市场的信息结构，触发所有金融机构在重复博弈中采取一致行动。在资产管理产品已经存在多层嵌套的背景下，分业监管的监管体制同时造成监管不足和监管过度。监管不足表现为监管机构本位主义，监管机构之间的协调配合缺乏，难以为金融市场主体提供稳定的监管政策预期；监管过度则表现为监管机构以牺牲监管领域的金融效率为代价，片面追求局部金融稳定，胁迫金融机构采用非市场化手段平息纠纷。打破刚性兑付需要变革现阶段的金融监管体制，从分业监管转向功能监管和行为监管，建立监管机构之间的协调合作机制。显然，这一转变并非一日之功。而地方政府出于维护辖区社会稳定的目的，干预金融市场，驱使金融机构甚至自身直接充当 SO 的动机在短期内改变也并非易事。由此可见，消除作为软预算约束支持体的"非正常"救助，形成打破刚性兑付的可置信威胁涉及更为根本的制度变革和体制设计问题，并非单个金融机构的个体行动就能奏效。

（三）有序打破刚性兑付源于刚性兑付作为一种博弈均衡转变的渐进性

软预算约束是特定信息结构和激励相容条件下，支持体与预算约束体博弈而形成的一种纳什均衡。要硬化预算约束，必须改变原先的信息结构和激励相容条件，使博弈双方形成新的纳什均衡。但任何博弈均衡的改变，都意味着博弈参与者的利益调整。打破刚性兑付，实际上需要重新划分投资者、金融机构、融资主体、监管机构、地方政府等参与者的权利责任，这种不同利益主体之间的利益调整、撮合、妥协将会是渐进反复的过程。甚至可能因为谈判成本过高，博弈均衡的转变难以实现，而将市场锁定在低预算约束强度的"无效状态"。此外，有序打破刚性兑付意味着提高投资者的预算约束强度，但是预算约束并不是越硬越好。因此，有序打破刚性兑付实质是要寻求在一定的制度环境和利益结构中各方都能接受的合意的预算约束强度。而合意的预算约束强度需要各方参与者重复博弈，不断调适，并伴随政治经济环境的变化动态调整。由此可见，打破刚性兑付，并不是一味"单向度"提高预算约束强度，硬化预算约束。只有摒弃片面强调硬化投资者预算约束的"买者自负"，维护"卖者尽责"和"买者自负"的内在统一性，才能实现对刚性兑付的有序破解，促进资产管理业务和我国金融市场长期稳定发展。

第二节　不确定性与制度的认知本质——基于扩展的海勒模型

制度思想史的梳理发现（汪丁丁，2003），将人类社会长久存在的

"制度现象"抽象为"制度"概念进行研究的历史不过百余年。经济学对制度的研究肇始于凡勃伦 1899 出版的《有闲阶级论——关于制度的经济研究》。然而，迄今为止，向来以意见分歧著称的经济学家并未就制度研究的诸多理论问题达成共识（青木昌彦，2001）。回溯到制度现象的原点，重新探究作为制度原始构件的元制度的起源，不失为消弭理论纷争的可行路径。制度现象是复杂的人类现象，真实世界的制度是规制性、规范性和认知性的统一体（斯科特，1995）。与现有研究多注重制度的规范性和规则性不同，我们尝试融合制度经济学和行为经济学的分析框架，从不确定性和认知视角审视制度的起源，并从制度与认知共同演化的视角研究制度变迁，有助于弥补现有文献对制度的认知性研究不足的缺憾。

一、不确定性与制度需求——海勒模型

制度作为人类行动的产物是不争的事实，而不确定性是人类行动的本质内涵。人类有机体的不稳定性使得人不得不为自己的活动提供一个稳定的环境（伯格和卢克曼，2019），源于生物人类的本能需要，人类普遍存在使自身环境更易于预测的动机。由此可见，不确定性以及与之相应的制度现象伴随整个人类活动的始终。海勒（Heriner，1983；1985）模型洞察到人类活动的本性，独辟蹊径地赋予不确定性概念新的内涵，为从认知角度揭示制度起源及变迁贡献崭新的解释框架。

（一）不确定性的海勒定义

尽管沙克尔（Shackle，1957）认为 20 世纪 30 年代以来，经济学已经转变为一门"如何应对稀缺性和不确定性"，而非仅仅关注稀缺性的学科

（转引自克里斯蒂安，2020）。但海勒（1983）却认为主流的新古典经济学范式并未就不确定性——这个经济生活的根本建立起有效的分析框架。为弥补此缺憾，海勒创造性的定义不确定性的概念，并通过不确定性概念的展开重新搭建经济问题的解释框架，力图为真实世界广泛的人类活动（甚至包括生物活动）贡献更具说服力的分析逻辑。

海勒（1983）将不确定性定义为个体能力（competence）与所决策问题难度（difficulty）之间的差异（C－D Gap），并指出新古典范式行为主体决策能力与决策问题难度相互"匹配"的假定明显有悖于真实世界。基于不确定性的定义，不确定性显然受制于两类因素的影响：一类是个体能力因素（p），海勒将其定义为感知因素（perceptual variables），即行为主体识别自身行为和环境关系的能力（Heriner，1983）；另一类是环境因素（e），决定行为主体所需解决的决策问题的复杂性。据此，规定不确定性函数为：$U = u(p^-, e^+)$。其中，U 表示不确定性，p^- 表示不确定性与个体能力呈反向关系，e^+ 表示不确定性与环境复杂性呈正向关系。

不确定性函数仅仅只是描述不确定性与个体能力和环境复杂性之间的定性关系，并不能精确量化不确定性程度。奈特（1921）指出"可测量的不确定性"与"不可测量的不确定性"存在根本区别，只有将"不确定性"一词限定在非定量情形下，才是一种"真实"（genuine）的不确定性。海勒（1983）将不确定性定义为 C－D Gap 时，已经认识到对"真实"不确定性进行量化分析的困难，进而主要运用非量化的类比方法比较不确定性程度的差异（比如人类不确定性程度远低于非人类动物），具体到对个体能力的分析也主要是描述性的定性分析。因为从个体对环境的感知到个体行为决策的过程（环境—信息—行为），可以细化为个体从环境提取信息、识别环境状态（涉及判断能力）和基于状态信息进行行为决策（涉及决策能力）两个阶段，海勒（1983）定义的个体能力也主要包含行为主体的判断能力和决策能力。前者包括个体基于自身的认知框架对已知和潜在环境信息的处理和解释能力及个体对外在环境特征的敏感性；后者包括个体对自身偏好和预期的感知能力、个体对自身认知能力的评价以及基于过去经验和未来预期进行现实决策的能力。影响不确定性的解决问题的复杂性则主要与三个因素有关：环境可能发生的状态（S）、各种状态发生的可能性（P）以及状态与其发生可能性之间关系的稳定性（S与P之间关系的稳定性）。

（二）不确定性派生制度需求

不确定性直接影响行为主体行为决策的绩效，进而决定其在复杂环境条件下的生存机会。海勒（1983；1985）基于生存可靠性条件（the reliability condition），证明源于 C – D Gap 的不确定性需要对行为选择的灵活性进行限制（flexibility constrained behavior）。人类面临不确定性，需要通过构造规则去限制选择的灵活性，改进控制环境的能力，由此派生出对制度的需求。

生存可靠性条件建立在简单的成本收益分析基础上，基本逻辑是行为选择的收益高于行为选择成本时，该项行为会被选择，即：

$$g(e)r(u)\pi(e) > l(e)w(u)[1 - \pi(e)] \qquad (6-1)$$

其中，$\pi(e)$ 为环境出现正确状态的概率，相应的 $1 - \pi(e)$ 为环境出现错误状态的概率；$r(u)$ 为正确状态下做出正确选择的概率，相应的 $w(u)$ 为错误状态下做错误选择的概率，u 为前文定义的不确定性函数；$g(e)$ 为正确状态做出正确选择获得的收益，相应的 $l(e)$ 为错误状态错误选择导致的损失。

式（6-1）变形可得：$\dfrac{r(u)}{w(u)} > \dfrac{l(e)[1 - \pi(e)]}{g(e)\pi(e)}$　　　　$(6-2)$

将式（6-2）右侧定义为行为主体"要求"的可靠性（能够容忍行为灵活性的下线 tolerance limit，T(e)），左侧为行为主体"实际"的可靠性。由此可见，当且仅当 $\frac{r(u)}{w(u)} > T(e)$ 满足时，行为主体方能灵活选择其行为。进一步给定 $\frac{l(e)}{g(e)}$ 的比值，则 T(e) 大小仅与 $\frac{[1-\pi(e)]}{\pi(e)}$ 有关。当环境出现正确状态的概率 $\pi(e)$ 下降（环境复杂性上升）时，"要求"的可靠性 T(e) 会上升，给定"实际"的可靠性 $\frac{r(u)}{w(u)}$ 保持不变，则式（6-2）规定的满足生存的可靠性条件可能反转。面对此类环境复杂性上升导致增加的不确定性，行为主体在自身能力难以改进的情况下，唯有通过对行为选择的灵活性加以限制实施对环境的控制。由此我们不难发现真实世界中广泛存在的"习惯、惯例、经验法则、管理程序、风俗等""规则引导的行为"（rule-governed behavior，Heiner，1983）。基于此，海勒（1983）得出不确定性是"可预测行为的根源"的理论洞见，而制度则是人类用于应对不确定性，使人类行为可预期的重要工具。正是在这个意义上，不确定性派生了作为行为规范的制度需求。

二、不确定性认知与制度起源[①]

海勒（1983；1985）创造性地将不确定性定义为 C – D Gap，建构起认知与制度之间的逻辑关联，为从认知视角理解制度起源及变迁机制，解释人类社会的制度现象开辟了新的思维路径。然而，从方法论的视角审

---

① 为规避对诸如正式制度起源于非正式制度，某正式制度源于其他类型正式制度的有关制度起源迭代性的争论，本文所指的制度起源是元制度起源。

视，海勒基于不确定性——灵活性受限的行为选择——制度（规则）的分析逻辑仍然是功能主义解释（functional explanation），即引用结果而非原因来解释行为或行为模式（埃尔斯特，2019）。诚然，不确定性派生了对充当行为规范的制度的需求，但制度不会从天而降自然而然地产生，天下没有"免费的制度"。相比制度需求，制度供给是更为根本性的问题。面对不确定性，"谁制定了规则，规则是为谁制定的以及它们的目标是什么？"才是理解制度现象的关键问题（诺斯，2008）。为此，需要进一步扩展海勒模型，以不确定性个体认知为起点，深入分析个体认知与群体认知的关系，回归到基本制度的一般形态——元制度（青木昌彦，2001）①，探寻制度起源的"密码"。

（一）不确定性个体认知的异质性与制度建构

"在社会科学里，令人满意的解释必须最终锚定于针对个体行为的假设上"（埃尔斯特，2019），对海勒模型的扩展必然以不确定性个体认知的异质性为突破口。实际上，海勒（1983）基于 C – D Gap 的不确定性定义已经暗含不确定性的异质性（个体差异不能简单处理为模型的误差项）。显然，对于同等复杂程度的决策问题，由于不同行为主体判断能力和决策能力的差异，各自感知的不确定性必然存在差别。海勒对人类和非人类动物不同物种之间的比较，证明了此类不确定性的异质性。而人与人之间的能力差异也是人类社会不言而明的基本事实，由此可以推论 C – D Gap 中 D 相同的情况下，由于行为主体 C 的差异导致不确定性的异质性。

---

①　从人类制度演化的总体特征看，包括正式制度、非正式制度和制度实施机制的制度架构经历了从简单到复杂的历史发展过程。元制度作为整体性制度安排的原始构件，是后续制度生发繁衍的基础，习俗则被一致认为是至关重要的元制度。因此，探究制度的起源无一例外都选择从研究习俗着手。

除此之外，不确定性的异质性还源于行为主体异质性的不确定性偏好，不同行为主体对待相同不确定性的态度存在差异。因为不确定性喜好型（uncertainty seeking）、不确定性中性（uncertainty neutral）和不确定性规避型（uncertainty aversion）（Fehr，2020）的不确定性偏好差异，行为主体面临不确定性时会存在不同的行为选择，进而在行为选择的灵活性上表现出异质性，也必然形成不同的制度需求和制度供给动机。

不确定性异质偏好的行为主体还存在不确定性容忍度（tolerance of uncertainty，TU）的差异，即使是不确定性喜好型的行为主体同样存在寻求不确定性的本能和无法忍受的不确定性水平（Buhr & Dugas，2002）。不确定性容忍度就像一个"过滤器"（Buhr & Dugas，2002）会影响行为主体对环境的感知和判断能力。在环境—信息—行为的决策过程中，不确定性容忍度直接影响行为主体环境信息的提取和加工方式（黄仁辉，2014）。低不确定性容忍度的个体会更加"注意"环境信息中的威胁信息而"忽视"机会信息，因而对海勒意义上的生存可靠性的"要求"更高，即能够容忍的行为灵活性的下线（tolerance limit），$T(e)$ 的阈值更小 $[\pi(e)$ 的要求增大$]$。为满足式（6-2）的生存可靠性条件，此类行为主体有更高的确定性需要（need of certainty），因而会选择更加可预期的行为或者对能够约束其他行为主体的规则存在更强的需求。不确定性容忍度不仅影响行为主体对环境信息的筛选和过滤，还会对行为决策所需信息量产生影响。低不确定性容忍度的个体相较于高不确定性容忍度的个体需要更大的信息量辅助决策，意即前者对 $\pi(e)$ 取值的要求更大，因而更可能回避灵活性的行为选择或者具有更强的动机提供刚性的行为规则。

（二）个体认知到群体认知的转化与制度起源

不确定性个体认知的异质性是探究制度起源问题的起点，但作为规范预期和提供秩序的制度只能是社会化的产物。只有不确定性的个体认知能够进一步转变为群体认知，建构起群体关于不确定性的共享信念，制度方能应运而生。言下之意，制度起源于从个体认知转变为群体认知的制度化过程。探究制度起源的要害在于明晰制度化过程的机理，辨识决定哈耶克意义上的个人的感觉秩序（sensory order）转化为社会秩序（social order）的关键因素（哈耶克，2013）。

个体基于自身对不确定性的认知，选择对自身行为的灵活性进行限制，这种灵活性受限的行为在不断重复后就会形成一种模式。对个体而言，形成行为模式意味着个体行为已经被惯例化（habitualization）。但基于不确定性个体认知的异质性，不同行为主体惯例化的行为并不必然一致。假设 A、B 两个具有不同不确定性认知的个体产生"互动"，此时 H_A、H_B 两类不同惯例活动就会交互类型化（reciprocal typification，伯格和卢克曼，2019），个体认知转化为群体认知的制度化过程就出现了①。开启制度化过程就必然面临不同行为主体异质性认知的协调或认知冲突解决问题。当存在认知冲突时，谁的认知更重要就成为制度化的关键，因为制度只能反映那些有能力实现其目标的行为主体的个体认知。言下之意，每一个社会都有一些被认为"权威"的社会成员并由他们决定"什么是惯例？"，并达成共识。为此，我们必须引入"权威的权力结构"解决制度化过程的认知冲突问题。回溯到作为元制度的习俗产生过程中"合法"权威可能赋予单个行为主体，比如"父亲、医生、法官、裁判员及男管家。或者也可以是分散的，比如群体成员对某种一般性原则的一致赞同为基础的权威"（道格拉斯，2013）。"权威"的社会成员要证明其个体认知

---

① 逻辑上可以认为个体行为的惯例化过程先于任何制度化过程，但事实上，由于人类的社会性本质，人类惯例活动的最重要部分与人类活动的制度化是同延的（coextensive），难以在时空上将二者划分为完全独立的过程（伯格和卢克曼，2019）。

的"合法性",就只能借助于不同于社会环境的物理环境,将人类活动的某种规定性类比为自然世界或超自然世界的运行法则,利用独立于人类活动的物理世界的永恒性满足人类活动寻求确定性的诉求。道格拉斯(2013)引用劳动分工的习俗源于"女人对男人就如左手对右手"的类比,证明身体类比的结构强化了社会原则,而正是群体共享的类比促使一系列制度合法化①。当 H_A、H_B 两类不同惯例活动得到 A、B 的共同认同而不再是个体的自发行为时,A、B 就构建起了关于不确定性的共享信念,两人的惯例活动获得了稳定性,成为扩张性制度秩序的基础。

三、制度和认知的共同演化与制度变迁

C – D Gap 意义上的不确定性会派生限制行为选择灵活性的制度需求,而当合法"权威"对不确定性的个体认知转变为群体认知,变成群体共享信念,制度便因为制度化的过程得以建立。既然元制度是整体制度体系的原始构件和一般形态,因而可以将制度变迁视为基于元制度的繁衍生发过程。基于对元制度起源的分析逻辑,不难发现制度变迁的动力机制源于个体 C – D Gap 的变化和个体认知转化为群体认知的制度化过程(经验上,这两个过程往往相互交织,难以独立区分)。由于制度一旦建立,就不仅仅只是作为行为规范性的被动存在,而是具有影响认知和行为的能动性。制度与认知复杂的双向作用,认知的制度化与制度化的认知交替推进催生了纷繁复杂的制度变迁现象,这正是诺斯(2008)"信念—制度—组织—政策—结果"这一制度分析逻辑的根本要义。

---

① 人类早期社会中,巫术、神话、图腾和宗教几乎都通过"人神合一""天人合一"等类比想象塑造"权威"的合法性。

（一）制度变迁的动力机制：基于制度的认知本质

既然个体认知是制度生发的基础，个体 C－D Gap 的变化就成为制度变迁首当其冲的因素。给定个体能力 C 不变，外部环境复杂程度的变化引发决策问题困难程度 D 的改变，必然诱发制度变迁的需求。"理解不断发展的人类环境的必要前提是理解那些导致物理环境被'征服'的革命性变化。"而制度是"征服"物理环境变化导致的不确定性的重要手段（诺斯，2008）。相对物理环境的不确定性，人类社会环境的不确定性变化对制度变迁的需求更为强烈。如果外部环境复杂程度 D 总是处于持续的变化之中，C－D Gap 的大小就关键取决于个体认知能力 C 的变化，正是在这个意义上诺斯认为个体认知模式是理解制度变迁的关键（诺斯，2008）。前文已经提及个体认知能力包括对环境信息的判断能力和基于判断的行为决策能力。对环境信息的判断能力需要个体对环境变化有"正确"的感知，但由于个体知识的有限性，个体对外部世界的感知必然是不完全的①。而且即使具备相对完备的知识，个体在环境信息的感知过程中还存在启发式思维、确认性偏见（confirmation bias）、高估低概率事件低估高概率事件、框架效应、可得性偏误（availability bias）等一系列认知偏差导致其对环境信息的"误解"。进入决策阶段，由于惯例化决策本身既是跨期决策也是风险决策，行为个体认知偏差中的即时偏误和确定性偏好同样影响决策的"正确性"。当然，人类个体通过认知层面和知识层面的学习能消减部分影响认知能力的认知偏差，但认知偏差普遍广泛的存在是不争的事实。此外，由于制度与认知的双向作用，个

---

① 哈耶克认为个体的感觉秩序（sensory order）只能是物理秩序（physical order）的不完全表征。因而感知是否"正确"，就很难具有纯粹的客观性，而只存在主体间客观性（inter-subjective）。

体的认知、知识和学习都是制度嵌入或制度依赖的（Dequech，2006）。社会业已存在的元制度会直接影响个体认知能力，进而推动或阻碍制度变迁。因为元制度的存在意味着与 A、B 二人对应的 H_A、H_B 惯例行为已成为一种规定性，即不同角色选择符合共享信念的各自行为行事。此时，"我们就是这样做的"变成了"事情就该这样做"（伯格和卢克曼，2019），这种由规定性决定的专业分工会进一步引导个体学习和知识获取，塑造其认知能力。

个体认知转化为群体认知的制度化过程同样是制度变迁的重要动力机制。由于合法"权威"在制度化过程中具有举足轻重的作用，"权威"的转换及作为个体"权威"的 C－D Gap 的变化都会影响制度变迁。首先，经济变迁的过程中，人类社会的"权威"并不是一成不变的。无论从先天遗传还是后天习得的角度看，人类发展的不同阶段都会有不同的个体或不同的一致认同的基本原则被认为是"重要"的。"权威"的转换必然重启个体认知转化为群体认知的制度化进程，导致制度变迁。其次，给定"权威"固定的前提下，充当"权威"的个体认知能力的改变便成为诱发制度变迁的重要力量。"权威"的个体认知偏差可能会通过制度化的形式演变为群体认知偏差，导致"权威"对环境认知的个体偏误演变为整个社会的系统性的群体偏误。同时，在群体内异质性个体交互行动的过程中，可能涌现完全不同于个体认知偏差的群体认知偏差。群体具有特有的、不同于独立个体的特征，会形成独特的群体情绪和群体道德（勒庞，2011）①，进而影响制度选择。最后，实现个体认知转化为群体认知的手段和方式的同样影响制度变迁。"共享"信念并不是自然而然形成的，

---

① 勒庞认为群体具有冲动、急躁、非理性、缺乏判断力和批判精神、夸大情绪、偏执、独断和保守等不同于独立个体的群体情绪和群体道德。

"共享"达成的程度和形塑的时间会因为差异化的转化方式而异。由于"无论给群体提供的是什么样的观念，只有当这些观念具备绝对化、不妥协和简单化的特性时，才会发生效用"（勒庞，2011），合法"权威"为使自己对不确定性的个体认知及时上升为群体认知，就必然对其个体认知进行"加工改造"以引起个体注意和迅速传播，实现异质性个体认知的统一。而此时，"权威"会充分利用元制度对个体感知的控制力，系统地引导个人记忆，把他们的感知引领到与"共享"信念要求相匹配的形式中去，推动制度变迁的进程。

（二）制度变迁与经济增长：基于制度的认知本质

制度变迁与经济增长关系的研究或对制度变迁绩效的考察是新制度经济学和新政治经济学的主要议题，研究的基本结论是有效制度是经济增长的根本原因，路径依赖是阻碍有效制度形成的重要因素（诺斯，阿西莫格鲁等，2008）。然而，晚年的诺斯（2008）在剖析苏联故事时，已经认识到苏联故事是一个"可感知的现实—信念—制度—政策—改变了可感知的现实"如此循环往复的故事。可见，一旦在制度分析中引入认知视角，制度与经济增长便不再是单向度的关系，而是成为互为因果的双向关系。制度的认知本质为理解制度与经济增长关系及制度变迁的路径依赖提供新的理论工具。

人类活动的结果和信念都作为制度而相互构建（青木昌彦，2001）。既然制度是限制不确定性条件下行为选择灵活性的工具，个体行为活动的不确定性便应该是制度生发的前提条件。正是因为人类经济活动的扩张，人类社会环境日益复杂化，基于 C – D Gap 的不确定性不断增强，才会不断派生日益复杂的制度体系。在此意义上，经济增长是因，制度变迁才是果①。当然，如同制度与认知的双向作用，制度一旦形成，将有利于形成他人行为的稳定预期、节约行为主体的认知资源，进而成为推动经济增长的有效手段，转身成为经济增长的原因。由此可见，基于制度的认知本质，制度与经济增长之间的因果关系是互相转化的，存在复杂的双向作用。由于经济活动和经济增长的动态性，就要求制度本身需要不断地进行更新调适，以适应处于持续变动之中的不确定性。而且因为制度本身是群体认知的结果，是为追求确定性秩序的一种社会创制，但制度的自反性表明制度将不确定性制度化为确定性的同时重新制造了制度化的不确定性，因而制度的变迁调整也是制度化本身的内在要求。但由于制度变迁路径依赖的存在，真实世界存在大量无效制度和制度锁定现象。路径依赖成为制度变迁的阻碍因素，而造成路径依赖的原因则能从制度与认知的双向作用中获得新的解释。"路径依赖与其说是一种'惯性'，还不如说是过去的历史经验施加给现在的选择集的约束"（诺斯，2008）。从认知角度看，无论是个体认知偏差还是群体认知偏差都可能导致对不确定性和制度规则本身的认知偏误②，使合法"权威"缺乏对制度变迁的"正确"认知或缺乏制度变迁的动机。而且由于现存制度本身会强化认知偏差，即便存在学习过程，由于今天的制度会限制未来的选择，认知固化的问题仍然不可能消灭。除此之外，合法"权威"的转换困难更是路径依赖的最大障碍。一旦"权威"形成就会充分利用各种资源维护其"合法性"，固守"权威"的合法地位，阻止被替代的可能性。"制度有一种可悲的自大狂，

---

① 张夏准（2020）在将当今发达国家过去的制度和政策与当今发展中国家进行比较时发现，后者被前者批评的贸易保护、政府干预等政策在发达国家处于不发达阶段时曾普遍采用，而后者被普遍要求的自由贸易、自由市场等"国际标准"均是经济发达之后的制度设计。由此可见，制度是经济增长的结果，而非增长的原因。

② 群体认知偏差的核心是对规则的启发式思考而非理性思考。

就像计算机，它眼中的整个世界不过是它的程序"（道格拉斯，2013）。制度的路径依赖本质是认知的路径依赖，认识到路径依赖的本质才有助于更好地理解制度与经济增长的复杂关联。

基于 C – D Gap 的不确定性需要限制行为主体行为选择的灵活性，进而派生具有应对不确定性功能的制度。然而制度并不会自然而然产生，扩展海勒模型，进一步分析不确定性个体认知转化为群体认知的制度化过程，探究制度起源的"密码"并立足制度与认知的共同演化厘清制度变迁的机理。本节将个体认知偏差和群体认知偏差引入制度分析，为解释制度现象，理解制度变迁的路径依赖、制度与经济增长关系提供了新的理论视角。"比起对我们所遇到的问题没有任何解释而言，进行某种解释可能是一个优先存在的特征"（诺斯，2008）。制度现象是复杂的人类现象，富有解释力的分析框架，需要实现理论逻辑、历史逻辑和实践逻辑的统一，并能对制度的规则性、规范性和认知性进行整体分析，这无疑是后续研究面临的巨大挑战。

第三节 交易成本还是不确定性？——法律与金融关系的理论逻辑

沉寂多年的法律与金融关系的古老命题因为 20 世纪末"法与金融学"（law and finance，LAF）横空出世得以重归主流经济金融理论的视野（Rafael La Porta，Florencio Lopez – de – Silanes，Andrei Shleifer，Robert Vishny & Simeon Djankov，1997；1998；2000；2003；2008）。ŁAF 的研究结论表明法律起源至关重要，普通法国家相比较大陆法国家有更发达的金融市场，进而有更可观的经济增长。虽然 LAF 的文献及基于其理论研究的政策得到学界及世界银行和国际货币基金组织的竞相追捧，但也从来不乏尖锐的批评与质疑。众多的反对声浪中，"金融的法律理论"（legal theory of finance 或者 law in finance，LIF）[1] 无疑最富挑战性和彻底性，因而也更能有效弥补 LAF 遗留的研究缺憾（Pistor，2008，2009，2013a，2013b，2017，2019；Hodgson，2013；Deakin，2013，2017；Awrey，2015）。2008 年的金融危机给予只能"在金融市场正常波动时期适用"的 LAF 理论迎头痛击，转而赐予作为其批判者的 LIF 理论的发展良机。然而，无论是坚持"法律决定金融"的 LAF 还是秉承"法律与金融互动"的 LIF 均缺乏坚实的理论基石和自洽的逻辑推演，尚未形成理论逻辑和实践逻辑（历史逻辑和现实逻辑）相互统一的理论体系。要从整体上回答法律与金融的关系问题，就必须在理论逻辑上为二者关系"应该是怎样的？"及"为什么应该是怎样的？"问题找到答案，并在实践逻辑中回答二者关系"事实是怎么样的？"问题。我们认为消弭 LAF 和 LIF 有关法律与金融关系"孰因孰果、亦因亦果"理论纷争的关键在于厘清二者相互作用的机理，即求解"为什么应该是怎样的？"问题。

一、"法与金融"还是"法于金融"？

追溯理论的问题来源，厘清学术研究展开的思想进路，有助于我们从思想原点寻找理论分歧的"基因"。LAF 范式研究的时间跨度主要集中于 1998 ~ 2008 年，发端于被广泛引用的拉斐尔拉门（Rafael La Porta）、

---

[1] 金融的法律理论的主要代表皮斯托（Pistor）在 Journal of Comparative Economics，（2013）41 专题研究中，以 "Law in Finance"（法于金融，LIF）作为标签与法与金融学的 "Law and Finance"（法与金融，LAF）相区别。Legal Theory of Finance 直译为金融的法律理论，皮斯托也使用 LTF 的简称，但本书认为用 "Law in Finance"（LIF）能更直观反映该理论与 "法与金融学" "Law and Finance"（LAF）的区别。

弗洛伦西奥·西拉内斯（Florencio Lopez-de-Silanes），安德瑞·史莱佛（Andrei Shleifer）和罗伯特·维什尼（Robert Vishny）四位作者的作品（LLSV，1998）[1]，并以拉斐尔拉、弗洛伦西奥·西拉内斯和安德瑞·史莱佛（LLS，2008）对自该文发表以来10年间相关质疑的回应论文阶段性落幕。从发表记录看，LIF范式兴起于法学家对LLS（2008）的正面交锋（Pistor，2009），在2013年自成面目后陆续受到法金融学、法经济学交叉研究的追捧，尤其得到研究转型国家法律与金融问题学者的关注[2]。

（一）LAF和LIF：理论缘起

LAF范式的问题来源于对莫尼迪安和米勒（Modigliani & Miller，1958）有关公司资本结构问题的追问。莫尼迪安和米勒提出的MM定理及基于此发展的公司的最优资本结构理论，均是从企业融资（资金需求方）的角度，论证为实现公司价值最大化"需要"最优的股权和债权融资结构（最优资本结构的需求侧）。但是获得股权和债权"融资"的前提是存在相应的"投资"（资金供给方），因而对股权投资者和债券投资者的现金流归属进行明确，确保投资者的权利[3]就成为最优资本结构实现的前提

---

[1] 从发表时间看，"Legal Determinants of External Finance"（Rafael La Porta, Florencio Lopez-De-Silanes, Andrei Shleifer & Robert W. Vishny, 1997）早于"LLSV，1998"，但是前者（NBER working paper5879，1997）基于后者（NBER working paper 5661，1996）的思想基础。

[2] 有关LAF的国内外文献综述较多，但对LAF和LIF进行比较研究的国内文献比较少见（最近为：许荣等，2020），尤为可贵的是曾康林等2005已经提及皮斯托的研究，（可惜并未受到国内金融学界的关注）。综观国内外LAF和LIF的综述文献，大多是述的多，评的少；"破"的多，"立"的少。在少有地注重"评"的文献中皮斯托（Pistor，2009）、张杰（2012）、霍奇逊（Hodgson，2013）和奥维利（Awrey，2015）直击要害，闪耀思想之光。

[3] 投资者权利通过契约得以规定，这是詹森和麦克林（Jensen & Meckling，1976）及哈特（Hart，1995）的研究结论。

（最优资本结构的供给侧）。投资者权利从何而来？投资者利益如何得以保障？LLSV（1998）认为法律因素至关重要①，各国法律规则的差异能够解释公司治理的差异。至此，从研究的思想进路看，LLSV（1998）相对于 MM（1958）对资本结构的研究已经实现了两次转向：一是从资本结构决定的"需求侧"转向资本结构决定的"供给侧"，二是将"微观层面"对个体企业资本结构的差异外推至"宏观层面"国家之间企业资本结构（甚至金融结构）的差异（实现惊险也是危险的跳跃）。既然研究的问题已经提出，LLSV（1998）在并未对"法律起源"这一概念进行精确定义的前提下，便开始循着研究假设—机理论证—计量分析的经验实证研究的规范流程展开论述。而正如 LLS（2008）的回应性论文总结，LAF 的主要贡献限于对各国法律规范的量化评分，以及在此基础上利用法律起源这个外生变量对法律制度与金融发展的经验检验。实际上直至 2008 年，LAF 的原作者才在 LLS（2008）对法律起源的定义进行专门探讨②，并对法律起源影响金融发展和金融资源配置方式的机理（法律起源—金融制度—金融活动或经济社会产出）进行了归纳。相比较 10 年前 LLSV（1998）中对法律起源影响金融发展的两种机制：政治机制（已被后续研究完全质疑）和适应机制的粗糙分析，LLS（2008）对传导机制的分析无疑具有进步意义。

　　皮斯托（Pistor，2013a）坦承 LIF 范式缘于由 LAF 带火的有关金融

---

　　① LLSV（1998）明确指出公司资本结构研究的理论转向，应该从资本需求的"需求侧"转向资本供给的"供给侧"（since the protection investors receive determines their readiness to finance firms, corporate finance may critically turn on these legal rules and their enforcement.）。

　　② 该文声称采用广泛的法律起源的定义，将其定义为经济生活（也可能是生活的其他方面）的控制类型。并进一步将普通法界定为支持私有市场的社会控制思想，而大陆法系则是寻求用国家意志配置资源。

与法律关系的争论，并致力于解决 2008 年金融危机诱发地对金融市场和金融体系的理论反思。既然 LIF 范式的研究目的在于寻求不同于 LAF 范式（已然稳居主流）对法律与金融关系问题的解释框架，先"破"后"立"就成为 LIF 范式优选的思维展开路径。与多数质疑 LAF 的文献主要聚焦于变量选取和计量模型的选择不同，作为法学家的皮斯托直击 LAF 的方法论缺陷和逻辑失洽，批评 LAF 范式存在的"三宗罪"：外推谬误（extrapolation fallacy）、传导问题（transmission problem）和外生悖论（exogeneity paradox）。外推谬误即 LAF 思维路径中从公司个体"微观层面"的资本结构向"宏观层面"国家的金融机构的危险跳跃（这本质上是所有坚持个体主义方法论研究复杂社会经济问题的痼疾）。整个国家的金融结构或金融体系结构并不是单个金融活动的简单加总，从个体交互形成整体的过程中存在复杂的涌现现象。分析个体金融活动时视为外生因素的金融市场、金融中介和金融法律，一旦进入整体金融活动的分析便不能再被假设为理所当然的存在（市场、企业和法律都会从天而降，自然而然产生）；传导问题剑指 LLS（2008）中补充的"法律起源—金融制度—金融活动或经济产出结果"的传导机制，指出该机制的最大弊端在于缺乏反馈回路（no feedback loop），只选择性注意了法律制度对金融活动的单向度约束关系，而对金融活动对法律制度的反向作用视而不见；外生悖论某种程度上与传导问题相关。皮斯托（2009）强调法律、政治与金融的互动关系，法律并不是独立于政治和经济的外生变量（law in finance not an add-on finance，Pistor，2013a），法制变迁内生于经济和政治变迁。以"破"为基础，LIF 范式将理论假设作为"立"的根本，提出作为金融的本质的不确定性和流动性波动，以及金融固有的不稳定性是 LIF 理论研究的前提。以此为基点，LIF 范式主要运用历史归纳法①论证法律与金融的双向互动关系，并结合 2008 年金融危机的治理开出金融改革和金融法治建设的对策处方。

（二）LAF 和 LIF：观点交锋

LAF 和 LIF 观点交锋集中表现为双方研究命题的分歧。对于前者的研究命题 LAF 自身在 LLS（2008）以及其对手 LIF 在皮斯托（2013a）中均有归纳总结，后者的研究命题主要见于 LIF 内部的学者（Pistor，2013a，2013b；Deakin，2013；Hodgson，2013），而奥瑞（Awrey，2015）和许荣等（2020）对双方的研究命题均进行了详细的总结。我们综合比较现有研究，将各自主要的四个研究命题汇总如表 6 - 1 所示。

表 6 - 1 　　　　　　　　　　 LAF 和 LIF 研究结论比较

LAF 主要命题（LLS, 2008）	LIF 主要命题（Pistor, 2013；Awrey, 2015）
（1）各国法律法规存在系统性差异，而且这些差异可测度、可量化。 （2）各国法律法规差异很大程度上源于法律起源的不同。 （3）各国历史发展中法律传统风格的根本分歧——大陆法系强调政策执行，普通法系强调支持市场，很好地解释了法律规则差异的原因。 （4）测度出的法律规则的差异会影响经济和社会产出	（1）金融市场是规则约束（rule-bound）的体系，法律内生于金融。 （2）金融契约本质是混合治理（hybrid）。 （3）金融体系是一种层级结构（hierarchy）。 （4）金融制度既是金融市场发展不可或缺的支持力量，也是金融不稳定的重要来源

至少从表面上看，LAF 和 LIF 的命题之间似乎并不存在针锋相对的矛盾，二者更像是在法律与金融关系问题的研究上"花开两朵，各表一枝"。LAF 的着力点在于对"法律起源是重要的"（法律起源而不是泛指

---

① 皮斯托认为 LIF 是一种归纳理论（LTF is an inductive theory, Pistor, 2013），显然不同于 LAF 主流文献的演绎法传统。

法律制度）这一结论提供可量化的经验证据（重心落在量化分析），至于法律与金融关系的理论逻辑，对 LAF 而言更像是研究资本结构或金融结构的副产品；反观 LIF，其侧重点恰恰在于系统论证法律制度与金融的关系（重心落在机理分析）。但无论对法律与金融关系进行定量分析还是定性分析都必然存在或隐或现的假设前提，因而 LAF 和 LIF 命题层面的"表面分野"定然包含"实质分歧"。

相比 LAF 隐藏于逻辑推理和理论结论中并未明示的假设前提，LIF 范式则有明确的说明。首先，二者研究假设的差异首先表现为对制度是自发秩序还是建构秩序的认知差异（Hodgson，2013），LAF 字里行间透露着自发秩序的演绎，LIF 则毫不含糊地坚持建构秩序。LAF 在 LLS（2008）中指出该范式提出的"普通法系相对大陆法系更注重对私人产权的保护"的观点是遵循了哈耶克的分析思路（众所周知，哈耶克是坚定的自发秩序论者）。坚持自发秩序假设的 LAF 理所当然的视市场为"自然之物"，在其分析金融结构的思路演进的"两次转向"中，均没有论及"金融市场从何而来？"仿佛只要存在有利于投资者保护的法律制度，市场"自然"就会产生①。而真实世界的现实是市场从来都不是自发出现的，尤其是当今复杂的全球化金融市场无一不是人为精心设计的产物。此外，法律虽然源于自我实施的习俗，但二者之间存在本质的区别，前者必须部分依赖强大的国家力量进行建构（Hodgson，2013；Pistor，2009）。其次，LIF 明确自身的理论以金融市场不确定性和流动性波动的存在为前提，而 LAF 显然只是隐含地关注了能够转化为风险的不确定性，而且忽视金融市场固有的流动性约束（LAF 对金融市场的认识沿袭了主流新古典金融理论范式

---

①　视市场和法律为"自然之物"的本质是制度的"需求决定论"，显然忽视了制度供给。

的惯常）。金融活动的本质是不确定性条件下金融资源的跨期配置，金融资产的价值取决于预期收益率的贴现。由此可见，不确定性（奈特意义上的不确定性）是金融活动的"灵魂"。但由于真正的不确定性（fundamental uncertainty）意味着"不知道"（uncertainty is unknown，Keynes，1937），必然无法量化，进而"对于不确定性，经济推理变得毫无价值。"（Lucas，1977；转引自 Hodgson，2013）。由于不确定性不可计量，自然会被注重演绎推理和量化分析的 LAF 范式抽象掉。而且，由于坚持金融市场和法律制度的自发秩序，LAF 强调市场自发力量矫正失衡回归均衡的机制，也未触及外部冲击发生时的流动性约束。正如 LLS（2008）所言，LAF 实在只是在金融市场"风平浪静"的时候，而非"血雨腥风"的条件下满足的理论。最后，基于 LAF 和 LIF 上述两方面理论假设的分歧，LAF 必然无法解释金融市场和金融体系不稳定性问题，而这恰是 LIF 强调的金融体系的另一本质特征。LAF 提供的法律起源决定金融发展命题的证据主要来源于20 世纪 80 年代开始，2008 年金融危机爆发之前的资本主义"大缓和时期"。由于这段时间"世界经济异常平稳，并朝着资本主义及市场化方向极速发展"（LLS，2008），LAF "法律起源决定金融发展"的研究结论很容易获得金融发展实践逻辑的支持。然而，2008 年起源于世界金融"中心"（美国）而非"外围"的金融危机雄辩地证明，所谓美国金融市场"最先进"的法律制度既可以是金融发展的"助推剂"，也可能是金融崩溃的"催产针"。法律形塑金融，同时也被金融形塑（law shapes, and is shaped by finance），二者之间是"滚动关系"（rolling relationship, Pistor, 2009），法律制度本身构成金融不稳定的重要来源。

（三）LAF 和 LIF：逻辑缺环

所谓理论，必须具备一组陈述、自洽的逻辑推演与检验过程。据此要求，LAF 和 LIF 均未形成有关法律与金融关系分析的逻辑闭环，缺乏从研究假设—推理—结论完整的逻辑演绎过程，二者思维展开的逻辑链条均是断裂的。二者的这种理论逻辑的缺环，主要表现为无论是 LAF "法律起源决定金融发展"的结论还是 LIF "法律与金融存在双向互动关系"的观点，都只是回答了法律与金融"应该是什么关系？"，而并未厘清"为什么应该是这样的关系？"。在 LLS（2008）中作者坦承对于法律制度的演进问题，只是从"历史视角"做了很多阐释。这昭示 LAF 自身也承认只是企图借助历史逻辑去弥补了不完整的理论逻辑，直接用"事实是什么关系？"为理论上"应该是什么关系？"提供佐证。但是，2008 年金融危机已然摧毁了 LAF 自以为然的历史逻辑。而 LIF 并没有去追溯 LAF 的理论缘起，直接奔着后者的理论"结论"缺陷而去，认为后者最根本的缺陷在于忽视法律与金融的"互动"关系，但是其自身也并未构建"互动"关系的理论基础，缺乏从不确定性"假设前提"到法律与金融互动关系的"研究结论"的完整逻辑推演。LIF 更像是没有内在关联的各种研究结论的堆积（a pile of ideas），而不是基于核心概念和研究假设顺次展开的理论体系。

　　LAF 和 LIF 的逻辑缺环，即二者在法律与金融关系"为什么应该是怎样的？"问题上的理论缺失，实际就是 LIF 所诟病的 LAF 的"传导问题"（Pistor，2009）。然而，吊诡的是，批评 LAF 的 LIF 自身同样存在相同弊病。客观而言，LAF 从 LLSV（1998）到 LLS（2008）已经在努力寻求论证法律起源决定金融发展的机制，但即使在 LLS（2008）中用图示搭建了法律起源—金融制度—金融发展的分析框架，也未能进一步探索这一分析框架的内在逻辑①。其实，如果在 LLSV（1998）中进一步阐述法律起源

---

　　① 科夫和格莱泽（Djankov & Glaeser，2003）提供的制度可能性边界的分析路径本来极具启发性，可惜并未得到 LAF 的重视和深入。

影响金融发展的"适应机制"，在 LLS（2008）中继续追问法律起源决定金融制度进而决定金融发展的具体机制，就能打开法律起源决定金融发展的"黑箱"，建构 LAF 的理论逻辑基础。而对于 LIF 而言，虽然明确了金融市场不确定性和流动性约束的研究假设，但是缺乏基于不确定性假设推理法律与金融互动的逻辑，没能在不确定性、法律制度和金融活动之间建立起有效的逻辑关联①。导致 LAF 逻辑缺环的要害在于其受到 MM 理论分析的思维"路径依赖"，本质上还是制度生发的"需求决定论"，未考察金融制度供给。LIF 观察到金融活动对法律制度的反作用，并引用了亚当·斯密"日益复杂的经济和社会关系需要设置日益复杂的法律法规"的论断来佐证（Pistor，2009），但并没有论证蕴藏其中的具体机理。究其原因在于，无论是 LAF 还是 LIF 都只习惯性看重法律制度的激励和约束功能，而未认识到真实世界的制度都是规则性、规范性和认知性的统一存在（斯科特，2010）。忽视制度的认知本质，就必然难以在不确定性和制度之间建立起有效的勾连，法律与金融关系分析的逻辑缺环便在所难免。

二、法律决定金融：交易成本视角？

　　虽然 LLS（2008）这篇回应性文献，总结出法律起源—金融制度—金融发展的分析框架，并注意到科夫和格莱泽（Djankov & Glaeser，2003）"适合制度"设计对该范式的借鉴意义，但 LAF 也许并未真正认识到自身存在的逻辑缺环。张杰（2012）指出，"迄今大多数法金融学的主流文献似乎没有完整领悟在交易成本与法律传统之间建立逻辑联系的深刻含义，

---

　　① 霍奇逊（Hodgson，2013）已然洞察到 LIF 应该更加注重不确定性在其理论范式中的重要性。

从而使得它们对金融制度选择问题的讨论长期漠视交易成本这一制度经济学的基本分析单位。"我们认为回归传统的交易成本传统,运用制度的层次分析确实能够建立 LAF 的理论基础,并解决被 LIF 诟病的该范式的"传导问题"。然而,由于传统交易成本范式本身存在的固有缺陷,导致该范式难以对法律制度演化及法律与金融的互动关系提供满意的理论解答。

(一)法律制度的层次分析

LLS(2008)中阐述的法律起源—金融制度—金融发展的分析框架已经展现了法律制度的层次分析思路的雏形。由于制度是一系列规则构成的复杂的制度体系,因而对制度构成规则进行区分,将制度划分为不同的层次,就成为传统新制度经济学的应有之义(崔兵,2011)。诺斯将制度明确区分为制度环境和制度安排两个层次,威廉姆森则进一步将制度划分为非正式制度(嵌入)、正式制度、治理制度及具体资源配置活动的激励安排四个层次。对比图 6 - 2 和图 6 - 3(注意:无论图 6 - 2 还是图 6 - 3 都只是关注了自上而下的单向决定关系),结合 LAF 对法律起源的详细定义,我们可以将法律起源纳入诺斯的制度环境层面,或者将其归入威廉姆森定义的"嵌入"层次。LLS(2008)中法律起源被明确定义为一种社会控制方式,而非具体的法律规则,并认为"法律制度的模式可以标记为一种意识形态,即如何组织经济和社会生活的宗教和政治观念"。该文进一步将法律起源区分为普通法系和大陆法系两种类型,引用皮斯托的观点认为前者支持"无任何前提条件的私人缔约行为"(unconditioned private contracting),而后者支持"以社会为前提条件的私人缔约行为"(socially-conditioned private contracting)。由此可见,LAF 定义的法律起源明显属于社会的法律观念或法律文化,位于制度层次中的非正式制度或"嵌入"层次,其演变需要经历上百年时间。

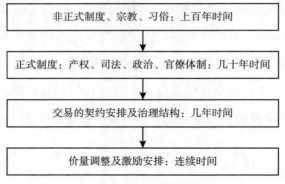

图 6 - 2   制度层次

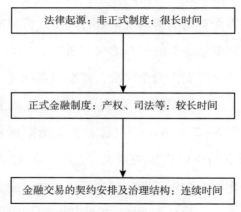

图 6 - 3   法律制度层次

    "法律起源对金融发展的影响是通过法律规范这个中间路径发挥作用的"（LLS，2008）。基于此，结合图 6 - 2 所示的"制度"和"结果"并与图 6 - 3 的比较，我们发现 LAF 在此的区分较为含糊。被 LAF 纳入"制度"层面的法律规范部分属于新制度经济学传统制度分层中的"正式制度"（司法独立性、进入管制、破产法、安全法、公司法等），部分又落入"治理结构"的层次（政府对媒体的所有权、政府对银行的所有权等）；相应地，被 LAF 纳入"结果"层面的产权、私人信用显然属于"治理结构"层次，而其他诸如参与率、失业率、股票市场发展等则属于"具体资源配置活动"。由此可见，严格对照新制度经济学对制度层次的划分标准，LAF 所言的"金融制度"包含了正式制度和部分的治理制度，而所谓的"金融发展"也囊括金融治理结构演变及具体金融资源配置活动的激励安排两个层次。由于我们重点关注法律与金融的关系，而且 LAF 和 LIF 有关该问题的分歧也主要聚焦于具体的法律制度与金融的关系①，据此，服务于构建 LAF 的交易成本理论基础的研究目的，本节将法律制度区分为法律起源（非正式制度，所需演化时间最长）、正式金融制度（所需演化时间居中）和金融资源配置活动（连续时间，所需演化时间最短）三个层次，对应关系如图 6 – 3 所示。

（二）法律决定金融的交易成本解释：逻辑思路

基于交易成本分析的基本逻辑，制度是节约交易成本的装置，有效制度就是交易成本最小的制度。在制度层次分析中，较高层次的制度用于创设较低层次的制度，较低层次的制度往往是为了适应较高层次的制度。具体到法律制度层次，作为非正式制度的法律起源会决定相应的可供选择的正式金融制度的制度边界（可供选择的正式金融制度的制度集合），正式金融制度的制度边界作为下层制度选择的约束条件，进一步决定底层金融资源配置活动可供选择的激励安排。LAF 认为虽然作为顶层制度的法律起源中的普通法系和大陆法系存在一定程度的融合，但二者仍然存在系统性差异（LLS，2008），因而我们可以假定这两类非正式制度各自独立、不存在交集。然而，一旦进入正式金融制度和金融活动激励安排层面，由于制度

---

① LLS（2008）首先考察对特定法规和规章的影响，然后在讨论这些法律法规对经济产出的影响，而且认为后者的关系更为直接。

边界是存在"带宽"的，不同法律起源约束下的制度集合之间就可能产生交集，形成事实上的混合制度集合（hybrid），如图6-4所示。由于作为非正式制度的法律起源演化需要很长时间，因而在讨论法律与金融关系时可将其视为"永恒不变"的外生因素和正式金融制度设计的制度禀赋。给定制度禀赋，就意味着不同法律起源的国家在正式金融制度选择中存在不同的"比较优势"，进而决定交易成本结构中的"固定成本"（张杰，2012）。

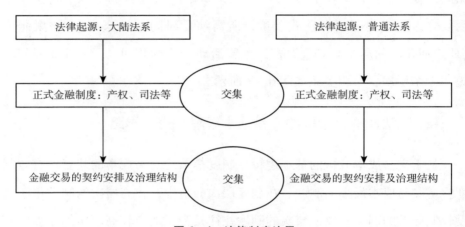

图6-4 法律制度边界

正式金融制度的改变会通过影响金融交易活动的数量导致金融治理结构等下层制度边界的变化。20世纪80年代以来，伴随大规模金融创新，全球范围内经济金融化程度持续攀升，金融交易活动数量大幅增加，由此可观察到金融市场边界和金融中介边界同时大幅扩张（二者并非相互替代、此消彼长）。正式金融制度的改变还会通过影响金融交易治理结构节约交易成本的"相对优势"导致其制度边界变化。由于金融交易治理本质上是混合治理，不同交易治理结构只是具有节约交易成本的"相对优势"而非"绝对优势"。正式金融制度的改变对不同金融治理结构的"冲击"程度存在差异，可能导致其在针对具体交易活动时出现"相对优势"此消彼长的情况，进而导致治理结构的边界转换。最后，正式金融制度变迁过程本身影响下层制度边界的变化。由于制度变迁存在路径依赖，由正式金融制度变迁导致的金融治理制度边界的变化并不是完全可逆的。如LAF所言，正式制度层面强化对投资者的产权保护会促进股票市场发展，形成金融市场对金融中介的替代；但反之，如果降低对投资者保护，金融中介和金融市场的制度边界并不会完全回复到正式制度变迁之前的状态。

（三）法律决定金融的交易成本解释：逻辑瑕疵

首先，回归新制度经济学传统的交易成本范式，将制度视为"交易成本节约装置"，能够为LAF提供稳固的理论基础。但是，由于传统交易成本范式的固有缺陷，以该范式为基础仍难以为法律制度与金融关系的命题提供全面的理论解释。交易成本不能仅仅用于解释，而是要被解释。自科斯提供交易成本概念以来，威廉姆森为交易成本概念的可操作性做出了开创性的贡献。在具体研究治理结构时，威廉姆森从资产专用性、交易频率和交易不确定性三个维度刻画具体的交易（重点关注资产专用性），并据此将交易划分为不同类型。然而，如果从微观层面金融治理结构的分析上升至正式制度金融的选择，不确定性就成为交易成本至关重要的决定因素（不确定性是交易成本产生的必要条件，汪丁丁，1995），这一点恰恰被威廉姆森一笔带过。由上文法律制度边界分析可知，较高层次的制度会决定较低层次制度可供选择的制度集合。交易成本作为制度选择的"机会成本"，前提是必须知道可供选择的制度"机会"，有"机会"、有"选择"才会存在交易成本。真实世界的多数情况却是充满不确定性，行为主体对制度集合处于"无知"状态，要做出"交易成本最小化"的制度选择实在"勉为其难"（达尔文式的竞争并不能确保制度的有效性）。由此可见，将不确定性而不是交易成本视作制度分析的基础，或许更能直指法律制度与金融关系分析的要害（这也是诺斯晚年制度变迁理论的研究取向，诺斯，2008）。

其次，传统的交易成本范式只能解释法律制度决定金融的单向度关系，没有洞悉制度层次之间的事实上的双向关联。交易成本范式的制度层次分析均是"自上而下"（from top to bottom），较低层次的制度选择以较高层次的制度为约束条件，是在给定较高层次制度的前提下，对较低层次的制度边界进行静态或比较静态分析。但真实世界中正式金融制度与金融治理结构、行为主体的金融行为之间存在双向的互动关系，较低层次的制度对较高层次制度存在反向作用（"自下而上"，from bottom to top）。行为主体金融行为改变、金融治理结构的改变会通过创设新制度或修订完善旧制度导致正式金融制度的变迁。而且，从更长的历史周期考察，即是被视为"永恒不变"的法律起源等非正式制度同样也会因为较低层次制度的更替而缓慢演化。人类社会漫长金融活动演变的过程中，诸多金融制度都是在不断变化的金融活动中人为创建的（Pistor，2009），金融活动派生出对金融制度的需求并最终通过金融制度供给得以满足。

最后，传统的交易成本范式难以解释金融不稳定或金融危机现象。以交易成本范式为代表的新制度经济学仍然保留主流新古典范式的硬核，即使威廉姆森等认识到有限理性假设的重要性，但在具体理论推理的过程中又不自觉陷入完全理性的窠臼。基于自发秩序和达尔文式竞争能够确保实现"有效制度"的基本理念，金融市场在金融制度的约束和规范下，不会出现系统性失灵，而是存在自动恢复到均衡状态的内在稳定机制。然而，金融市场的动荡和屡见不鲜的金融危机都说明，不稳定性是金融市场的本质特征。交易成本范式的理论逻辑与金融活动实践逻辑显然冲突，导致这一冲突的根本原因在于没有认识到金融市场的"制度失灵"。正式金融制度作为一种人造秩序，其"有效性"本身受制于行为主体对金融活动认知的影响，对金融活动的误解、错误认知和不完全认知都必然导致"并非完美的制度"。基于"并非完美的制度"对金融市场进行规范和约束便可能诱发系统性的行为偏误，进而导致金融不稳定甚至演变为金融危机。由此可见，用于防范和解决金融不稳定性的制度本身又成为金融不稳定性的根源，即出现不稳定性的制度化和制度化的不稳定性的"制度悖论"。对此，传统的交易成本范式显然无能为力。

三、法律与金融的共同演化：不确定性视角

回归传统的交易成本范式构建 LAF 的理论基础，有助于弥补 LAF 理论逻辑推演存在的逻辑缺环，为 LAF 构建逻辑自洽的理论体系。但由于交易成本范式的固有缺陷，即使为 LAF 找到"自圆其说"的理论逻辑，也仍然摆脱不了该范式对法律与金融关系实践逻辑的贫弱解释力。获得实践逻辑支撑的 LIF 无暇顾及 LAF 范式的理论逻辑瑕疵，因为其自身就缺乏贯通一致的逻辑思维进路。要实现法律与金融关系研究的理论逻辑和实践逻辑的匹配，就必须深入 LIF 的逻辑推演过程，建立超越传统交易成本分析范式的新的理论进路。为此，我们将产生交易成本前提条件的不确定性作为构建 LIF 理论基础的出发点，引入不确定性的海勒定义，透视法律的本质和认知功能，尝试为法律与金融的共同演化提供可供选择的新的理论分析框架。

（一）不确定性的海勒定义与制度起源

LIF 强调的不确定性（Pistor，2013b）是凯恩斯（Keynes，1937，转引自克里斯蒂安，2020）和奈特（Knight，1921）意义上的不确定性，即"不可测度的不确定性"或缺少任何"形成可计算概率的科学基础"来表

征的不确定性。这种不确定性是经济生活的基础和本质问题，是经济演变的主要动力（克里斯蒂安，2020）。虽然凯恩斯（1937，转引自克里斯蒂安，2020）注意到了产生不确定性的两个重要来源：经济系统本身的变化不明确和行为主体预测能力的局限性，但并没有进一步据此提供可操作性的不确定性定义。海勒（1983）显然继承了凯恩斯和奈特的思想遗产，并创造性地将不确定性定义为个体能力（competence）与所决策问题难度（difficulty）之间的差异（C–D Gap），海勒 C–D Gap 的不确定性定义实现了经济活动中主客体不确定性的融合。而且，该定义直观昭示个体不确定性的两类决定因素：一类是个体能力因素（p），海勒将其定义为感知因素（perceptual variables），即行为主体识别自身行为和环境关系的能力（Heriner，1983）；另一类是环境因素（e），决定行为主体所需解决的决策问题的复杂性。不确定性函数 $U = u(p^-, e^+)$ 仅仅反映因变量不确定性 U 和自变量 p，e 之间的定性关系，p^- 表示不确定性与个体能力呈反向关系，e^+ 表示不确定性与环境复杂性呈正向关系。

由于不确定性直接影响行为主体行为决策的绩效，进而决定其在复杂环境条件下的生存机会，因而"人类普遍存在使自身环境更易于预测的动力"（诺斯，2008）。海勒（1983；1985）基于生存可靠性条件（the reliability condition），证明源于 C–D Gap 的不确定性需要对行为选择的灵活性进行限制（flexibility constrained behavior）[1]，进而派生出具有应对不确定性和使人类行为可预期功能的制度。言下之意，制度起源于人类应对不确定性的本能需求[2]，制度是人类应对不确定性可供选择的工具。当然，

---

[1] 有关对海勒"生存可靠性条件"的具体论述可参考（崔兵，2021）。

[2] 诺斯（2008）认为不确定性存在不同的层次，减少不确定性可以通过增加信息、改变知识存量、改变制度框架、改变信念以及容许"非理性"信念解释不确定性等方式得以实现。

不确定性只是制度产生的必要条件而非充分条件：一方面，这源于不确定性存在的不同的层次，并非人类面临的所有不确定性都需要通过制度工具得以解决；另一方面，海勒定义的不确定性是基于个体层面的，而制度需要形成"共享信念"。只有不确定性的个体认知能够顺利转化为群体认知，才能完成"制度化"的过程并最终产生制度。如果说习俗、习惯等非正式制度能够通过自发演进生成秩序，法律等正式制度则必须依赖权力结构塑造的"权威"完成"制度化"的过程。因而对一个社会而言，只有"权威"的个体认知才具备转化为群体认知的可能性。据此，"权威"的不确定性个体认知就成为制度化的关键，认知和制度之间已然建立起复杂的互动关系。

（二）法律的本质及认知功能

"法律是一套由规则组成的体系，这似乎是一个众所公认的常识。这不仅符合人们日常生活中对法律的直观印象，而且得到了经典法理学家的肯定"（泮伟江，2018）。将法律视同规则体系，不仅是法理学家"公认"的教条，而且是主流法与经济学、法与金融学者"墨守"的"成规"。无论是科斯、波斯纳等开创的主流法经济学主要从"效率"角度对法律进行的经济分析，还是 LAF 从法律对投资者产权保护角度对法律与金融关系的分析，由于对"法律是什么？"的问题"漠不关心"，几乎都只是将法律默认为影响经济行为的激励约束系统，仅仅注重法律制度的规制性本质（regulative）。实际上，由于任何制度都是规制性、规范性（normative）和文化—认知性（cultural-cognitive）三性的统一，片面强调制度特性的某一方面，可能导致难以对制度现象提供全方位的理论解释。虽然注重法律的规制性，强调法律对行为主体的控制与制约作用，最符合日常生活对法律的直觉印象，但"分析者不应该将法律的强制功能，与法律的规范性与认知性维度混淆在一起"（斯科特，2010）。法律制度的规范性包含了法律规则的价值观，不仅关注"事情应该如何完成？"（这是规制性本质），而且要规定追求所要结果的合法方式或手段。法律制度的文化—认知性则意味着行为主体对法律的遵守源于他们理所当然得地认为应该采取某种行为的"共享信念"，法律制度不仅只是书面上的法律条款，还应包含行动者对法律条款的主观理解，即对法律的认知。由此可见，法律对个体及群体行为的影响，必然涉及认知框架对法律信息的处理，法律制度不仅具有激励约束功能，同时具有引导行为的认知功能。

　　LIF 虽然并未专门述及法律制度的文化—认知性，但其对法律本质及法律功能的分析已然或明或暗地强调了法律制度的认知功能。皮斯托（2008，2009；2013b）注重法律的正当性和实际运行的法律规则（law in action）而非书面的法律条款（law on the books）。在批判 LAF 简单将法律体系简约为产权和契约保护条款时，皮斯托指出法律体系本身必须具有合法性和正当性（legitimacy），必须根植于共享规则惯例（Pistor，2009），与一国过去的法律实践和法制观念吻合，法律制度变迁内生于政治和经济变迁，"善法"+"善治"才能获得好的经济产出（goodlaw + good enforcement = good economic outcomes，Pistor，2008）。LIF 更加注重法律执行而非简单移植法律条款，实际上是将法律本质定义于真实世界的"活的法律"，从根本上体现了法律的文化—认知性。此外，由于无论是 LAF 还是 LIF 对法律与金融关系的分析，总体都适用法经济学和法金融学的分析范式，不纠结于具体的法律条款，而是关注法律制度的经济功能。但是，与 LAF 仅仅关注法律制度对个人产权的保护功能（本质上是激励功能）不同，LIF 强调法律制度在个体和群体合作中的协调功能（Pistor，2009）。霍奇逊（2013）特别指出法律规则是社会经济生活中众多规则的一部分，而且认为规则不能仅仅只是被视作约束条件，也应该被视为沟通、协调和组织社会活动的能动因素（enablers）。迪克（Deakin，2013）在区分法律制度与自发实施的习俗之间的区别时，特别强调"认知条件"的重要性。迪克认为单纯依赖自发秩序并不能保证实现效率增进的纳什均衡，而由国家许可或法律授权的专业机构进行的信息归集和知识保留则有利于对法律规则进行"信息编码"，推动形塑共享信念。

（三）法律与金融共同演化的机理

引入不确定性的海勒定义为不确定性与制度之间的理论沟联奠定了概念基础，强调法律制度是规制性、规范性和文化—认知性的统一存在则为正确认识法律与金融关系（law-finance nexus）提供了明晰的理论路径。为此，我们可以基于不确定性和法律制度的文化—认知性重构 LIF 的理论逻辑，厘清大量堆砌的理论观点和理论结论之间的逻辑关联，建立从不确定性研究假设出发到法律与金融共同演化（见图 6 - 5）的研究结论之间的完整的逻辑推演链条，有效弥补 LIF 的理论逻辑缺环。

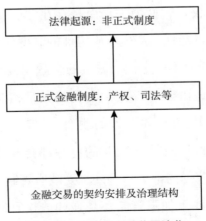

图 6 - 5　法律与金融共同演化

人类活动的结果和信念都作为制度而相互构建（青木昌彦，2001）。既然制度是限制不确定性条件下行为选择灵活性的工具，个体行为活动的不确定性便应该是制度生发的前提条件。在此意义上，正是金融活动形塑了金融法律制度，体现的是法律制度层次中"自下而上"的反馈机制。众所周知，不确定性是金融活动的本质和区别于其他人类经济活动的显著特征。基于 C－D Gap 的不确定性定义，个体对金融活动认知和决策能力的变化及金融活动本身所处环境复杂程度的改变，都会导致个体不确定性的改变，进而派生对相应金融制度的需求。从整个人类金融演化历史看，金融交易占全社会经济交易的比例呈现逐级扩大的趋势，金融交易的绝对规模更是呈现几何级数的增长。同时，各种金融工具创新层出不穷，外围和中心的金融危机屡见不鲜。伴随金融发展的上述趋势，金融活动的复杂性程度明显上升，进而诱发更大程度的不确定性并需要更加复杂的金融制度体系予以应对。同时，有思维的个体对金融活动的认识并非完全符合实际，面对跨期决策和风险决策时，个体更容易出现各种"认知偏误"，而且这种个体偏误会影响现实世界金融资源配置活动。个体对金融活动的认知偏误，不会因为"权威"而消失，而是存在"权威"的认知偏误被制度化为系统性偏误的可能性，产生不确定性的制度化与制度化的不确定性的"制度悖论"，为应对不确定性而派生的金融制度反身成为诱发金融不确定性的根源。此外，由于"权威"在构建共享信念和制度行程中的关键作用，"权威"不确定性个体认知的改变、"权威"实现其个体认知到群体认知的过程和手段以及"权威"的更替都会导致金融法律制度的变迁。金融活动在全球范围内都无一例外是受政府管制的活动，因而作为管制"权威"的个体是注重加强管制还是强调放松管制，显然会派生不同的金融法律制度。而 20 世纪 80 年代，由于作为国际范围内金融制度设计的"权威"世界银行和国际货币基金组织秉承"金融市场化"认知的

"华盛顿共识"，结果推动转型国家和发展中国家大范围盲目引进移植市场化的金融制度，酿成金融自由化灾难和多国外围的金融危机。2008 年金融危机彻底改变"权威"对金融创新及金融衍生产品的认知，诱发一系列完全不同于危机前的金融制度设计。

　　法律形塑金融的逻辑同样可以通过不确定性和法律制度的文化—认知性得以推演。金融法律制度是解决金融活动不确定性的重要手段。通过将不确定性转化为确定性或风险，法律制度能够稳定行为主体的行为预期，进而减少制度边界范围内个体决策的不确定性，形成金融活动的惯例和常规行为。一旦惯例行为成为一种规定性，成为金融活动参与者关于各自行为的共享信念，个体被告知的就不是"这是我们做这些事情的方式"而是变成了"这些事情应该如何完成"（伯格和卢克曼，2019）。法律制度成为一种习惯和思维方式，就会极大幅度节约个体和群体的认知资源，使之将更多认知资源配置到更具创造性的金融领域，进而提升金融资源配置绩效，促进经济社会发展。当然，法律"嵌入"金融并不意味着法律制度必然会促进金融发展。这一方面源于法律制度本身是群体认知的产物，因而从根源上可能存在认知偏误，"先天不足"的法律制度难以产生繁荣的金融产出图景。即使存在学习过程，可以通过"后天"的法律实践和金融活动经验更新金融认知，但由于存在"认知固化"和现存制度"记忆"对认知的束缚，群体认知的深层次转变可能是相当缓慢的过程。况且，金融法律制度作为一种人造秩序，必然反应金融活动中的权力结构和利益分配（金融是层级结构）（Pistor，2013a），现存制度形成的利益格局的固化同样会阻碍金融制度变迁。由此可见，金融制度变迁的路径依赖可能将现实金融制度"锁定"在无效状态，损害金融资源配置效率。另一方面，金融制度变迁本身也是创造性破坏过程。制度变迁意味着不同制度组合和制度边界的重新调整，在新旧制度转化过程中可能存在很高的"转化成本"，导致事实上的金融制度处于新旧制度之间的过渡状态，形成不同制度规则的"杂种治理"或制度真空，增加金融活动的不确定性，导致金融活动进入无序环境。而且，由于金融制度变迁是内生于政治经济变迁的，其变迁过程需要互补性制度安排的平行跟进，这种金融治理的不可分性会拖累正式金融制度的变迁过程，阻碍产生"有效"的金融制度，并最终影响金融活动参与者的行为选择和金融资源配置绩效。

LAF 和 LIF 围绕法律与金融关系这个古老的命题展开了学术争论，前者立足于解释国家金融结构这一研究目标，坚持法律起源决定金融发展的观点；后者则认为法律与金融存在双向互动关系。我们认为无论 LAF 还是 LIF 都没有形成逻辑自洽的理论逻辑，二者在逻辑推演中存在逻辑缺环。回归传统的交易成本传统，运用制度层次分析可以重建 LAF 的理论基础，但由于交易成本范式的固有缺陷，基于交易成本的 LAF 仍然难以为法律与金融关系的命题提供具有说服力的解释。为此，我们重返交易成本决定的前提条件，将不确定性作为构建法律与金融关系分析的逻辑起点，引入海勒不确定性定义和法律制度的认知功能，为 LIF 构建理论基石，进而实现法律与金融关系分析的理论逻辑和实践逻辑的统一，弥补现有 LIF 理论分析的缺憾。当然，由于不确定性的"不可测度"，对基于不确定性的 LIF 理论框架的实证检验将主要依赖于计量分析以外的案例分析、访谈调研等实证方法，这将成为后续研究必须面对的重大挑战。

参 考 文 献

[1] 阿尔钦、德姆塞茨:《所有权、控制与企业》,段毅才等译,经济科学出版社 1999 年版。

[2] 阿兰·斯密德:《制度与行为经济学》,刘璨等译,中国人民大学出版社 2004 年版。

[3] 阿玛尔·毕海德:《新企业的起源与演进》,魏如山,马志英译,中国人民大学出版社 2004 年版。

[4] 奥利弗·E. 威廉姆森:《反托拉斯经济学——兼并、协约和策略行为》,张群群、黄涛译,经济科学出版社 2000 年版。

[5] 巴泽尔:《产权的经济分析》,费方域,段毅才译,上海三联书店 1997 年版。

[6] 巴泽尔:《国家理论—经济权利、法律权利与国家范围》,钱勇等译,上海财经大学出版社 2006 年版。

[7] 彼得·L. 伯格,托马斯·卢克曼:《现实的社会建构》,吴肃然译,北京大学出版社 2019 年版。

[8] 陈郁:《企业制度与市场组织》,上海人民出版社、上海三联书店 1996 年版。

[9] 道格拉斯 C. 诺斯. 钟正生,邢华等译:《理解经济变迁过程》,

中国人民大学出版社 2008 年版。

[10] 弗兰克.H.奈特：《风险、不确定性与利润》，安佳译，商务印书馆 2006 年版。

[11] 弗里曼：《战略管理：一种利益相关者方法》，波士顿皮德曼出版社 1984 年版。

[12] 古斯塔夫·勒庞：《乌合之众：大众心理研究》，冯克利译，中央编译出版社 2011 年版。

[13] 哈罗德·德姆塞茨：《所有权、控制与企业——论经济活动中的组织》，段毅才译，经济科学出版社 1999 年版。

[14] 哈耶克，朱月季等译：《感觉的秩序——探寻理论心理学的基础》，华中科技大学出版社 2013 年版。

[15] 黄仁辉，李洁，李文虎：《不确定性容忍度对风险偏好的影响及其情景依赖性》，载于《心理科学》2014 年第 37 期，第 1302 ~ 1307 页。

[16] 贾生华，陈宏辉：《利益相关者的界定方法述评》，载于《外国经济与管理》2002 年第 5 期。

[17] 江春，许立成：《法律制度、金融发展与经济转轨——法与金融学的文献综述》，载于《南大商学评论》2006 年第 2 期，第 141 ~ 154 页。

[18] 克里斯蒂安·施密特：《经济思想中的不确定性》，刘尚希，陈曦译，人民出版社 2020 年版。

[19] 卢现祥：《新制度经济学》，中国发展出版社 2004 年版。

[20] 卢现祥，朱巧玲：《新制度经济学》，北京大学出版社 2014 年版。

[21] 玛丽·道格拉斯：《制度如何思考》，张晨曲译，经济管理出版社 2013 年版。

[22] 泮伟江：《法律是由规则组成的体系吗》，载于《政治与法律》2018 年第 12 期，第 114 ~ 126 页。

［23］乔恩·埃尔斯特．刘骥等译：《解释社会行为：社会科学的机制视角》，重庆大学出版社 2019 年版。

［24］青木昌彦，周黎安译：《比较制度分析》，上海远东出版社 2001 年版。

［25］W·理查德·斯科特，姚伟，王黎芳译：《制度与组织——思想观念与物质利益》（第 3 版），中国人民大学出版社 2010 年版。

［26］汪丁丁：《从"交易成本"到博弈均衡》，载于《经济研究》1995 年第 9 期，第 72～80 页。

［27］汪丁丁：《社会科学及制度经济学概论》，载于《社会科学战线》2003 年第 4 期，第 182～190 页。

［28］汪丁丁，韦森，姚洋：《制度经济学三人谈》，北京大学出版社 2005 年版。

［29］许荣，王雯岚，张俊岩：《法律对金融影响研究新进展》，载于《经济学动态》2020 年第 2 期，第 117～131 页。

［30］杨其静：《企业的企业家理论》，中国人民大学出版社 2005 年版。

［31］杨瑞龙，杨其静：《企业理论：现代观点》，中国人民大学出版社 2005 年版。

［32］杨瑞龙，周业安：《交易费用与企业所有权分配合约的选择》，载于《经济研究》1998 年第 9 期。

［33］杨瑞龙，周业安：《一个关于企业所有权的规范性分析框架及其理论意义》，载于《经济研究》1997 年第 1 期。

［34］杨小凯：《企业理论的新发展》，载于《经济研究》1994 年第 7 期。

［35］曾康霖，余保福：《法律与金融发展》，载于《经济学动态》2005 年第 6 期，第 72～77 页。

［36］张杰：《交易成本、法律传统与金融制度边界的决定》，载于《财贸经济》2012 年第 2 期，第 52~57 页。

［37］张维迎：《企业理论与中国企业改革》，北京大学出版社 1999 年版。

［38］张维迎：《所有权、治理结构及委托代理关系》，载于《经济研究》1996 年第 9 期。

［39］张维迎：《业的企业家—契约理论》，上海人民出版社 1995 年版。

［40］张夏准：《富国陷阱：发达国家为何踢开梯子?》，蔡佳等译，社会科学文献出版社 2020 年版。

［41］Alchian, 1984, "Specificity, specialization, and coalitions", *Journal of Economic Theory and Institutions*, 140 (*March*).

［42］Awrey, D. 2015, "Law and finance in the Chinese shadow banking system." *Cornell International Law Journal* 48 (1): 1 – 49.

［43］Bajari, Patrick & Steven Tadelis, "Incentives versus Transaction Costs: A Theory of Procurement Contracts," mimeo, October 2000.

［44］Barzel, 1982, "Measurement cost and the organization of markets", *Journal of Law & Economics*, volume XXV (1), April, 1982.

［45］Barzel, 2006, "The firm: Its internal structure and size", *Washington University Working paper*.

［46］Barzel, 2001, "The Measurement cost based theory of the firm", *Washington University Workingpaper*.

［47］Barzel, 2002, "Transaction cost and contract choice", *Washington University Workingpaper*.

［48］B. Klein & K. M. Murphy, "Vertical Restraints as Contract Enforcement Mechanisms" (1988) 31 (2) J. L & E.

［49］ Buhr, K. & Dugas, M. J. 2002. "The intolerance of uncertainty scale: Psychometric properties of the English version." *Behaviour Research and Therapy*, 40 (8): 931 – 946.

［50］ Cheng & Steven, 1983, "The Contract Nature of the Firm", *Journal of Law and Ecomomics*, 26.

［51］ Coase, 1988, "The nature of the firm: origin, meaning and influence", *Journal of Law, Economics & Organization*, Vol. 4, No. 1 (Spring, 1988).

［52］ Cohen, M. D., R. Burkhart, G. Dosi, M. Egidi, L. Marengo, M. Warglien & S. G. Winter. 1996. "Routines and Other Recurrent Action Patterns of Organizations: Contemporary Research Issues", *Industrial and Corporate Change*.

［53］ Daron Acemoglu, Pilippe Aghion, Rachel Griffith & Fabrizio Zilibotti, 2004, "Vertical Integration and Technology: Theory and Evidence", *Department of Economics MIT*.

［54］ D. Dequech. 2006. "The New Institutional Economics and the Theory of Behavior Under Uncertainty." *Journal of Economic Behavior & Organization* 59 (1): 109 – 131.

［55］ Deakin, S. et al. 2017a, "Legal Institutionalism: Capitalism and the constructive role of law." *Journal of Comparative Economics*, 45 (1): 188 – 200.

［56］ Deakin, S. 2013, "The Legal Theory of Finance: Implications for methodology and empirical research." *Journal of Comparative Economics*, 41 (2): 338 – 342.

［57］ Djankov, S., Edward Glaeser, LaPorta, Rafael, Lopez – de –

Silanes, Florencio & Andrei Shleife. 2003, "The New Comparative Economics. " *Journal of Comparative Economics*, 31 (2): 595 – 619.

[58] Dosi, G. 2000. *Innovation, Organization, and Economic Dynamics: Selected Essays.* Cheltenham: Edward Elgar.

[59] Dosi, G. , L. Marengo, & G. Fagiolo. 1996. "Learning in Evolutionary Environments", IIASA, *Working Paper*.

[60] Dosi, G. , R. R. Nelson & S. G. Winter. 2000a. *The Nature and Dynamics of Organizational Capabilities.* Oxford: Oxford University Press.

[61] Dosi, G. , R. R. Nelson & S. G. Winter. 2000b. "Introduction: The Nature and Dynamics of Organizational Capabilities," in Dosi, G. , R. R. Nelson & S. G. Winter. 2000a. *The Nature and Dynamics of Organizational Capabilities.* Oxford: Oxford University Press.

[62] Driesen D M. 2012, The economic dynamics of law. Cambridge: Cambridge University Press.

[63] Fehr E, Burghart D R & Epper T. 2020. "The uncertainty triangle – Uncovering heterogeneity in attitudes towards uncertainty. " *Journal of Risk and Uncertainty*, 60 (2): 56 – 125.

[64] Furubotn & Richter, 2001, *Institutions and Economic Theory*, Michigan: The University of Michigan Press.

[65] Furuboton & Richter, 1998, *Institutions and Economic Theory: The Contribution of the New Institutional Economics*, The University of Michigan Press.

[66] George Baker, Robert Gibbons & Kevin J. Murphy, 2001, "Relational Contracts and the Theory of the Firm", *Forthcoming QJE*.

[67] George Baker & Thomas N. Hubbard, 2003, "Make Versus Buy in

Trucking: Asset Owership, Job Design, and Information", AER, VOL. 93 NO. 3.

[68] Gil S. Epstein & Arye L. Hillman, 2001, "Social Harmony at the Boundaries of the Welfare State: Immigrants and Social Transfers", *Bar – Ilan University Discussion Paper* No. 168.

[69] Grant R. M, 1997, "Toward a knowledge-based theory of the firm", *Strategic Management Journal*, 1997 (17).

[70] Heiner Ronald A. 1985, "Predictable Behavior: Reply. " *American Economic Review*, 75 (3): 579 – 585.

[71] Heiner Ronald A. 1983, "The Origin of Predictable Behavior. " *American Economic Review*, 73 (4): 560 – 595.

[72] Hodgson Geoffrey. M. 2013. "Observations on the legal theory of finance. " *Journal of Comparative Economics*, 41 (2): 37 – 331.

[73] J. Bain, 1968, *Industrial Organization*, New York: John Wiley.

[74] Klein, Crawford & Alchian, 1978, "Vertical Integration, Appropriable Rent, and the Competitive Contracting Process", *Journal of Law and Economics*, 21.

[75] Knight Frank, 1921, *Risk, Uncertainty, and Profit*, New York: A. M. Kelley.

[76] Krishnamurthy Subramanian, 2004, "How do firm capabilities affect their boundary decisions?: Theory and Evidence", *Chicago University Working paper*.

[77] Langlois Richard N. , Robertson & Paul L. , 1995. Firms, Markets and Economic Change Volker Mahnke, 2001, Why theories of firm boundaries need an evolutionary process dimension? *Copenhagen Business School workingpaper*.

[78] Langlois R. N. , 1988. Economic change and the boundaries of the firm. *Journal of Institutional and Theoretical Economics*, 144 (4).

[79] Langlois R. N. & Robertson P. L. , 1993. Business organization as a coordination problem: Toward a dynamic theory of the boundaries of the firm. *Business and Economic History*, 22.

[80] Langlois R. N. , 1992. Transaction cost economics in real time. *Industrial and Corporate Change*, 1 (1).

[81] La Porta, Florencio Lopez – De – Silanes, Andrei Shleifer & Robert W. Vishny. 1997, "Legal Determinants of External Finance." *Journal of Finance*, 52 (3): 1131 – 150.

[82] La Porta, Rafael, Lopez – de – Silane, Florencio and Shleifer, 2002, "Government Ownership of Banks." *Journal of Finance*, 57 (1): 265 – 301.

[83] La Porta, Rafael, Lopez – de – Silanes, Florencio, Shleifer Andrei & Vishny Robert W. 1998, "Law and finance." *Journal of Political Economy*, 106 (6): 1113 – 155.

[84] LaPorta, Rafael, Lopez – de – Silanes, Florencio, Shleifer, 2008, "The economic consequences of legal origin." *Journal of Economic Literature*, 46 (2): 285 – 322.

[85] Laura Poppo & Todd Zenger, 1998, "Testing Alternative Theories of the Firm: Transaction Cost, Knowledge – Based, and Measurement Explanations for Make – or – Buy Decisions in Information Services", *Strategic Management Journal*, 19.

[86] Mitchell A. & Wood. Toward a theory of stakeholder Identification and salience: Define the principle of who and what really counts. *The academy*

of management review, 1997, 22 (4).

[87] Nicholas S. Argyres & Julia Porter Liebeskind, 2001, "Governance Inseparability and Evolution of the U. S. Biotechnology Industry", *For presentation at the* 2001 *ISNIE Conference*, *Berkeley*, *CA*.

[88] Nicolai J. Foss, 1996, "Capabilities and the Theory of the Firm", *Forthcoming*, *Revue d' Economie Industrielle*.

[89] Nicolai J. Foss & Peter G. Klein, 2005, "The Theory of Firm and Its Critics: A Stocktaking and Assessment", *CORI*, *University of Missouri Working paper*.

[90] Oliver Hart & John Moore, 1990, "Property Rights and the Nature of the Firm", *JPE*, Vol. 98, No. 6.

[91] Paul L. Joskow, 2003, "Vertical Integration", *Forthcoming*, *Handbook of New Institutional Economics*, *Kluwer*.

[92] Peter G. Klein, 2004, "The Make – or – Buy Decision: Lessons from Empirical Studies", *CORI*, *University of Missouri Working paper No.* 2002 – 07.

[93] Peter Linnman, 1980, The economic impacts of minimum wage laws: A new look at the old question, *University of Pennsylvarnian workingpaper*.

[94] Pistor K. 2013a, "Law in finance." Journal of Comparative Economics 41 (2): 14 – 311.

[95] Pistor K. 2013b, "Towards a legal theory of finance." Journal of Comparative Economics 41 (2): 30 – 315.

[96] Pistor K. 2017, "From territorial to monetary sovereignty." Theoretical Inquiries in Law 18 (2): 494 – 517.

[97] Pistor K. 2008, Law and Capitalism: What Corporate Crises Reveal about Legal Systems and Economic Development around the World, The Universi-

ty of Chicago Press.

［98］Pistor K. 2009，"Rethinking the 'Law and finance' paradigm. " Brigham Young University Law Review6：70 – 1647.

［99］Pistor K. 2019，The Code of Capital：How the Law Creates Wealth and Inequality. Princeton University Press.

［100］Rajan Raghuram G. and Luigi Zingales，1998，"Power in the Theory of the Firm"，*QJE*，2.

［101］R. H. Coase，1937，"The Nature of the Firm"，*Ecomomica*，Vol. 4，No. 16.

［102］Ricardo J. Caballero，Kevin Cowan，Eduardo M. R. A. Engel，Alejandro Micco，2004，"Effective Labor Regulation and Microeconomic Flexibility"，*Department of Economics Massachusetts Institute of Technology（MIT）Working Paper No. 04 – 30.*

［103］Richard Gilbert & Justine Hasting，2001，"Vertical Integration in Gasoline Supply：An Empirical Testing of Raising Rivals' Costs"，*University of California，Berkeley.*

［104］Sanford J. Grossman & Oliver D. Hart，1986，"The Cost and Benefit of Ownership：A Theory of Vertical and Lateral Integration"，*JPE*，Vol. 94，No. 4.

［105］Schulz T. ，1980. Investment in Entrepreneurial Ability，*Scandinavian Journal of Economics.*

［106］Steven Tadelis，2002，Complexity，Flexibility，and the Make – or – Buy Decision，*AEA PAPERS AND PROCEEDINGS*，pp433 – 438.

［107］Steven Tadelis，2002，"Complexity，Flexibility and the Make – or – Buy Decision"，*Department of Economics Stanford University Working paper.*

［108］ Teece D. , G. Pisano, A. Shuen, 1997, "Dynamics Capabilities and Strategic Management", *Strategic Management Journal* , 18.

［109］ Williamson. 1991a. Comparative Economic Organization: The Analysis of Discrete Structural Alternatives. *Administrative Science Quarterly*, 36.

［110］ Williamson O. E. 1968. Economies as an antitrust defense: The welfare tradeoffs. *American Economic Review*, 58.

［111］ Williamson O. E. 1999: Strategy Research: Governance and Competence Perspectives. *Strategic Management Journal*, 20 (12).

［112］ Williamson Oliver E. , 1985, *The Economic Institute of Capitalism*, New York: Free Press.

［113］ Williamson Oliver E. , 2004, "The Economics of Governance", *University of California, Berkeley.*

［114］ Williamson Oliver E. , 2002, "The Lens of Contract: Private Ordering", *University of California, Berkeley.*

［115］ Williamson Oliver E. , 2000, "Why Law, Economics, and Organization", *University of California, Berkeley.*